シリーズ

社会学のアクチュアリティ：批判と創造　3

社会学のアリーナへ

The Sociological Arena

21世紀社会を読み解く

友枝敏雄・厚東洋輔［編］
Tomoeda Toshio　Koto Yosuke

東信堂

シリーズ
社会学のアクチュアリティ：批判と創造
企画フェロー

武川　正吾（東京大学教授）
友枝　敏雄（大阪大学教授）
西原　和久（名古屋大学教授）
藤田　弘夫（慶應義塾大学教授）
山田　昌弘（東京学芸大学教授）
吉原　直樹（東北大学教授）

（五〇音順）

はしがき

社会学は、かのオーギュスト・コントによる「社会学（sociologie）」という言葉の創始とともに誕生した学問である。ヨーロッパにおける近代社会の発展と歩みをともにし、約二〇〇年の歴史を持つ。二〇〇年の歳月が、社会学という学問に成熟をもたらした。

しかし学問すべてについてよく言われることだが、ある学問分野が市民権を得て、大学という組織のなかに一定の地歩をしめ、専門化が進むと、学問誕生の時のあの驚くべきエネルギーは失われるし、その学問がめざした全体知の姿もわかりにくくなる。とくに時代相関的であり社会相関的である社会科学の場合、現在の社会がかかえる問題に焦点があてられるため、ともすれば時代を超えた〈知〉の普遍性が判然としなくなることがある。

二一世紀を迎えて、社会学の世界においても、それぞれの分野で専門化が進んでいる。その結果、次のような二つの事態が発生しているように思われる。一つは、限定された領域での小さな研究が次々となされ、研究成果が蓄積されているのであるが、それらを統括し社会学という学問全体のイメージをつかむことが困難になっているという事態である。もう一つは、社会学が、人類学、エスニシティ研究、心理学などにいわば「越境」されて、そのディシプリン（専門分野）としての独自性がゆらいでいるという事態である。

二一世紀の社会が、マルクスの生きた一九世紀中葉のヨーロッパ社会や、二度の世界大戦を経験した二〇世紀前半の社会と異なることは事実である。社会についての学問である社会学が社会の変化に応じてその姿を変えていくことは、ある意味では当然であるし、宿命でもあろう。

学問が競合するなかで、新しい学問分野が誕生するのはよいことだし、頑迷固陋《がんめいころう》に従来のディシプリンを保持するのは時代錯誤というものだ。しかし近代ヨーロッパの生成とともに、モダンのプロジェクトとしての〈知〉、もしくは近代の自己認識の学として誕生した社会学に、今もなお存在理由があるならば、それを明らかにし、新しい時代の社会科学の一翼を担っていくのが、社会学者の使命というものであろう。

二〇世紀から二一世紀への世紀の転換期における社会科学的知は、二つの焦点を巡って構造化されている。その一つが、現代をポストモダニゼーションの過程と見なす「ポストモダン論」であり、もう一つが、現代をグローバリゼーションの席巻過程と見なす「グローバリゼーション論」である。

ポストモダン論とグローバリゼーション論とが、反撥と親和をしながら交錯する場所（トポス）、それが世紀の転換期において〈知〉が立ち上がるべきアリーナを形成している。本書の最大の目的は、社会学という知をこうしたアリーナに呼び込み、その存在理由とディシプリンの固有性を明らかにすることにある。本書を構成する各章の簡単な紹介をとおして、本書の問題意識を一層鮮明にしておこう。

序章では、ポストモダン的状況をどう捉えるかということから議論は出立する。ギデンズのモダニティ論を紹介しながら、現代社会がどこへ向かおうとしているのかを検討する。ギデンズはポストモダン論に批判的であり、「モダニティの徹底化」論の立場に立っている。「モダニティの徹底化」論の中核に「再帰性」の概念があり、ギデンズの立場がベックの言う「第一の近代から第二の近代へ」の考え方にきわめて近いことを指摘している。

第1章、第2章の執筆者は、ともにポストモダン論に精通した社会学者であり、ポストモダンに一定の距離をとることによって、社会学のバージョンアップをめざしている。

第1章は、ルーマン理論に依拠しながら、社会学理論の特色が「全体」性への志向にあり、その隘路として「外」の問題があることを論じている。

第2章は、社会病理学の有力な方法論である構築主義を批判的に検討し、ポストモダン的な観察をのりこえることを試みた論考である。

第1章、第2章が現時点における社会学の中心からの問い直しとすれば、続く第3章、第4章は文化人類学者による社会学の伝統の問い直しの試みである。

第3章は、一八世紀から一九世紀にかけてのフランスにおいて、社会学がデュルケームにおいて一応の成立をみることをあとづけた後、デュルケーム社会学の意義と問題点を論じている。

第4章は、デュルケームがアランタ民族誌の解釈をとおして、社会学という学問(具体的には『宗教生活の基本形態』)を確立していった経緯を明らかにしている。

続く第5章、第6章は、知の平面から現実の平面へと視点を移して、ポストモダン把握を深化させる試みである。

第5章は、政治の領域が、第二の近代に至って、地位政治から生活政治へと変化したことの内実を明らかにし、生活政治のめざしているものが支援社会であるとする。

第6章は、近代社会の経済の領域における作動メカニズムたる資本主義を、社会学はどのように論じたらよいのか、経済学との差異化はいかにして可能かをテーマにしている。マルクスや産業社会論を瞥見《べっけん》しながら、社会学が資本主義を論ずる際には、「生活」「生活構造」といった概念が重要だとする。

後半の三つの章は、視点を転換し、グローバリゼーション論がアリーナとして選ばれている。

第7章は、グローバル化がフランス社会にどのような影響を与えたかを、経済、社会、文化の領域ごとに明らかにし、領域によってグローバル化が異なった様相のもとに立ち現れることを指摘している。

第8章は、人間の安全保障についての議論が、グローバリゼーションのなかでどのように変化していったかを論じている。具体的には、国民国家が変容するなかで、人間の安全保障についての議論が、人間の生活を保護する「社会」の重要性を浮かび上がらせているとしている。

終章では、グローバリゼーション論の簡明な要約をもって、本書の締め括りが図られている。そこでの議論の焦点をなすのは、グローバリゼーションが社会学にいかなるインパクトを与えるかという問題である。グローバリゼーションという趨勢《すうせい》のなかで、「社会」概念をどのように捉え直し、リハビリテーションしたらよいかが論じられる。

きわめて簡略な紹介のため、「如是我聞《にょぜがもん》」的な紹介になったと言えなくもないが、以上から、本書に収録された一〇篇の論文に共通するキーワードが、モダン（もしくはモダニティ）、ポストモダン（もしくはポストモダニティ）、グローバリゼーションであることは明らかであろう。すでに述べたように社会学は、モダンのプロジェクトとしての〈知〉、もしくは近代の自己認識の学であるから、モダン社会を分析し、将来社会へ向けて私たちを嚮導《きょうどう》する概念を捉え直すとともに、社会学の存在理由を明らかにしようとしたのが本書だということになる。

（本書の第7章を執筆された梶田孝道氏からはすでに早い時期に原稿を頂いていた。諸般の事情により刊行が遅れてしまい、二〇〇六年に梶田氏が亡くなられて、一年以上経っての刊行となってしまった。刊行が遅れてしまったことをお詫びするとともに、第7章をとおして、ありし日の梶田氏の健筆を偲ぶことができれば幸いである。）

編　者

目次／『社会学のアリーナへ』

社会学のアリーナへ——21世紀社会を読み解く

序章　モダニティの社会学理論
――ギデンズを中心にして

友枝　敏雄

1　ポストモダンとは何か

現代社会はモダン社会か、それともポストモダン社会か。この問いは社会学の根幹に関わる問いであるし、簡単に答えることは困難である。しかしこのような問いが発せられること自体、社会学が研究対象としてきたモダン社会が変質し、ポストモダン的状況を提出していることを示している。ポストモダニティ、ポストモダン的状況をめぐる議論を整理するにあたり、まず、ポストモダニズム、ポストモダンという言葉の変遷を簡単におさえておこう。

ポストモダンという言葉が、最初に登場するのは、建築学においてであり、チャールズ・ジェンクスが、一九七〇年に使ったと言われている(Jencks:1977＝一九七八)。これ以降、ポストモダニズムもしくはポストモダンという言葉は、世界中に広まり、建築学のみならず、哲学、思想、芸術、ファッション、社会科学の分野でも用いられるようになった。

ポストモダニズムという言葉から明らかなように、ポストモダニズムの建築は、モダニズムの建築を批判するものとして登場してきた。ここでモダニズムの建築とは、華美な装飾や無駄を排除して、効率性と合理性を追求する建築を意味する。「形態は機能にしたがう。」「美は機能にある。」(今田、一九九四：一三八)というスローガンにみられるように、モダニズムの建築の内実は、機能主義の建築であり、近代合理主義の建築であった。

欧米では、すでに一九二〇年代、一九三〇年代からモダニズム建築が登場しているし、欧米より遅れていた我が国の場合、第二次大戦後はモダニズム建築が主流であった(大川・川向・初田・吉田、一九九七)。社会科学に従事する研究者の視点からすると、すでに一九二〇年代、一九三〇年代に、欧米でモダニズム建築が登場していたという事実は、あまりにも早いという感覚をいだかざるをえないが、第一次大戦後の欧米社会が、大衆社会状況を呈しており、この大衆社会状況にマッチする形でモダニズム建築が登場したと考えることもできるであろう。

第一次大戦後の精神的荒廃と大衆社会状況とが、あのファシズムとナチズムの台頭につながっていったことは、有名な歴史的事実であり、これまで多くの社会学者によって指摘されてきたことである[1]。二〇世紀は、あの忌まわしい第二次大戦を経験した世紀であったが、他面では、第一次大戦後の大衆社会状況の出現にともなうモダニズムの登場が、第二次大戦後の先進社会におけるモダニズムの隆盛をもたらしたことを、看過してはなるまい。

第二次大戦後の日本社会に、視点を限定するならば、モダニズムは、あの高度経済成長と「蜜月関係」にあったといってよい。「欧米に追いつき追いこせ」という明治以来の我が国の近代化のスローガンが[2]、戦後社会では、欧米近代社会の精神文化を受容することと、アメリカ文化の一方的流入たるアメリカナイゼーションとして、理解されていったのである。

我が国は、あのロストウが『経済成長の諸段階』(Rostow, 1960) で示したとおりの模範生ともいうべき存在として、高度経済成長を成し遂げ、大衆消費社会を実現していったのである。ロストウの考えを、今日から振り返ってみると、国民社会の経済成長を優先する考え方であるから、成長神話に彩られており、モダン社会の考え方の典型であるといえる。ロストウには、ポストモダン的な側面はまったくないといえよう。

高度経済成長の帰結としての、大衆消費社会状況の爛熟《らんじゅく》のなかに、ポストモダン的状況の萌芽がみられると考えられるが、かかるポストモダン的状況は、ロストウの著作の意図を超えたものであったといってよい。

戦後日本社会の知的空間の変容をながめてみると、モダン的状況からポストモダン的状況への移行を象徴するものとして、ボードリヤールの『消費社会の神話と構造』と浅田彰の『構造と力』が浮かび上がってくる。

ボードリヤールの『消費社会の神話と構造』は、一九七〇年にフランスで出版され、一九七九年に邦訳が刊行されている。大衆消費社会では、人々の消費は、欲求充足をめざして行なわれるのではなくて、他者との差異化をめざした消費もしくは記号的消費が行なわれるというボードリヤールの主張は、当時のわが国の時代状況におそろしくマッチしていた。

当時のわが国は、一九七〇年代初頭の二度のオイルショックをうまく乗り切り、経済が安定成長を続けていた時代であり、「ゆたかな社会」(ガルブレイス)の出現で、消費の分野では、ブランド志向、一点豪華主義という言葉が流行していた時代であった。当時を象徴するキャッチコピーとして、一世を風靡《ふうび》した「おいしい生活」という言葉が登場したのが、一九八〇年であった。

このボードリヤールの主張を、わが国の現状をふまえて的確に社会学の理論に整理したのが今田高俊だった。一九八八年に出版された『モダンの脱構築』において、今田は、人々の日々の行動の動機が、欠乏動機から差異動機へと変質したが、これこそがポストモダン的状況であるとしている。ボードリヤールの論述は、やや粗雑でレトリカルなところもあるが、これを欠乏動機と差異動機という言葉で明確に定義しているところが、今田の卓抜な点である。さらに、ポストモダン的状況では、機能の充足よりも、意味の充実が重要であるとして、戦後の社会学で支配的であった機能主義の社会理論の脱構築をめざしている。

戦後日本社会の知的空間において、モダニズムが進展し、それがポストモダン的状況へ変質していくなかで、先駆的・画期的な業績は何かと問われれば、やはり浅田彰の『構造と力』になるであろう。我々は、この書物が、ポストモダン的状況が多くの人々にまだ十分に自覚されていない一九八三年に出版されていることに、まず驚くべきである。つまり、ロストウのいったような成長神話が信じられなくなってきていたとはいえ、モダン社会がどちらに進むのか、その方向性が見えていなかった一九八三年に、浅田彰によって、モダンを超える言説が提示されているのは、現在から考えても注目に値する。

『構造と力』内容を紹介することが、本章の目的ではないが、浅田が提出するモダンを超える言説を明瞭にするために、『構造と力』の目次をあげておこう。

この目次からもある程度明らかなように、浅田が依拠している学者は、レヴィ＝ストロース、ラカン、ドゥルーズ＝ガタリである。この本の目的を一言で要約するならば、ポスト＝構造主義のエッセンスをふまえて、近代を捉え直し、近代を超える地点を提出する試みだといえよう。その際、近代の捉え直しが、前近代（原始共同体、古代専制国家）との比較においてなされているし、近代を批判し、近代を超える地点が、いうまでもなくポストモダンなのである。

現代社会がモダン社会か、それともポストモダン社会かという問いを考える際に、ヒントになるのが、一九八九年の東欧諸国の民主化と一九九〇年のソ連邦の崩壊という歴史的事実である。二一世紀を迎えた現在、地球上から社会主義社会が完全に消滅したわけではないが、かつて社会主義の中心とみられていた中国、ベトナムで市場経済が浸透していることに明らかなように、冷戦構造時代のように、社会主義イデオロギーを声高に標榜する人はいない。

このような状況をふまえると、冷戦構造の崩壊以降、一九九〇年代にポストモダン的状況は強まったといってよいであろう。ただしその状況を、「ポストモダンの深化」として捉えるか、「モダニティの徹底化」として捉えるかは、学者によって、見解の分かれるところである。

2　ギデンズの社会学理論と「モダニティの徹底化」論

ギデンズのモダニティ論を参考にしながら、現代社会がモダン社会か、それともポストモダン社会かという問いを考えてみよう。

その準備作業として、ギデンズの社会学理論における、モダニティ論の位置づけを明らかにしておく。ギデンズの社会学理論は、次の三つからなるものと考えられる。

(1) 構造化理論の展開

社会学方法論の検討をふまえた上で、ギデンズ独自の社会学理論が展開される。一言でいうならば、構造主義の換骨奪胎によって、従来の社会学理論を批判的に検討し、その結果として生み出されるのが構造化理論である。

主要著作：『社会学の新しい方法規準』(Giddens, 1976)、『社会理論の現代像』(Giddens, 1977)、『社会理論の最前線』(Giddens, 1979)、『社会の構成』(Giddens, 1984)

(2)近代社会論、モダニティ論

モダニティをどう捉えるかが議論される。ギデンズの場合、理論的検討の源泉としてマルクスに依拠しているところが多く、彼のモダニティ論も、『史的唯物論の現代的批判』(Giddens, 1981) で史的唯物論の現代的意義（批判・廃棄すべき点も含めて）を検証したのち、『近代とはいかなる時代か』(Giddens, 1990) で本格的に論じられている。

(3)親密性論

モダニティ進展の内実を、親密性論、セルフ―アイデンティティ論として論じている。主要著作は、『モダニティとセルフアイデンティティ』(Giddens, 1991) と『親密性の変容』(Giddens, 1992) である。

本章の目的は、ギデンズのモダニティ論をおさえたうえで、モダニティの内実に迫ることにある。したがってさきほどふれたギデンズの社会学理論のなかでは、とりわけ(2)に関係するものである。

ギデンズのモダニティ論として、まず彼が、自分の立場を、ポスト構造主義の立場とは異なるものだとしていることに注目しよう。彼はポスト構造主義の立場を、「ポストモダニティ論」と呼ぶのに対し、自分の立場は「モダニティの徹底化」論であるとして、両者の違いを際立たせ、以下のように整理している。

表1　「ポスト・モダニティ」論と「モダニティの徹底化」論の概念形成上の比較

「ポスト・モダニティ」論	「モダニティの徹底化」論
1　近年の推移を、認識論的観点から、あるいは認識論をことごとく解消するものとして理解している。	1　既存の秩序の崩壊感や分裂感を生み出す制度発達を特定していく。
2　近年の社会変容の遠心的傾向と、それによる既存の秩序の崩壊に焦点を当てている。	2　ハイ・モダニティを、秩序の分裂が、全地球規模の統合へ向かう強い趨勢と弁証法的に結びついていく一連の状況と見なす。
3　生活経験の断片化が、自我を解体したり切り裂いていくと見る。	3　自我を、諸々の力がたんに交錯する場以上のものと見なす。モダニティが、再帰的自己アイデンティティという能動的過程を可能にしている。
4　真理の主張を状況依存的なものと論じたり、「歴史的」なものと見なす。	4　真理の主張の普遍性は、全地球規の問題の最優先さを考え合わせれば、それ自体否応なしにわれわれの課題となっている。真理主張の発達は、モダニティの有する再帰性によって妨げられるものではない。
5　グローバル化傾向の高まりに直面して人々の感じる無力さを、理論的に説明しようとする。	5　経験と行為の両面から、無力な状態と力を付与された状態の弁証法的対立について分析する。
6　日々の生活の「空洞化」を、抽象的システムが入り込んでいった結果と見なす。	6　毎日の生活を、抽象的システムにたいする、知識の喪失のみならず充当利用をともなう、錯綜した能動的反応と見なす。
7　連係した政治的社会参加は、主として状況依存性や秩序の分裂によって妨げられていると考える。	7　連係した政治的社会参加は、ローカルなレベルにおいてもグローバルなレベルにおいても可能であるし、必要であると考えている。
8　ポスト・モダニティを、認識論の終焉や個人の終焉、倫理の終焉と規定している。	8　ポスト・モダニティを、モダニティの諸制度を「凌駕」しようとする、将来起こりうる変容と規定している。

(出典 Giddens　1990 ＝ 1993 187)

『社会理論の最前線』や『社会の構成』に示されているように、ギデンズは構造主義思想のエッセンスをたくみに受容し、構造化理論を構築している[3]。しかし構造主義思想が、相対主義へ撤退していることは、ギデンズには許容しがたいものであった。そこで「ポストモダニティ」論と異なる「モダニティの徹底化」論を、ギデンズは主張するのであった。

この点は、「ポストモダニティ」論が、真理の主張を状況依存的なものと論じたり、「歴史的」なものと見なしているのに対し、「モダニティの徹底化」論において、ギデンズが「真理の主張の普遍性は、全地球規模の問題の最優先さを考え合わせれば、それ自体否応なしにわれわれの課題となっている。真理主張の発達は、モダニティの有する再帰性によって妨げられるものではない」と主張していることに明らかである。

社会科学の認識において、完全な相対主義の立場に立たない限り、何らかの形で普遍主義・客観主義の立場に立つことになる。ここでいう普遍主義・客観主義とは、つぎの二つのことを意味する。一つは、科学的探求の結果、普遍的な真理・客観的な真理に到達するという、強い意味での普遍主義・客観主義の立場である。この立場は、もっともオーソドックスな近代科学の方法であるし、普遍的・客観的な真理は存在するという真理の実在説に立っているといえる。もう一つの立場は、普遍的・客観的な真理が存在するか否かは、不問にするものの、普遍的・客観的真理を信じて、科学的探求をする立場である。特に社会科学の領域では、この立場は、人間の行為の結果として生み出される事象には、一定の真理が反映されているもしくは思念されていると信ずる立場になる。換言すれば、自然科学の領域の場合のように、絶対不変の真理があるとしているわけではないが、ある程度の真理性を設定できるとする立場である。この立場を、弱い意味での普遍主義・客観主義と呼ぶことにしよう。

ギデンズが「ポストモダニティ」論を拒否し、「モダニティの徹底化」論を主張する背景には、ギデンズの普遍主義・客観主義の立場があるといえよう。モダンとの非連続性を強調する「ポストモダニティ」論に立った場合、モダン批判の刃は鋭くなるが、モダンと全面的に対決する結果、モダンのアンチテーゼというべき相対主義に陥らざるをえなくなる。これに対して、モダニティの徹底化論は、モダンとの連続性を強調し、モダンの核心を保持することが可能であるから、普遍主義・客観主義の立場を維持することが可能になる。

この点は、近代を〈未完のプロジェクト〉としたハーバーマスが普遍主義・客観主義の立場に立っていることからも明らかである。ハーバーマス（Habermas）の場合、真理の合意説を主張しているから、真理が実在するという強い意味での普遍主義・客観主義の立場には立っていない。しかし真理の合意説では、討議の結果成立する合意は、何らかの客観性を保証されているとするから、ハーバーマスはまさしく弱い意味での普遍主義・客観主義の立場に立っているといえる。

ここでは詳しくとりあげないが、ギデンズの社会理論とハーバーマスの社会理論が、それぞれ特色を有しており、お互いにかなり異なったものであることをおさえておく必要がある(4)。にもかかわらず、「モダニティの徹底化」「未完のプロジェクトとしての近代」にみられるように、モダンとの連続性を強調するという共通点をもっているのは注目されてよい。

今日、構造主義、ポスト構造主義の影響下に、基礎づけ主義への批判は幅広い支持を得ているし、相対主義とニヒリズムが支配的であるといっても過言ではあるまい。構造主義、ポスト構造主義の提唱する恣意性、差異的な秩序ということが、ある面では根底的に解釈され、またある面では機械的に理解された結果として、無根拠と同義であるとされることがある。このような構造主義、ポスト構造主義の過剰な解釈という状況を念頭において考えてみると、ギデンズ、ハーバーマスの立場は、何らかの普遍性や客観性を志向するオーソドックスな立場を堅持しており、それなりに評価されてよいであろう。

3　進化論的図式批判とモダニティのダイナミズム

「モダニティの徹底化」論を主張するギデンズは、これまでモダンの前提となっていた歴史認識に対して、どのような立場をとっているであろうか。この点については、『史的唯物論の現代的批判』で、歴史の進化論的な見方を否定していることに明瞭に示されている。

ギデンズによると、進化論的な図式は、つぎの三つからなる (Giddens, 1981 : 90)。

①単純な社会から複雑な社会へと発展する。
②変動の源泉は内在的である。
③進化論的尺度にもとづいて異なる社会を比較することは可能である。
ギデンズは、これら三つをすべて否定する。

まず①と③とは関連しており、社会を単純なものと複雑なものとに分けたり、進化論的尺度にもとづいて比較するのは不可能だと、ギデンズは主張する。この一連の議論のなかで人類学における進化論と伝播論との議論がとり上げられていることに明らかなように、ギデンズは人類学における論争をふまえて、進化論を拒否する姿勢を示している。

つぎに②については、歴史の目的論的解釈を批判しているのであり、ギデンズの主張はあまり明瞭ではないが、社会システムの変動の源泉としては、内生的な要因よりも外生的な要因や外生的な要因の相互連関のほうが重要だとしている。社会システムの変動の源泉が内生的ではないとするギデンズの考え方は、ギデンズの機能主義的社会理論への批判とも関連したものである。

いずれにせよ、進化論的図式の否定にも、その一端が示されているように、ギデンズによれば、モダニティの徹底化は、西欧の特権的地位の弱体化、進化論の崩壊、歴史的目的論の消失、モダニティの構成要素である徹底した再帰性をもたらすのである（Giddens, 1990＝一九九三：七二）。

以上はギデンズのモダニティ理解の前提をなすものであるが、それではモダニティを起動させるダイナミズムとして、ギデンズは何を考えているのであろうか。ここで彼は、モダニティを起動させていった巨大な力として、①時間と空間の分離、②脱埋め込み（disembedding）メカニズム、③制度的再帰性（reflexivity）の三つをあげている（Giddens, 1990＝一九九三：一三五）。

時間と空間の分離とは、前近代では、時間は常に場所と結びつけて考えられていたのに対し、近代において機械時計が普及するとともに、時間の均一性が確保され、空間と分離するようになったことである。機械時計による時間測定の均一性は、労働時間という観念を可能にし、時間の社会的管理の均一性を生み出していったのである。

郵便、電話、さらには近年におけるリアルタイムによる衛星中継、電子メール、インターネットの普及をもたらした技術革新は、対面的な相互行為ではない、遠隔地間の相互行為の量を増大させているし、目の前にある場所（place）とは切り離された形で、空間を結合していく。時間と空間の分離は、時間と空間の異化的再編（distanciation）をもたらすものでもある。結局、時間と空間の分離は、「時空間が無限に拡大化していく条件であり、時間と空間の正確なゾーニングの手段となる」（Giddens, 1990＝一九九三：七二）ものである。

脱埋め込み（disembedding）メカニズムとは、「社会関係を相互行為の局所的な脈略から「引き離し」、時空間の無限の拡がりのなかに再構築すること」である。時空間が拡大していくなかで、人々が社会関係を形成する際に依存する知識がローカルなものに依存しなくなるということである。このことをもう少し具体的に表現すると、前近代では、共同体の中に秩序がはめ込まれていたから、社会関係は、共同体慣行の一環として、ローカルな脈絡と結びついて形成されてきた。しかるに近代では、共同体慣行やローカルな脈絡から切り離されて、社会関係や社会制度が立ち上がってくるということである。

ギデンズによると、社会学の世界では、伝統的世界から近代世界への移行は、「分化」や「機能の特殊化」として論じられてきた。しかし「分化」や「機能の特殊化」という概念は、機能主義の考え方や進化論的見方と結びついているから、受容できないとギデンズはしている。彼は、時空間の拡大化を表現するものとしては、「分化」よりも「脱埋め込み」という概念が適切であるとして、「脱埋め込み」の概念を採用するのである。

脱埋め込みメカニズムは、社会制度をローカルな脈絡から切り離すものであるから、脱埋め込みメカニズムを機能させるものとして、象徴的通標 (symbolic tokens) と専門家システム (expert systems) とが重要になってくる。

まず象徴的通標とは、「いずれの場合でもそれを手にする個人や集団の特性にかかわりなく『流通』できる相互交換の媒体」(Giddens, 1990＝一九九三:三六) のことであり、典型的な例が貨幣である。貨幣は、「商品やサーヴィスを非人格的なものに置き換えることで、その内容を捨象してしまう交換媒体」であり、時空間拡大の手段なのである。

つぎに専門家システムとは、近代では、我々の日々の行為が、医師 (医学の知識)、弁護士 (法律の知識)、建築家(建物の知識)などの専門家の知識に依存していることであり、それへの信頼が、社会制度を立ち上げる上で必要不可欠になっていることである。

ところですでに多くの研究者の指摘するとおり、ギデンズにおいては、人間の行為を理解する際に、言説的意識よりも実践的意識が重視されている[(5)]。ギデンズのいう言説的意識が、言説知と重なりあうものであり、実践的意識が実践知と重なりあうものだとするならば、近代における脱埋め込みメカニズムの浸透とは、主として実践知が、ローカルな脈絡から切り離されて、象徴的通標、専門家システムと関連したものになることをさしているといえよう。

制度的再帰性とは、モダニティが再帰的であることの別な表現である。モダニティの再帰性とは、近代では、「社会の実際の営みがまさしくその営みに関して新たに得た情報によってつねに吟味、改善され、その結果その営み自体の特性の本質を変えていくこと」(Giddens, 1990 = 一九九三:五五)であり、「社会の現実の営みは、その営みについて得た知識に照らして不断に修正されていく」(Giddens, 1990 = 一九九三:五八)ことである。ギデンズは、制度的再帰性の具体例として、経済学における「資本」「投資」「市場」「産業」といった概念や、社会学における「公的統計」をあげ、これらの概念や統計が、当初は単に社会を記述し、分析するために存在したが、しだいに社会的現実を整理し、社会制度を制御するはたらきをもつようになるとしている。つまりギデンズのいう再帰性とは、社会科学における言説や概念は、単に事実判断のための道具としてのみ存在するのではなくて、「離婚率の上昇は好ましくない」

「投資を増加させるべきだ」という規範的判断もしくは政策的判断の道具としても作用し、社会生活を変化させていくということである。ギデンズ自身の言葉でいえば、「社会学の言説や、他の社会科学の概念や理論、知見は、それが何であれ研究しようとしている対象のなかに絶えず『循環的に出入りしていく』」ことであり、「社会生活に関する体系的知識の生成は、システムの再生産の不可欠な要素となり、社会生活を伝統の不変固定性から徐々に解放していく。」ということである。

要するに、制度的再帰性の下では、社会システムは、初期条件が与えられれば、自動的に目標達成にむかって作動するというふうに考えることはできないのである。社会システムに関する知識が、絶えず社会システムにフィードバックされ、社会システムの作動のあり方や再生産のメカニズムが逐次更新されていくと考えられているのである。

4　再帰的な近代化

時間と空間の分離、脱埋め込み、制度的再帰性（知識の再帰的専有）といった概念によってモダニティのダイナミズムを説明しようとしているギデンズと、問題意識を共有しているのがドイツの社会学者、U・ベックである。そこでベックの代表作である『危険社会』(Beck, 1986=一九九八)[6]におけるモダニティ分析を瞥見して、モダニティについての考察を深めることにしよう。

ベックは、近代社会が、近代化という社会変動によって、「古典的な産業社会」から「(産業化された)「危険社会」」になったとする(Beck 1986 = 一九九八：八)。つまり「産業社会の延長としての近代化の時代は終わり、産業社会の前提そのものを変化させる近代化が推し進められている。」とする(Beck, 1986= 一九九八：一〇)。彼によれば、「単純な近代化」の時代から「自己内省的(reflexive)な近代化」の時代になったのである(Beck, 1986= 一九九八：一〇)(7)。

自己内省的な近代化(再帰的な近代化)とは、近代化によって生み出された帰結を社会内に取り込み、変化の方向性を修正していくような近代化のことであり、自己循環的・自己言及的な近代化のことである。このことをもう少し具体的に説明するならば、近代以降の産業化によって、資本主義的生産は、様々な有害な物質を生み出してきた。しかしこの有害な物質への対処の仕方によって、産業化の段階は二つに分けられるというのが、ベックの時代認識である。産業化がもたらす負の効果が無視されている第一の段階と、この負の効果が社会問題として認知され、解決策をめぐって社会内に議論やコンフリクトが発生する第二の段階である(8)。

卑近な例として、日本社会の戦後六〇有余年を振り返ってみると、あの高度経済成長の時代には、「豊かさ」を実現するために、大気汚染や水質汚濁はやむなしとする時代の空気があった。昭和三〇年代後半には、地域の活性化のために、新産業都市を誘致しようとして、各地の自治体が行った誘致合戦はすさまじいものがあった。新産業都市には、一五の地域が指定されたが、指定されなかった地域の自治体の落胆ぶりは、今からは想像もつかないほどのものであった。このことからも昭和三〇年代の日本は、昭和三九年の東京オリンピックに象徴されるように、成長まっしぐらの時代だったのである。しかるに高度経済成長に翳りが見えはじめるとともに、公害問題が認知されるようになり、成長優先の政策にブレーキがかけられるようになった[9]。

戦後日本社会の歴史にも端的に示されているように（日本の例を、ベックがあげているわけではない。日本の例は、ベックの図式が日本社会にもあてはまるという意味で、筆者があげたものである。）、ベックは、第一の段階が（生産された）「富を分配する社会」であるのに対して、第二の段階は（認知された）「リスクを分配する社会」だとする。そして多くの先進産業社会では、一定の物質的な豊かさが達成された結果、「リスク社会」が出現しているという。現代はまさしくリスク社会に突入した時代なのである。

なお「単純な近代化から再帰的近代化へ」というベックの慧眼を、さらにわかりやすく表現すると「第一の近代から第二の近代へ」となるので、以下では「第一の近代」「第二の近代」という表現を用いることにしよう。

ベックが「リスク社会」と言う場合、リスクに二つの意味が含まれていることに注意しなければならない。第一の意味は、いわば客観的に実在するリスクという意味でのリスクである。不断に進行する技術革新と産業化の結果、環境に対する負荷が地球全体に拡大したことを想起するならば、この第一の意味でのリスクを理解することは容易であろう。原子力発電に伴う事故、CO_2の増加による地球温暖化、森林伐採による生態系の変化など、多くの例をあげることができる。これに対して第二の意味は、人間が自由に意思決定することによってもたらされるリスクという意味でのリスクである。ここでは第一の意味のリスクを客観的リスクと呼び、第二の意味のリスクを主観的リスクと呼ぶことにする。

近代になり、人間は自分の判断で自由に意思決定できるようになった。職業選択の自由、婚姻の自由、移動の自由、結社の自由、思想・信条の自由、言論の自由など、いずれも近代が達成した素晴らしい成果である。

しかし行為者が自由に決定できるということは、行為者は意思決定の結果行った行為によって失敗したならば、その責任はすべて当該行為者に帰属するということである。「自由とリスクは表裏一体のものとしてある」(山口、二〇〇二：二〇八)のである。さらに言えば、自由(自己決定)とリスクと責任(自己責任)とは三位一体としてあるのである。ここで一つの問いが発生する。それは、自由は近代以降、尊重さるべき価値として存在したにもかかわらず、第一の近代では、なぜリスクが問題にならなかったのかという問いである。

この問いに対してベックは、第一の近代では、「家族(性役割)」、や「階級・階層」がリスクを回収する機能を果たしていたため、直接個人にのしかかる度合が低かった。これに対し、不平等がある程度解消され(10)、豊かな社会を実現した第二の近代では、「階級・階層」の機能や「家族」の機能が縮小し、個人化が進行した(11)。そのため自由な意思決定の代償としてのリスクは、個人に重くのしかかるようになったのである。ベックの指摘するように、第二の近代では、第一の意味でのリスク（客観的リスク）も第二の意味でのリスク（主観的リスク）も増大し、このリスクの増大に軌を一にした形で再帰的近代化は進展していくのである。

以上から明らかなように、「モダニティの徹底化」を再帰的近代化として捉える点において、ギデンズとベックは、共振し共鳴しあうものをもっているといってよいであろう。

5　モダニティの制度特性

ギデンズ自身、再帰的近代化ということで、第二の近代を表現しているから、先述した時間と空間の分離、脱埋め込み、制度的再帰性（知識の再帰的専有）はモダニティの起動力もしくは一般的な源泉であると同時に、第二の近代においてモダニティを徹底化するものだと考えてよいであろう。それでは、社会システムの各領域でモダニティは、いかに徹底化していくのであろうか。

ギデンズが、社会システムの各領域で具体的にモダニティが徹底化する様相として、資本主義、産業主義、監視、暴力手段の管理の四つをあげ、これらをモダニティの制度特性と呼んでいる。

資本主義とは、「資本を私有する人びとと資産をもたない賃金労働者との関係を中心に展開する商品生産システム」である。

産業主義の、「主要な特徴は、商品生産における無生物動力源の使用であり、それは生産過程で、機械装置が中心的役割を担っていることと関連している。」

監視とは、「政治の領域での被統治者住民の活動を管理すること」をいい、監獄や学校でみられるような直接的監視と情報の管理（たとえば公的統計の収集）にもとづく間接的間監視があるとする。

暴力手段の管理とは、近代において、「明確に規定された境界内で暴力手段の首尾よい独占」が行なわれるようになったことであり、産業主義と結びついて戦争が産業化されるようになったことも近代の特色である。

ギデンズは、これらの四つからなるモダニティの制度特性を、**図1**のように整理している。なお今までの説明から明らかであるし、ギデンズ自身言及しているように、監視という概念はフーコーを受容したものであるし、統治権力、統治システムと結びついた概念である。

社会学では、一般に社会もしくは社会システムは、経済、政治、文化、狭義の社会からなると考えられてきた(12)。これら四つの領域とギデンズのいう四つの制度特性との対応関係を考えてみると、資本主義は経済の領域に関係しており、監視は政治の領域（統治システム）に関係していることが明らかである。しかるに、軍事力は文化の領域でも、狭義の社会の領域でもない。また産業主義は、社会システムと自然との関係に関する概念であるから、社会システム内の文化の領域でもないし、狭義の

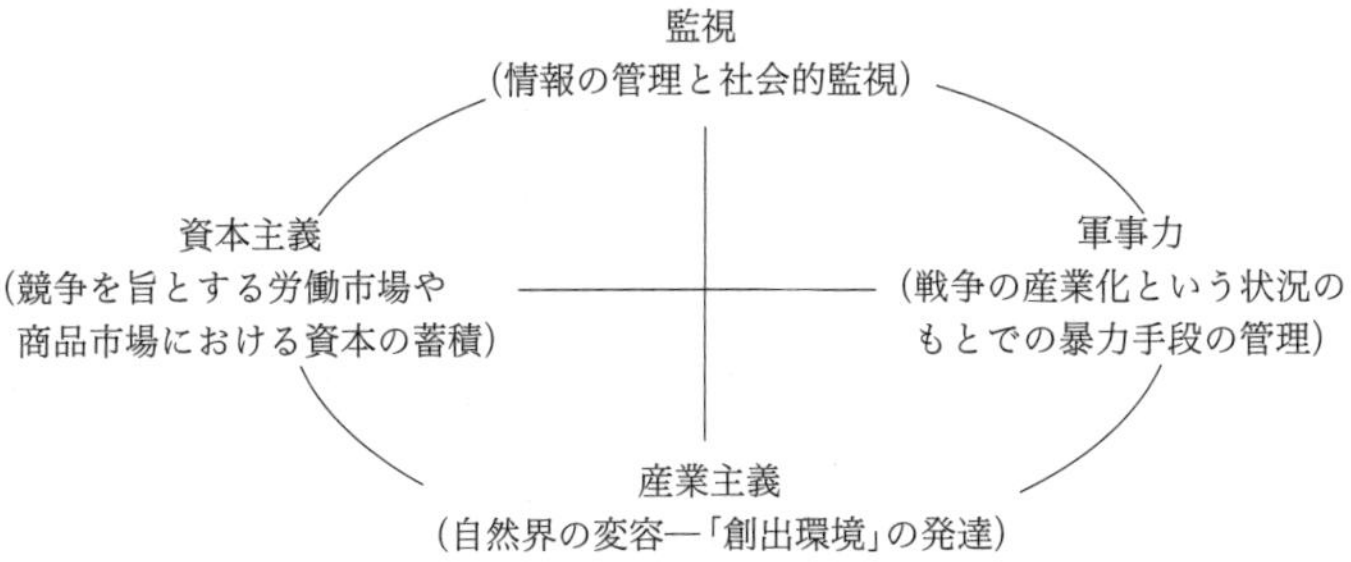

図1　モダニティの制度特性

（出典：Giddens　1990 ＝ 1993: 80）

社会の領域でもない。

このようにギデンズのいうモダニティの制度特性は、通例いわれる社会システム内の領域に、必ずしも対応するものではない。自然界の変容に関係するものとして、産業主義に注目することは、社会学の王道ともいうべき産業社会論の考え方につながるものであるし、産業主義を資本主義と異なるものとして位置づけていることは、それなりに評価されてよい。また制度特性の一つとして、軍事力（暴力手段の管理）をとり上げている点にギデンズのユニークさがあるといえよう。社会学の理論では、これまで近代の国民国家を前提にして、国民社会を一つの全体社会システムとして理論化することが多かった。そして全体社会システム内のサブシステムの作動に焦点をあてることが多かった。そのため、全体社会システム間の関係、すなわち国際関係に焦点をあてた場合に、不可欠な概念となる軍事力を適切にとり上げてこなかった。特に冷戦構造の崩壊によって、かえって国際的な緊張が増加したとも考えられる今日、モダニティの制度特性として軍事力に注目することは重要であるし、従来の社会学理論の変更を克服する意味でも、ギデンズの軍事力への視点は興味深い。

6　モダニティというジャガーノート

「モダニティの徹底化」のなかに生きる我々は、ジャガーノート（邦訳では超大型トラック）に乗ったようなものだというのが、ギデンズの現実認識である。ジャガーノートとは、ギデンズが補足説明をしているように、ヒンディー語の「世界の支配者」を意味する《ジャガナンノート》に由来し、最も人気のある神のひとり、クリシュナの敬称である。この神の偶像を、毎年巨大な山車に乗せ、街中を引き回した。信者たちは、極楽往生を求めてみずから進んでこの偶像に身を投じ、山車の車輪の下敷きになっていったと言われている。（Giddens, 1990 ＝ 一九九三：一七三）。ジャガーノートは疾走するし、人間によるコントロールが可能なものではない。

それではこのようなモダニティに生きる我々は、社会のなかにいかなる秩序や趨勢を発見できるのであろうか。この問いに対するギデンズの解答は、モダニティが有する三つのダイナミズム（時間と空間の分離、脱埋め込メカニズム、制度的再帰性）に注目することによってなされているといってよい。ギデンズの主張を敷衍してみよう。

まず時間と空間の分離ということは、その原因であると同時に結果でもあるグローバリゼーションということと密接に関連している。またグローバリゼーションの進行は、社会の多くの側面で、脱埋め込みを伴っている。

脱埋め込みメカニズムの作動ということは、違った面からいえば、伝統的秩序や慣行が解体するということである。脱埋め込みメカニズムが進展するなかでは、社会の秩序は、日々の行為が遂行され、実践されることによって、その都度確認され、更新されていかねばならないのである。つまり日々の行為が遂行的に実践されるなかに、秩序が成立する契機があるのである。この場合、成立した秩序が正義にかなったものもしくは普遍性を有したものになるのか、それとも文化相対主義が前提とするような個別の文化によって異なる秩序になるのかは大問題である。秩序問題に関する理論の立て方によって、解答が大きく異なってくるということもあるであろう。たとえば、構造主義、ポスト構造主義の主張する秩序の恣意性や無根拠性を強調するならば、たまたまある社会や文化には、その社会や文化でのみ有効に機能する秩序があるということになるであろう。本章の目的は、この秩序をめぐる大問題（普遍主義―相対主義）に決着をつけることにはないので、問題のポイントを指摘するにとどめておく。

ギデンズの場合、「モダニティの徹底化」論の立場に立っていることから明らかなように、モダニティの進展のなかに、地球上のすべての社会がまきこまれる普遍的な趨勢を見い出だそうとしているといってよい。もちろんジャガーノートに乗っている我々は、社会の動きのすべてをコントロールできるわけではないし、ジャガーノートは、対立する力が働く場であると同時にどちらに進むかわからない場でもあるのだ。

さらに制度的再帰性(知識の再帰的専有)によって、知識が、社会システムの再生産にたえず影響していくから、将来予測は、あくまで現時点での予測であるにすぎない。つまり現時点で予測された事態は、将来百パーセント実現される事態でもなければ、まったく見当違いな事態でもないのだ。

ギデンズは、知識の再帰的専有ということを強調しながらも、脱埋め込みメカニズムがもたらす、社会関係の変容という一般的趨勢を想定している。脱埋め込みメカニズムの進展によって、社会関係は、中間集団(地域社会、家族)に代表される社会集団との結びつきを弱め、純粋な関係性にもとづくようになる、というわけである。その結果、社会関係の形成においては、自己実現やセルフ―アイデンティティが重要になってくる。このことを、ギデンズは、「モダニティの徹底化」によって、生きることの政治学(life politics)の意義が高まることだと述べている。

7　ギデンズのモダニティ論が示唆するもの

ギデンズは、自分の立場をユートピア的現実主義であるとして、夢物語にならない範囲で将来の予測を試みている。ユートピア的現実主義の次元が、ローカルなものの政治化、グローバルなものの政治化、解放の政治学、生きることとの政治学の四つからなるとした上で、現実の動向は解放の政治学から生きることとの政治学へ向かっているとしている。

解放の政治学とは、個人や集団を拘束から自由にすることを目標にしており、具体的には、搾取、不平等、抑圧を減じ、正義、平等、参加を実現することである。これに対して、生きることとの政治学とは、解放の政治学を前提にした上で成立するものであり、ライフスタイルの決定と自己実現を目標にしている (Giddens, 1991: 210-217)。

また社会運動の類型として、労働運動、言論の自由・民主化を求める運動、平和運動、エコロジー運動の四つをあげ、労働運動と言論の自由・民主化を求める運動は、「古くからある」運動であるのに対し、平和運動とエコロジー運動は、近年出現してきた運動であるとしている。

これらの記述から明らかなように、モダニティというジャガーノートは、我々に制御不可能なものだが、だからといって何も考えないわけではない。ギデンズは、将来社会の端緒を、ユートピア的現実主義と社会運動に見出しているのである。

それでは二一世紀の日本社会に生きる我々は、ギデンズのモダニティ論から何を学ぶことができるのであろうか。再帰的近代化が進行する第二の近代において注目されるのは、やはり個人化の進行ということとグローバリゼーションの進行ということである。もちろん個人化の進行という言葉は、ギデンズの言葉ではなくて、ベックの言葉である。ギデンズは個人化の進行という事態を、純粋な関係性の重視および生きることの政治学(life politics)の高まりとして表現している。個人化の進行もしくは生きることの政治学の高まりという事態は、親密圏さらには公共圏の捉え直しを迫るものである。違った言い方をすると、自己もしくは個人の範域と他者の範域との境界をどのように設定し、社会関係をどのように構築するかという問いを発生させるのである。さらに言えば、近代社会の根幹をなす個人主義を再検討し、新たな社会の原理を構想することを我々に要請しているのである。

グローバリゼーションの進行については、つぎのような問いとして考えることができるであろう。つまり一九八九年のベルリンの壁崩壊以降、資本主義の一人勝ちが続くなかで、地域統合は可能なのか、二〇〇一・九・一一アメリカ同時多発テロ以後の世界において文明の共生は可能なのかという問いである。換言すれば経済のグローバリゼーションの進行は、新しい地域共同体や国際秩序をもたらすものなのかという問いである。この問いを、東アジアの一角を占める日本という地理的位置を考慮して翻案すると、東アジアの地域統合は可能なのかという問いになる。可能性を論ずるのは、時期尚早だとして慎重になるとしても、東アジアの地域統合について、何らかの学問的貢献をすることが、モダニティの社会学理論に求められているといってよいであろう。

注

(1)たとえばフロム(Fromm, 1941)を参照のこと。
(2)日本の近代化については、富永(一九九〇)、友枝(一九九八)を参照のこと。
(3)この点についての詳しい紹介は、友枝(一九八九)を参照のこと。
(4)この点については、友枝(二〇〇〇)を参照のこと。
(5)言説的意識、実践的意識については、友枝(一九八九)を参照のこと。
(6)ベックの原著タイトル(Risikogesellschaft)を危険社会と訳するのは、適切ではないと思うが、邦訳タイトルにあわせて『危険社会』としておく。ただし本文では、リスク社会、リスクという言葉を用いる。
(7)邦訳にあわせて「自己内省的な近代化」としておくが、**reflexive modernization**は「再帰的近代化」と訳されることが多い。
(8)ベックを中心とするリスク社会論を紹介した邦語文献としては、山口(二〇〇二)が優れている。本章も山口の論考から多くの示唆を得ている。
(9)いうまでもないが、四大公害裁判の一つである水俣病は、すでに昭和二〇年代後半に、その疾病が発見されていた。しかし公害として社会問題化し、企業の責任が問われるようになるのは、ここに述べたように昭和三〇年代後半からだと言ってよいであろう。
(10)ここでいう不平等のある程度の解消とは、あくまで一つの国民社会内もしくは国民経済内での不平等の解消という意味である。従属理論および世界システム論が指摘したように、先進諸国と開発途上国との間に不平等や圧倒的な非対称があることは言うまでもない。
(11)個人化はベックの鍵概念である。
(12)この点については、富永(一九八六)、友枝(一九九一)を参照のこと。社会システムが、経済、政治、文化、狭義の社会からなるとする考え方の典型は、いうまでもなくパーソンズのＡＧＩＬ４機能図式にみられる。

文　献

浅田彰、一九八三年、『構造と力』勁草書房。

Baudliard, J., 1970, *La societe de consommation*,Paris:Gallimard.（一九七九年、今村仁司・塚原史訳『消費社会の神話と構造』紀伊國屋書店）

Beck,U., 1986,*Risikogesellschaft*, Suhrkamp Verlag（一九九八年、東廉・伊藤美登里訳『危険社会』法政大学出版局）

Fromm,E., 1941, *Escape from Freedom* ,New York:Farar & Straus.（一九五一年、日高六郎訳『自由からの逃走』東京創元新社）

Giddens,A.,1976,New Rules of Sociological Method,London:Hutchinson.（一九八七年、松尾精文他訳『社会学の新しい方法規準』而立書房）

———.,1977,*Studies in Social Theory and Political Theory*, London:Hutchinson.（一九八六年、宮島喬他訳『社会理論の現代像』みすず書房）

———.,1979, *Central Problems in Social Theory*,London:Macmillan.（一九八九年、友枝敏雄・今田高俊・森重雄訳、『社会理論の最前線』ハーベスト社）

———.,1981,*A Contemporary Critique of Historical Materialism*,London:Macmillan.

———.,1984, *Constitution of Society* , London: Polity Press.

———.,1990,*The Consequences of Modernity*, Lonodon: Polity Press.（一九九三年、松尾精文他訳『近代とはいかなる時代か』而立書房）

———.,1991,*Modernity and Self Identity*, London: Polity Press.

———.,1992,*The Transformation of Intimacy*,Stanford: Stanford University Press.（一九九五年、松尾精文他訳『親密性の変容』而立書房）

Giddens,A.,1998,*The Third Way*, London: Polity Press.（一九九九年、佐和隆光訳『第三の道』日本経済新聞社）

今田高俊、一九八八年、『モダンの脱構築』中公新書。

――――、一九九四年、『混沌の力』講談社。

Jencks, C.,1977,*The Language of Post-Modern Architecture*, London: Academy Editions.（一九七八年、竹山実訳『ポストモダニズムの建築言語』『建築と都市』臨時増刊号）

大川三雄・川向正人・初田亨・吉田鋼市著、一九九七年、『図説近代建築の系譜』彰国社。

Rostow,W. W,1960, *The Stages of Economic Growth: A Non-Communist Manifesto*,Cambridge : Cambridge University Press.（一九六一年、木村健康・久保まち子・村上泰亮訳『経済成長の諸段階』ダイヤモンド社）

富永健一、一九八六年、『社会学原理』岩波書店。

――――、一九九〇年、『日本の近代化と社会変動』講談社学術文庫。

友枝敏雄、一九八九年、「社会理論の再構成」ギデンズ『社会理論の最前線』訳者解説 ハーベスト社、二八三―三〇五。

――――、一九九一年、「構造と変動」今田高俊・友枝敏雄編『社会学の基礎』有斐閣、一二一―一四九。

――――、一九九八年、「日本の近代化―産業化の進展とそのエートス―」竹沢尚一郎編『アジアの社会と近代化』日本エディタースクール出版部、二八三―三一五。

――――、二〇〇〇年、「実践と構造化」鈴木広監修『理論社会学の現在』ミネルヴァ書房、二七六―二九二。

山口節郎、二〇〇二年、『現代社会のゆらぎとリスク』新曜社。

第1章　社会学と社会システム論
――システムとその「外」

馬場　靖雄

1　問題設定

タルコット・パーソンズ（一九〇二―一九七九）以降の社会学では、社会システム論、すなわち社会をひとつのシステム（環境から区別されるまとまり）と見なすという発想は、完全に市民権を得ているように思われる。しかしその一方で、「社会システム」について語ること自体が空虚なメタファーに他ならず、実質的内容を含んでいないばかりかミスリーディングですらあるとの趣旨の批判がしばしば見受けられもする。社会システム論の最新ヴァージョンと見なされるニクラス・ルーマン（一九二七―一九八八）の理論に関しても事は同様である。ルーマンは生物学由来の「オートポイエーシス」（六一頁、用語解説参照）という概念を安易に社会学へと移植することによって制度や組織を著しく物象化し、行為者の創造性を無視してしまった、というようにである（Alexander, 1998: 214）[1]。

この種の批判への対応としてはさしあたり、ふたつの方策が考えられる。第一は社会システム論が、生物学を初めとする諸分野の成果から抽出された一般システム理論の知見を踏まえており、そしてその社会学とは「食い違うパースペクティブ」（perspektive by incongruity）により、社会に関する新たな知見が得られると主張すればよい。第二は逆に、社会システム論において（たとえメタファーによってであれ）語られている問題は、実は社会学理論の伝統のなかでくり返し登場してきたものに他ならず、決して「移植」による歪みの結果生じてきたものではないと論じることである[2]。

本章が採ろうとしているのは後者の戦略である。すなわち擁護の意図によってであれ批判の対象としてであれ、社会システムについて論じようとする者が扱っている問題を、一方でルーマンのシステム理論を参照しつつ、他方で社会学の伝統および社会学の現状との関連において、再定式化してみようというわけだ。そしてこの作業を通して、近代社会のなかでの社会学の存在意義について考えてみることにしたい。

2　全体とその外

おそらく「システム」に関する最も素朴な、くり返し批判されてきたにもかかわらずいまだに広く行き渡っている観念は、「諸部分が関係を取り結ぶことによって形成される全体」というものだろう。それに従えば社会システム論とは、社会をひとつの統合された全体として捉えようとする試みであるということになる。だからこそパーソンズ以来今日に至るまで、社会システム論に対して「統合の過度の重視」だとか「全体の秩序を優先して個人の自由と創造性を圧殺する」といった批判が継続的に浴びせられてきたわけだ(3)。

しかし考えてみれば、「社会をひとつの全体として捉える」というこの試みは、社会学が成立当初から自らに課してきた課題ではなかったのだろうか。現に本書の一部にも見られるように、社会科学の隣接諸分野を取り込む試みがくり返し社会学の側からなされてきたことも、社会学と「全体」との関わりを裏付けている。また逆に、明確な対象領域を確立しているはずの隣接諸分野においてより包括的な「全体」を視野に入れた理論が求められるとき、常に何らかのかたちで社会学が引き合いに出されてきたことを考えてもよい。「法社会学」や「ソシオ・エコノミックス」はその典型例であろう。しかしその分だけ、社会学が明確な対象領域をもたない、素人臭さの抜けない分野である云々と嘲られることにもなった。また社会学の側からも、「社会全体」(ルーマンの言う全体社会 Gesellschaft)について語るなどという誇大妄想的な課題は放棄して、より輪郭明瞭な個別領域のみを対象にすべきだという声が発せられてきた。しかしそれもまた、「全体」に定位すべしとの圧力が常に存在してきたことを裏付けるものである。

実際のところ、社会全体について語るのを放棄して個別領域の探求のみに、あるいは実証手続きを踏まえて個別命題を積み上げることのみに集中したとしても、それで「全体」の圧力から逃れられるわけではない。そのような態度は現にあるがままの全体社会の布置を批判的に捉え返すのを放棄して、現状を追認・正当化することになると指摘することも可能だからだ。全体社会については語らないというのも、全体に対する態度のひとつなのである(4)。

しかし同時に「全体」へのこの志向は、常に挫折せざるをえなかった。何らかのかたちで「全体」を同定すれば、ただちにその「全体」には収まらない「外」が視野に入ってくるからだ。そして次のような主張が登場してくることになる。これまで自足した「全体」として扱われてきたものは、実は「外」に囲繞された一部分にしかすぎなかった。「外」にはこれまで考慮されてこなかった諸要因が存在しており、それらを視野に納めることによって初めて、当該の現象を正しく記述・分析できる。今やわれわれは、内側にのみ向けられていた視線を「外」へと方向転換し、より複雑な「外」と「全体」との相互関係を考察しなければならない云々。むろん「外」が同定されれば、その外延が今度は新しい「全体」となって、再び同じ問題が生じてくる。全体の同定とその外への眼差しの無限の反復。この反復を体現しているのが、パーソンズのＡＧＩＬ（六二頁、用語解説参照）図式である。パーソンズは社会システムの機能要件であるＡＧＩＬの適用対象を、あるシステム全体は一段上位のシステムのＡＧＩＬのどれかを担うという論理によって、家族などの小集団から機能システム（経済、政治、コミュニティなど）へ、全体社会へ、さらには行為システム一般へと拡張していき、ついには「人間の条件」という、ほとんど宇宙全体を包括する領域にまで到達するに至ったのだった（Parsons 1978）。パーソンズ理論の内容に関する評価は別としても、この歩みが「全体のまとまり」を考えようとする社会システム論にとって必然的なものであったのは確かだろう。

とりあえずの「全体」（＝システム）に対するその「外」を「環境」と呼ぶならば、ルーマンが常に強調するように、システム理論が定位するのはシステムそのものよりもむしろシステムと環境の関係であり、その前提としての両者の差異（区別）なのである。

> われわれの出発点となるのは……システムと環境の区別なのである。したがってシステム理論は、システムと呼ばれる特定の対象を記述するわけではない。システム理論による世界の観察は、特定の（他ではない）区別に定位する。他ならぬシステムと環境の区別に、である。（Luhmann 1992: 74＝二〇〇三：四八）

この意味で社会システム論もまた、常に「システム／環境」理論なのである。そしてこの「環境」を空間的なイメージから解放して、「システムのみに注目していたのでは考慮されえない、多数の複雑な諸要因」というように抽象化すれば[5]、「システム／環境」の差異に定位し、上項から下項へと脱出しようとするこの動きは、社会学創設時から今日に至るまで、常に反復されてきたことがわかる。自足的同一性の外見を打破してさらに普遍的な立場を採り、より多様な開かれた「外」へと目を向けよ、というわけである。近年に関して言えば、次のような議論を考えてみればよい。

（一）従来の社会学が考えていた「社会」とは国民国家に他ならず、社会学の視線はもっぱらその内部へと向けられてきた。しかし今日の複雑で流動化した世界においては、もはやそのような限定は正当化されえなくなっている。グローバリゼーションや地球規模の環境問題などを考慮するためには、従来の社会学理論の前提となっていた自己同一的な国民国家の枠組を打破しなければならない。国境を越えて広がる因果関係とコミュニケーションの錯綜した網の目を視野に収めねばならないのである。

> 市民の安全と健康を確保することは、危険をもたらす産業社会が発展した今日においては、もはや国民国家によって解決されうる問題ではない。これはエコロジカルな危機がもたらした根本的な教訓のひとつである。エコロジーに関する議論とともに……国民国家の終焉が日常的に経験できるようになった。(Beck, 1996: 131)

（二）（社会学的）構築主義の試み。構築主義は、一見すると自明で実在に対応するように見える「アイデンティティのカテゴリー」が、「実際には多様で拡散した複数の起源をもつ制度や実践や言説の結果でしかない」ことを明らかにしようとする（千田、二〇〇一：三四）。自足したカテゴリーから、そのカテゴリーを構築し通用させる複雑な権力関係へと視線を移そう、というわけだ。

（三）大澤真幸（二〇〇二：一一一一六）が言う「社会哲学の三幅対」、すなわち現在の社会理論を代表する三つの主要な立場を考えてみよう。その三つとは①具体的な共同体と善の観念から出発するコミュニタリアニズム、②いかなる善を奉じる者であろうと承認しなければならない形式的手続きに注目するリベラリズム、③実質的な善であれ抽象的手続きルールであれ、普遍的な規範など存在せず、ただ複数の特殊な諸規範があるだけだとするポストモダニズムである。現在ではさまざまなテーマをめぐってこれら三つの立場が相互に批判しあっているわけだが、どの立場によるどの立場への批判も、「単純な内から複雑な外へ」という例の方向性を体現しているものと見なしうる。例えば②によれば①は、自己が奉ずる規範が唯一絶対でありそれ以外の規範はありえないかのように考えている。しかし実際には①が属している共同体の外には、異なる規範を踏まえている多数の共同体が存在しているのであり、したがって諸共同体が緩やかな関係を取り結びつつ寛容の原理の下で共存することをめざす自分たちの議論のほうが、より広い射程をもっているはずだ、ということになる。しかし③に言わせれば、②が考える共存可能な「多様な規範」は、あらかじめ一定の（こうであって、他ではない）原理によって許容されたものに他ならず、そのような原理そのものによって絶対的に不利な立場に置かれるマイノリティを排除・抑圧することを前提としているのである。「〔ロールズやローティが提唱する〕一見、寛容な振る舞いは、実際の政治の場面においてはきわめつきの抑圧的な〈排除〉となってあらわれるのだ」(酒井、二〇〇一：三七、( )内引用者)。それゆえに、一見すると自明に見えるルールによって排除される「外」にこそ注目する必要がある、ということになる。ところがその③に対して①はこう異議を申し立てる。君はそう主張することによって、あたかも自分(だけ)がいかなる排除・抑圧も伴わない立場にいるかのように考えているのではないか。君が言っていることもまた特定の立場をよしとする共同体(知識人グループなど)に支えられているのであって、その「外」には君の主張によって排除される多様な共同体が存在する(君が②に対して正しく主張しているのと同様に)。われわれ(①)は特定の共同体から自覚的に出発することによってこの事態を視野に納めようとしているのだから、こちらの議論のほうがより広い射程をカバーしているのだ云々[6]。

もう一度確認しておこう。このように社会学における「新たなパラダイム」の提唱の大半が、この「閉じられた単純な内から、開かれた複雑で多様な外へ」という動きに沿って生じている以上、「システム理論が扱うのはシステムという特定の対象ではなく、システム／環境の差異である」というルーマンの言葉は、社会学そのものではないにしても、社会学の動向を背後で突き動かしている姿勢を指し示していることにもなる。

先の例(一)でも触れたように、現在の社会学でこの種の動向が目立っているのは、環境問題を扱う領域においてである。従来の社会学はもっぱら社会の内部にのみ目を向けてきたが、環境問題がますます切迫しつつある現在では、社会とその「外」にある自然との代謝関係をも考慮する必要が増してきている、というようにである[7]。それゆえにこのような姿勢を「エコロジカル・パラダイム」と呼ぶことも可能なはずである。そしてエコロジカル・パラダイムはもちろんそれ自体として誤っているわけではない。というよりもむしろ、それは常に正しいのである。何人もエコロジカル・パラダイムが古くなったと主張したり、それを超克したりすることはできない。何かを古き単純なものとして「超克」しようとすることこそが、エコロジカル・パラダイムの要諦なのだから。

3　閉鎖性への帰還

閉じられた全体を突破して、多様な「外」へと逃れること。この方向性は正しいし、「乗り越え不可能」である。また現に「脱出」が生じるたびに（例えば、先の①〜③が相互に批判しあうたびに）何らかの知見が得られ、われわれの知的財産はより豊かになっていく。にもかかわらずルーマンは、エコロジカル・パラダイムにあえて背を向けようとする。

> 私は包括的なエコシステムの仮定を出発点には取らない。エコシステムが自然と社会を包含しており、それが今日では均衡を失した状態にある、というようには考えないのである。(Luhmann 1996: 50)

少なくともこの一節からルーマンは、注7での山之内や挟本が主張するようにその理論的限界のゆえに社会を包括する自然環境を考察しえなかったのではなく、意図的に視線を別の方向に向けようとしたのだということは読み取りうるだろう。ルーマンのこの姿勢はエコロジーに関してだけでなく、いかなるシステムが直面するどんな問題を扱う場合でも、一貫している。「システム／環境理論」とは、システムだけではなくより包括的な環境をも合わせて考慮せよ、ということではないのである。

ルーマンによればわれわれは、システムとその環境（より広い「外」）との関係を考えようとするエコロジカル・パラダイム（古典的な用語で言えば、「開放システムの理論」）から、さらにもう一歩先に進まねばならない――「開放システム」の反対物へ、つまり閉鎖システムの理論へと、である。ただしそれは、自己同一的で自足したシステムから出発するべきであって、その「外」を考える必要はない、あるいは考えることはできないということを意味しているのではない。ルーマンのシステム理論は、システムが自己言及的に閉じられていることから出発する。コミュニケーションよりなる社会システムは、コミュニケーションの回帰的ネットワークがさらなるコミュニケーションを再生産していくことによってのみ存続する、というようにである。しかしだからといって、システム／環境という区別を抹消することはできない。それはちょうど、ルーマンの認識論的立場である「ラディカル構成主義」が、あらゆる認識はシステム内的な作動であって「外」にある対象と関係するものではないと主張するが、だからといってすべては幻想でありリアリティなど存在しない云々と述べているわけではないのと同様である。「構成主義はリアリティの否定に至りはしない。というのは、リアリティを否定すれば明らかに〔構成を担っている〕自身の作動の可能性も否定することになるからだ」(Luhmann, 1990b: 225、〔 〕内筆者)。

問題は環境を否定してシステムの内に閉じこもることではなく、システム／環境の区別を、したがって環境の存在を前提としつつ、この区別はたしてどこに位置するのかと問うことなのである。この区別自体が特定のシステムの内部で行われたものではないのか。特に社会という包括的システムの場合、次のように問われねばならない。そこでのシステム／環境の区別は、あくまで当システムから見た自分自身（自己言及）と自分以外のもの（他者言及）の区別なのではないだろうか。例えば「社会システムとその物質的基礎としての自然環境」について語られる場合、その「自然」はあくまで社会にとって意義をもつかぎりでの自然であって、もはや自然そのものではなくなっているのではないか。

そして同じ問題が、社会の内部においても登場してくる。一例として、ルーマンの民主主義革命についての議論を取り上げてみよう(Luhmann, 2000: 135-138)。ルーマンは、産業革命と並んで民主主義革命および教育革命こそが社会の近代化のメルクマールであるとのパーソンズの議論を引きつつ、次のように論じている。パーソンズを含めて通常の場合民主主義革命は、それまで一定の階層（貴族）の内部だけで閉じられていた政治システムが普遍的な原理の下で万人に対して開かれることとして理解されている。民主主義革命によって全人口が政治的決定に参与しうるようになる。かくして外（人民の利害関心）へと開かれた政治システムが成立する、と。しかし実際にはこの開放性は、政治システムが全体社会から離床（disembedding）ないし分出（Ausdifferenzierung）して、特殊政治的な制度（政党制、選挙など）が確立されることによってのみ生じる。そして選挙は、有権者の利害関心（民意）を反映するための装置ではなく、むしろ利害関心を表出させつつそれを選挙結果からは切り離してしまうためのメカニズムなのである。あるいは逆方向から述べるべきかもしれない。利害関心ないし民意なるものは、政治特有のメカニズムである選挙の結果からのみ読み取られうるのであって、あくまで政治の内部で構成されたものにすぎない、と（馬場、二〇〇一：一二三―一三三）。したがって民主主義革命によって政治システムと関係づけられる「外」は、あるいは「政治システム／その〈外〉」という区別は、政治システムの内部に位置しているのである[8]。

以上の議論を、ルーマン自身の言葉で要約しておこう。

作動の上で閉じられたシステムが有している可能性は、システムと環境の差異を内的にモデル化すること、つまり自己言及と他者言及とを内的に区別することだけである。形式的に言えばこれは、区別が自分自身の内に再登場すること、システムと環境の区別をシステムの内へと引き写すことなのである。(Luhmann, 1995: 129-130)

4　隘路としての「開放性」

しかしなぜわざわざこのように「システムの環境はシステムにとっての（内部に位置づけられた）環境でしかない」ということを強調する必要があるのだろうか。それは、「システムとその『外』」を考えるだけでは、真の意味での「外」には到達しえないからである。そのようなかたちで見いだされるシステム／環境関係は、より包括的なシステムの内部関係でしかない。パーソンズがＡＧＩＬを無限に拡張していった（していかざるをえなかった）のを見ればこの点は明らかであろう。

そしてこの論点は、決して純粋に論理的な問題に留まるものではない。本来エコロジカル・パラダイムは、構築主義に典型的に見られるように、固定的な自己同一性を打破するという「批判」としての性格を、濃淡の差はあれもっているはずである（Hacking, 1999 = 二〇〇六：四三―四七）。にもかかわらずそこから生じるのは同一性への批判ではなく、より包括的な同一性のもとに服することでしかない。この問題は、「システム」や「エコロジー」の文脈以外においても、至る所で登場してきている。

そのひとつの現われとして、近代社会における主体を「市民主体」として規定する、Ｅ・バリバールの議論を見てみよう。バリバール（1989 = 一九九六）はカントに至るまでの主体概念が基本的に「君主の臣民」（超越者への服従者）であったことを確認した上で、一九七八年以降（「人間と市民の権利宣言」を契機として）「市民とは主体である」との新たな観念が発展してきたことを確認する。ただしこの観念が、例えば「人間は生まれながらにして平等である」といった一般的前提（バリバールはこれを「誇張命題」と呼んでいる）によって支えられているなどと考えてはならない。それでは市民主体とは、新たな一般者へと服従する存在にすぎないということになろう。今日ではしばしば、先のベックの引用にも見られるように、旧来の国民国家の枠組を破砕する世界市民主義について語られたりしている。しかしバリバールに言わせれば、そのような「世界市民主義」は、旧来の（服従者としての）主体概念の単なる拡張でしかない。

たいていの場合、超・国家的市民権の観念は、国家の市民権がもつ特徴の「上位の」段階への移動以外の意味をもたない。言い換えれば、この観念は、主権を行使する場所の移動だと理解され、したがって不可避に主権の集中、主権の「独占」に向かう歩みだと理解されているのである。（Balibar, 1998 ＝二〇〇〇：五九）

そのように考えているかぎり、市民主体と従来の「君主の臣民」との、あるいは従来の国民と「世界市民」との違いは、単に服従する対象（の普遍性のレベル）の違いでしかないことになる[9]。である限りそこから生じてくるのは、かつてカントとヘーゲルの間に生じたあの対立の反復以上のものではないだろう。さらなる普遍性を求めようとする衝動が強まる一方で、やがて次のような声が生じてくるはずである。あまりにも抽象的な審級に依拠するだけでは、主体は無規定になってしまう。必要なのは具体的な国家ないし民族に服することなのだ、と。かくしてわれわれは再び、あの「社会哲学の三幅対」の内部で生じる循環運動のなかに閉じこめられてしまう(10)。それに対してバリバールによれば市民とは、普遍的な審級の下にではなく、複数の普遍性の間に住まう存在なのである。われわれは次節においてこの発想を、ルーマンの議論に依拠しつつより一般的な、すなわち他の機能領域に関しても成り立つかたちで再構成するよう試みるつもりである。

しかしその前にもうひとつ、世界を変えたあの一日、すなわち二〇〇一年九月一一日をめぐる言説を取り上げてみよう(11)。あの悲劇的な出来事に関して、「ルーマン派」のP・フックス(Luhmann / Fuchs, 1989の共著者)は次のように論じている。今回の事態についてアメリカの側から発言している論者が前提にしているような「文明の衝突」図式によって、つまり自由と繁栄の先進諸国／暴力と野蛮のムスリム圏といった国家や文明圏を単位とする区別によって世界を裁断しようとしても無駄である。現実の世界は世界社会(Weltgesellschaft)であり、そこでは機能分化した諸システムが国境を越えて複雑に交錯している。構造的な貧困も、それを背景とするテロも、この複雑な事態のなかで生じているのである。したがって

> われわれが関わっているのは、西側世界(アメリカあるいはヨーロッパ)の問題ではない。そう考えるのは、実際に機能している単純化に基づいている。問題は、はるかに腹立たしくまたややこしい(komplex)ことに、社会

の形式そのもののうちにあるのだ。(Fuchs, 2001)

それゆえ国家と文明圏による図式を前提とする思考においては、この複雑な現実が無視され、単純化され、歪められてしまうことになる。われわれは、国家は政治システムの内部でなされた自己記述の帰結にすぎず、その背後にははるかに複雑な現実があるということを知らねばならない。つまり国家ないし文明圏の存在を自明視せず、その外に広がるより複雑な現実に目を向けよ、というわけだ。

この主張はもちろんルーマン理論の一部に基づくものであり、それ自体が誤っているわけではないし、また有用な指摘でもある。しかしこの議論は、次のようなそれこそ単純きわまりない物言いと共振してしまう危険性を孕んでいる。いわく、左派の知識人が人権だの世界市民主義だのポストコロニアリズムだのと暢気なことを言っていられるのは、国家という枠組が平和な言説空間を保証してくれているからこそである。その外側では弱肉強食の暴力によるパワー・ゲームが展開されているのであり、今回のテロが示しているのはまさにそのことなのだ。今やわれわれは理念や理想が事態を改善してくれるなどという夢を捨てて、国家の枠組を守るためにそれ相応の力を揮わねばならない云々[12]。

しかし実はこの種の物言いこそが、「エコロジカル・パラダイム」と同一の論理構造を有しているのである。つまりそれは、単純で空虚な理念のなかに閉じこもるのを批判して、その「外」にある複雑な現実に定位するよう主張しながら、当の「現実」のなかに(あるいは、「空虚な理念/踏まえるべき現実」という区別のなかに)われわれを閉じこめてしまう。そうなれば「理念は空虚であり、力こそが現実的で有効だ」との思い込みから逃れられなくなる(注4で述べたように、「現実」もひとつの理念なのである)。そして場合によっては、力の現実性への過信によって泥沼にはまってしまうことにもなりかねない――現時点(二〇〇七年)でのイラクのように。

S・ジジェク(Žižek, 2001)が突こうとしているのは、まさにこの点に他ならない。ジジェクによれば、先のような物言いをする保守派が定位する「現実」とは、「平和なニューヨーク／パワーゲームが吹き荒れるアフガンないしパレスチナ」という区別の一項としてのパワーゲームなのである。彼らは「ここ(ニューヨーク)でこんなことがあってはならない！」と言う。これはすなわち、先の区別の上項が下項へ侵入してくることを、境界の横断を、許さないということである。ニューヨークのただ中に、アフガンに見られるような「野蛮な」光景が出現することなどあってはならない、と。彼(女)らが守ろうとしているのはあの区別そのものなのだ。しかし今回のテロが示しているのは、この区別こそが幻想に他ならないということなのである。「ポイントはふたつの側が実際に対立しているのではなく、同じ領域に属しているというところにある」(Žižek, 2001: 訳二二)。ルーマン流に言えば、このふたつの側は、システムと環境の区別がシステムの内へと引き写されたものなのである。われわれが平和の夢から覚醒しパワーを携えて参与すべきだとされる「現実」とは、平和なニューヨークで見られた夢に他ならないのだと、言い換えてもよい。重要なのは区別の一方が夢だということではなく、区別そのものもまた夢だという点なのである。それゆえにジジェクは結論としてこう述べている。左派の（「そしてルーマン派の」と、われわれは付言したい）スローガンは「こんなことがここで起こってはならない」ではなく、「こんなことはどこでも起こってはならない」であるべきだ、と。前者のために武力を行使するのではなく、後者を理念として、つまり特定のシステムによって抱かれた『夢』であることを明示しつつ、掲げねばならないのである。「しかし理論もまた、それが大衆をつかむや否や、物質的な力となる」（Marx, 1844 = 一九七四：八五）ないしは「むしろ理念それ自体が、コミュニケーション過程のなかで表現されるや否や、社会的現実となる」（Luhmann, 1988: 170 = 一九九一：一六八、訳は筆者による）のだから。空疎な理念など捨てて現実を直視せよ、と保守派は言う。ルーマン派は応える。そうかもしれない。しかし世界は複雑である。力こそが現実だという前提がもしかしたら通用しないかもしれないほど複雑なのである。あまりにも複雑であるがゆえに、「空疎な」理念が力を持つこともありうるのである。

5 「外」への道

システムと環境とを区別して、より複雑な環境の側へと脱出しようとしてみても、外へ出ることなどできない。これが前節までで得られた結論だった。ではこの隘路に陥らずに、既存のシステムの同一性の「外に出る」（批判する）ことはいかにして可能なのだろうか。われわれはその手がかりを、「現代社会は機能的に分化した諸システムよりなる」という、ルーマン理論の基本テーゼの内に求めてみたい。

ルーマンによれば現代社会は機能的に分化した社会であり、各機能システムはそれぞれ独自の二分コード（法システムにおける合法／不法、経済システムにおける支払い／不支払いなど）を踏まえて、社会のあらゆる領域と関係する。それぞれの機能システムの内部において、当の機能システムとそれ以外の領域との区別の線が引かれることになる。利益法学が扱う「利害」は、純粋な法的考慮（概念法学）から見れば法の外にある。しかしそれはあくまで法にとっての、法的に考慮されるべき「外」にすぎない。政治システムにとっての人民の利害関心が、政治システムから見た、政治自身によって構成された「外」であるのと同様に、である。この意味でのあらゆる「外」は、特定の「内」に位置づけられるのであり、この「内／外」のセットは複数存在しうるのである。

したがって、より普遍的な観点から多様で複雑な現実に目を向けるべくある「内／外」の関係を上項から下項へと横断してみても、それはしょせん「夢から覚めてもそこはまた夢」ということにしかならない。しかし複数の横断の試みが相互に衝突するとき、そこにどちらにも回収されえない亀裂が登場してくる。法は法なりに、政治は政治なりに、「外」に位置する全体社会を普遍的に考慮しようとする。しかし両者それぞれが想定する「外」は、それぞれ異なる意味づけを与えられているがゆえに（法にとっての全体社会／政治にとって全体社会）、収斂しえない。その収斂しえない複数の普遍性の隙間にこそ、同一性に包摂されえない「外」が現れてくるのである。

現代社会における法が、依然として一部の専門家の手にのみ委ねられていることを批判して、法が人々の日常的な関心事に即応し、またそれに柔軟かつ速やかに対応できるような方策を講じることは可能だし、必要でもある。例えば、弁護士を通さない本人訴訟の条件を整備することによって（棚瀬、一九八三）あるいは裁判員制度を導入することによって、である。これは法の内部において、視線を内から外へと転換することを意味している。この試みに対して、本人訴訟ではまだ人々の関心に十分に対応できないと指摘するならば、あるいはそれはむしろ法にアプローチするだけの時間や知的資源をもたない人々に沈黙を強いることになると批判するならば、それは「エコロジカル・パラダイム」に基づくゲームを（無限に）続けていくことを意味する。

それに対して例えば宗教システムが、法の前提である「合法／不法」の二分図式ではなく、自己の基礎となっている「内在／超越（この世／あの世）」の図式を踏まえて、「それは私には無関係だ」と応じるならば、そこで生じているのは「より広い外」への動きではなく、法の図式の単なる棄却である。むろんこの棄却によって当該の判決が無効になるわけではない。しかし法とは別の観点のもとでコミュニケーションを続けていくことはできる。この棄却の存在こそが、法における「内／外」の区別によっては捉えられない、現代社会の複雑さを示している。現代社会の複雑さは、法が多数の要因を自己の内で考慮することによって把握されるのではなく、この棄却を通して産出されるのである。

むろんこれは、こう述べる（ルーマンのシステム理論に基づく）社会学の営為自身にもあてはまる。社会学もまた、学という機能分化した社会システムの一部に他ならないからだ。本章で述べてきたこと全体が、社会学から見た「外」についての、つまり社会全体に関する、ひとつの像に他ならない。おそらくこの全体社会像は、他の機能システムによってナンセンスなものとして棄却ないし無視されるだろう。しかしまさにその事実こそが、特定の全体社会像に収まらない、その「外」が（あるいは「間」が）存在することを確証するのである。つまり社会学は、自己を棄却する声に出会うことによって自己の発話の内実を、すなわち現代社会は機能的に分化した社会であるということを、確証するのである。この意味で社会学は、自己の内容が確証されることをめざす通常の社会理論とは反対の性格をもつと言えるかもしれない。社会学はいわば、「反＝理論」なのである。だからこそ社会学は、特定の「内／外」の境界を横断しようとする他の社会理論に対して批判的な意義をもちうるとも言えるし、またおよそ役に立たないとも言えるだろう。しかし少なくとも次の点は確認できる。バリバールによれば特定の普遍性の下に服するのではなく、複数の普遍性の間に住むことこそが、市民の条件であった。だとすれば社会学こそが、これまでくり返し言われてきたように、「近代市民社会の自己反省の学」なのである。

われわれは内から外へと横断することによっては外へと出られないと、何度も述べてきた。しかしまさにその横断を反復的に実行することによって棄却を招き寄せることになり、結果として「外」が不断に創り出されることにもなる。この事態は、あの有名な比喩を想起させる。哲学者は壁に向かって懸命に出口を探している。しかし後ろを振り返ってみさえすれば、そこにドアがあることがわかるはずなのだ、と。だがわれわれは背後のドアから出ていくことはできない。そう意図すれば、その瞬間にわれわれが行なおうとしているのはあの「内から外へ」の虚しい運動だということになってしまうからだ。「外」はそこにあるが、出ていくことはできない。いやむしろ逆に、出ていくことができないからこそ「外」があるのだと言うべきかもしれない。「外」とは、われわれの歩みが背後に残す軌跡なのである。

注

(1) もうひとつ例を挙げておこう(Soeffner, 1992)。H・G・セフナーは、バーガー＝ルックマンの「社会的構成」論とルーマンの「ラディカル構成主義」を比較した上で、後者は非社会学的な理論(哲学、生物学、サイバネティクスなど)に依拠しているがゆえに、社会的現実が社会のメンバー自身によって構成される具体的・歴史的プロセスを視野に納めえなくなっていると批判している。ルーマンのオートポイエーシスは、「一方で構成する＝構成主義的な主体を、他方で『主体なしの』システム理論を、自己産出と自己維持の方向へ極限化したもの」(Soeffner, 1992: 478)にすぎず、社会学が扱うべき社会的次元を欠落させてしまっている、と。

(2) 例えばH・ハーファーカンプは、「オートポイエーシス」という発想は、社会学においては特に珍しいものではないと主張している(Haferkamp, 1987: 64-65)。同所で類似の発想としてあげられているのは、社会的現実を産出する社会というデュルケームの議論や、バーガー＝ルックマンの「現実の社会的構成」論である。むろんここでは後者は、前注とは逆の引かれ方をしていることになる。

(3) 比較的近年の文献でこの種の批判を行なっているものとして、佐藤康邦の議論を挙げておこう。佐藤によればルーマンの社会システム論では熱力学の成果やオートポイエーシス論のような新たな生命に関する理論が参照されるところが興味深いが、それにしても、この社会システムの構造、機能の指標となるのが世界の複雑性の縮減の原則であって、決断主体としての個人はシステム連関の単なる結節点の如きものとして扱われていることが、特徴的である。ここに、テクノロジー制圧下の現代的な意味での「あいだ」の優越が窮まった姿が描き出されている、と言うことができよう。(佐藤、二〇〇二：一二)

(4)戦後西ドイツ社会学において、社会全体について(批判的に)語るなどという空疎な理念を放棄して現実の個別的機能連関の研究に集中せよと説いたのは、保守主義の立場を取るH・シェルスキーだった(城、二〇〇一：一二三―一六一を参照)。しかしそのシェルスキーが依拠する「現実」にしても、「やはり独自の意味体系であり、つくられた社会的イメージであると言える」(城、二〇〇一：一五九)。「グランド・セオリー」を否定しているように見えるこの立場もまた、全体社会について語る(この場合なら、所与のものとして肯定する)ひとつの「理論」なのである。

(5)これはルーマン自身が主張していることでもある。社会システムと環境との境界は、空間的に引かれるわけではない。空間的境界は、政治システムなど一部のシステムにとってのみ、二次的な意義をもつにすぎないのである(Luhmann, 1997: 166-167)。システムと環境の差異は、複雑性の格差によって定義される。つまりシステム内における諸要素の関係づけの布置が、環境の側に存するより多くの関係づけ可能性からの選択を通して成り立つということによって、である。ただし、最初に客観的に同定可能な複雑性の格差が存在しているわけではない。システム／環境の区別がなされることによって初めて、複雑性の格差が成立するのである(馬場、二〇〇一：二九―三四)。だからこそどんな環境に対しても、さらにその「外」を考えうるわけだ。

(6)このようにいずれの立場からも、相手の議論が単純で自分のほうがより複雑な事態を視野に納めていると主張することが可能なのである。したがって三つの立場を単純なものから複雑なものへと順次に並べることはできない。どれもが他のふたつよりも複雑であり、また単純なのである。前注でも述べたように、最初にあるのはそれ自体として複雑なもの、あるいは単純なものではなく、複雑／単純という区別の線を引くことなのだと言ってもよい。これはルーマンが「支えのない複雑性」(haltlose Komplexität) と呼んだ事態に対応している (Luhmann 1990a: 59-76)。

(7) 山之内靖の次の批判は、明らかにルーマンを念頭に置きつつ、「外」へと眼差しを向けることを説いたものである。

人間が構築する社会システムは、その外部に自然という絶対的な外部性をもち続けるであろう。システムの自己言及性は自然という絶対的外部性には及びえないであろう。この絶対的外部性は……いかに科学が発達したとしても、永遠に暗黒の暗闇としてとどまるであろう。(山之内、一九九六：二五)

また挾本佳代(二〇〇〇)も同様の観点からルーマンを批判している。

(8) ルーマンはこの種の事態 (それは政治以外のさまざまな機能システムにおいても生じてくる) を論じる際にしばしばF・ヴァレラなどにならって、ビートルズの Everybody's Got Something to Hide Except Me and My Monkey (The Beatles 、通称『ホワイト・アルバム』所収) の一節 (マハリシの講義から引かれたとも言われる) "your outside is in" を引き合いに出している。

Your inside is out and your outside is in　おまえの内側と外側がひっくり返るぜ (山本安見訳)

(9) 水嶋一憲(二〇〇〇)はやはりバリバールに依拠しつつ、市民を特定の「誇張命題」によって定義してはならないとの結論を導き出している。むろんこの点に関しては異議はない。しかし水嶋は市民のメルクマールを、既存の枠組を(具体的には、国民国家を)打破して人権をより普遍的なものへと拡大していく、その運動のうちに求めようとしている。市民主体の概念によって、「市民権を政治への普遍的権利として定義し、それを無制限かつ力動的な拡張性へと開き続けようとする構想への決定的な移行が画されているのである」(水嶋、二〇〇〇：三五)、と (Faulkas, 2000: 165-166 も、同様の議論を展開している)。しかしこの運動は依然として、「エコロジカル・パラダイム」の内部で生じている。水嶋の考える市民主体も、やはりより包括的なシステムに服従する存在である。ただその服従の対象が具体的な国家から、決して到達しえない無限遠点へと移されているだけの話である。現在の人権状況では「まだ」不十分だと永遠に講義を続けよ、というわけである。普遍化へのこの方向自体が揺らぐことは決してない。

(10)この隘路は、かつて上野千鶴子が吉本隆明の『共同幻想論』に仮託して論じた問題とパラレルである(上野、一九八六：二一—一六)。共同幻想(国家の論理)に対抗するために自律した個人に依拠しようとしても無駄である。両者は同心円的な拡大・縮小という回路によって、ひとつに結ばれているからである。

(11)本章が最初に構想されたのは、あの事件から一年ほど後の時点だった。

(12)ルーマンの「機能分化したシステムの閉鎖性・自律性」というテーゼに対しても、これとパラレルな批判がなされている。例えばR・ミュンヒは言う。現実には機能システムの自律性は、多様な行為要素によって生産・再生産されることによってのみ成立しうる。ところがルーマンはこの点を無視して、機能分化したコードとプログラムの自律性のみを強調している。例えば、法はあくまで法的コミュニケーションによってのみ再生産される、というようにである(Münch, 1996:34-35)。閉鎖性テーゼは、この複雑な現実から目を背けることによってのみ成立する、「左派の夢」ならぬ「ルーマンの夢」である、というわけだ。

文　献

Alexander, J. C., 1998, *Neofunctionalism and After*, Blackwell.

馬場靖雄、二〇〇一年、『ルーマンの社会理論』勁草書房。

Balibar, É., 1989, Citoyen Sujet, Nancy, Jean-Luc, ed., 1989, *Apres le sujet qui vient?*, Aubier.（一九九六年、松葉祥一訳「市民主体」、港道隆/他訳『主体の後に誰が来るのか？』現代企画室）

———, 1998, Droit de cité, Éditions de l'Aube.（二〇〇〇年、松葉祥一訳『市民権の哲学』青土社）

Beck, U., 1996, Weltgesellschaft, Weltöffentlichkeit und globale Subpolitik,: *Kölner Zeitschrift für Soziologie und Sozialpsychologie*, Sonderheft 36.

Faulks, K., 2000, *Citizenship*, Routledge.

Fuchs, P., 2001, "Der Terror der Gesellschaft," TAZ-Bericht Nr.6552.
城達也、二〇〇一年、『自由と意味』世界思想社。
Hacking, I., 1999, *The Social Construction of What?* , Harvard University Press.（二〇〇六年、出口康夫・久米暁訳『何が社会的に構成されるのか』岩波書店）
Haferkamp, H.,1987, "Autopoietisches soziales System oder Konstruktivies soziales Handeln?", Haferkamp, Hans / Schmid, Michael ed., *Sinn, Kommunikation und soziale Differenzierung*, Suhrkamp.
挟本佳代、二〇〇〇年、『社会システム論と自然』法政大学出版局。
Luhmann, N., 1988, *Die Wirtschaft der Gesellschaft*, Suhrkamp.（一九九一年、春日淳一訳『社会の経済』文眞堂）
———, 1990a, *Soziologische Aufklärung* 5, Westdeutscher.
———, 1990b, *Die Wissenschaft der Gesellschaft*, Suhrkamp.
———, 1992, *Beobachtungen der Moderne*, Westdeutscher.（二〇〇三年、馬場靖雄訳『近代の観察』法政大学出版局）
———, 1995, *Gesellschaftsstruktur und Semantik* Bd.4, Suhrkamp.
———, 1996, *Protest*, Suhrkamp.
———, 1997, *Die Gesellschaft der Gesellschaft*, Suhrkamp.
———, 2000, *Die Politik der Gesellschaft*, Suhrkamp.
Luhmann, N. / Fuchs, P., 1989, *Reden und Schweigen*, Suhrkamp.
Marx, K., 1984, "Zur Kritik der Hegelschen Rechtsphilosophie Einleitung,"*Deutsche-Französische Jahrbücher* 1 & 2.（一九七四年、城塚登訳『ユダヤ人問題によせて／ヘーゲル法哲学批判序説』岩波書店）
水嶋一憲、二〇〇〇年、「市民」『現代思想』vol.28-3。
Münch, R., 1996, *Risikopolitik*, Suhrkamp.
大澤真幸、二〇〇二年、『文明の内なる衝突』日本放送出版協会。

Parsons, T.,1978, *Action Theory and the Human Condition*, Free Press.
酒井隆史、二〇〇一年、『自由論』青土社
佐藤康邦、二〇〇二年、「あいだ」、永井均／他編、『事典　哲学の木』講談社。
千田有紀、二〇〇一年、「構築主義の系譜学」上野千鶴子編『構築主義とは何か』勁草書房。
Soeffner, Hans-Georg, 1992, "Rekonstruktion statt Konstruktivismus", *Soziale Welt* 43-4.
棚瀬孝雄、一九八三年、『本人訴訟の研究』弘文堂。
上野千鶴子、一九八六年、『女という快楽』勁草書房。
山之内靖、一九九六年、『システム社会の現代的位相』岩波書店。
Žižek, S., 2001, Wellcome to the Desert of the Real!, Nettime-archive 14/9/2001.（村山敏勝訳「現実界の砂漠にようこそ！」、『現代思想』vol.29-13［訳は加筆されたテクストによっている］）。

用語解説

・オートポイエーシス

システムの諸要素が、当の諸要素のネットワークとしてのシステム自身によってのみ生産され、再生産されること。社会システムの要素はコミュニケーションであり、社会システムはコミュニケーションがさらなるコミュニケーションを産出することによってのみ存続していく。したがって「人間」は社会システムの構成要素ではなく、その環境に位置するのである。

・AGIL

パーソンズによって想定された、あらゆる社会システムが存続していくために満たさねばならない、四つの機能要件。Adaptation ＝適応：外部と適切な関係を確立し、必要な資源を調達すること。Goal

attainment＝目標達成：システム全体が共有する目標を実現すべく、各部分を動員すること。**Integration**＝統合：システムの諸部分間のまとまりを維持すること。Latency＝潜在性：システム全体を導く価値プログラムを維持すること。

第2章　社会学理論と社会病理
——観察のモダンとポストモダン

花野　裕康

1　社会分析と病理現象

西欧近代の自己認識として発祥した社会学は、人々のコミュニケーションのありさまに支点＝視点を置きつつ、社会的な、したがってマクロな現象を研究対象としてきた。また、その研究のための道具立ては、近代前夜におけるホッブズの思考実験を嚆矢とし、以後現在に至るまで、互いに相容れないようなものも含んで、様々な分析枠組みが開発されてきた。

しかし、どのような社会分析にあっても、社会における病理現象への視角はこれまで確実に押さえられてきた。そもそも、社会における病理現象は、市民革命や産業革命などを経て近代化の過程にあった社会においてはとりわけ顕在化して見えてしまうものであった。ホッブズが「万人の万人による戦い」という自然状態、つまり社会全体が病的であるような状態を自身の思考実験の端緒としたのは、決して偶然の事ではない。コントに始まる社会学の草創期において、社会が有機体に喩えられたのも、そこに「病気」、つまり社会における病理現象への視線が強く確保されていたからにほかならない。とくにデュルケームによるアノミー概念の定式化以来定説になっているように、近代社会の誕生と社会病理現象の「発見」とは同時相即的であり、両者は表裏一体の関係にあると言える。つまり社会における病理現象は社会分析を行うのに欠かせない「黒子」なのである。

2 社会病理学の対象と方法

(1) 社会病理の観察水準

社会分析における「黒子」をことさらに明るみに出して検討しようとするのが社会病理学である。個人の精神における「生理から病理へ」のシフトが精神医学の発端だとすれば、コミュニケーションの束としての社会、その「精神」における「生理から病理へ」のシフトこそが社会病理学である。

どのような対象であれ、それが「正常」であることを正面から規定するのは難しい。正常なさまは一様ではなく、したがって一意に規定できないからだ。ところが「異常」なさまはある程度の類型化が可能である。というより、対象が「正常」であることの根拠は、実はそれが「異常でない」ことによる。「異常」なさまが枚挙可能である根拠もここにある。このような搦め手からの議論は近代的思考のひとつの大きな特徴である。

社会分析に話を限定すると、その「正常」なさまを直接議論するための道具立ては確かにいくつもある。前述の通り、お互いに排斥しあうような議論も含めて。つまり、それら道具建てには、せいぜい家族的類似のような共通性しか見込めない。これに比して、社会病理学における分析枠組みには、より強い共通性が見込める。差し当たって「黒子」のみが見えるメガネさえあればよい、という訳だ。ということは、ここから間接的に「黒子」でないものとしての社会を見定めることも可能となるはずだし、それは、今述べたように、「直接的な見定め」よりもうまいやり方であるとさえ言える。社会の直接的な見定めをプレ・モダン的社会理論（コント、スペンサーら社会学草創期の諸理論）とすれば、社会における「生理から病理へ」のシフトは、モダンな社会理論（デュルケーム以降の諸理論）として位置づけられよう。

ただしもちろん、社会病理現象への分析枠組みはひとつのみではない。米川（二〇〇四：六―九）は、現代の社会病理学を〈方法論としての社会病理学〉と〈対象論としての社会病理学〉との二つの立場に分けている。つまり、少なくとも日本における社会病理学では、方法と対象とはひとまず分離して議論されていることが特徴的である。下手な比喩を続ければ、「黒子」の立ち位置（＝方法）を問題にするか、誰が「黒子」なのか（＝対象）を問題にするか、という視点の相違がここに見られる。〈方法論としての社会病理学〉は、対象へのアプローチ、たとえば生活機能障害などを特定の「函数」として固定し、その「函数」の「変数」に様々な対象、つまり「代入」を行うことで個々の分析結果を導く立場である。具体的には、アノミー論・社会解体論・逸脱行動論・社会構築主義・臨床的アプローチなどが該当する。

一方〈対象論としての社会病理学〉は、ここからさらに〈実体的社会病理学〉と〈名称としての社会病理学〉とに分けられる。〈実体的社会病理学〉とは文字通り社会病理が、潜在的にせよ顕在的にせよ社会に実体的に存在することを前提にした立場であり、〈名称としての社会病理学〉は、その実体化を留保ないし拒否する立場である。ここには、犯罪・非行・差別・貧困・疾病・嗜好などの社会事象に対する価値判断の「（有無ではなく）やり方」に対する差が認められる。

ここで、〈実体的社会病理学〉は必ずしも個々の社会病理現象を固定化しないという事を見ておく必要があるだろう。米川（二〇〇四：一三一一四）は〈望ましい価値〉の社会相対性を吟味しているが、〈実体的社会病理学〉にとって重要なことは特殊個別な各社会にとっての〈望ましい価値〉であり、通社会的な「望ましい価値」ではない。

同様のことは実は〈方法論としての社会病理学〉にも言える。米川（二〇〇四：八）自身、「特定のアプローチの絶対視」を批判しているように、方法論もまた、社会相対性を折り込んだ多様なものであるべきだろう。そしてその場合、〈方法論としての社会病理学〉も〈対象論としての社会病理学〉と同様に、さらにふたつの立場に分けることができる（以下は筆者による類型化である）。個々のアプローチをまさにアプローチとして「そのまま」使用する〈即自的方法論としての社会病理学〉（具体的にはアノミー論・社会解体論・規範的アプローチを取る逸脱行動論）と、それらアプローチが帯びる政治性や「原住民性」から距離をとるべくそれらを相対化する〈対自的方法論としての社会病理学〉（具体的には社会構築主義）とに、である[1]。

やや唐突だがここで、スペンサー＝ブラウンの二値論理的算法（Spencer-Brown,1969 → 1994 ＝ 一九八七）を援用したルーマンの観察概念（Luhmann,1984:63,245,491-2 ＝ 一九九三—一九九五：五六—五七、二八二—二八三、六六〇）を援用すれば、以上の整理は、『「社会事象に対する〈病理的である／病理的でない〉という社会病理学的観察」の自己観察』と見ることができる。そしてこの自己観察から、社会における病理現象の観察は、方法論的にも対象論的にも、即自的な〈一次的観察〉から、当該観察の手続き＝区別それ自体を観察する〈二次的観察〉へと変容してきた、という事がわかる。先の言い方を踏襲すれば、社会病理の理論はモダンな〈一次的観察〉に始まり、やがてポストモダンな〈二次的観察〉にシフトしてきた、と言えよう。

ただしここで誤解してはならないのは、任意の観察（したがって〈二次的観察〉も含む）には、その観察に用いた区別それ自体は観察できないという観察上の盲点が必ず存在するということである。したがって当該観察における観察の次元差はヒエラルキカルなものというより、むしろ「ヘテラルキカル(heterarchical)」、つまり異質な諸観察の並列的かつ相互作用的な「共在の状態」において捉えるのが正しい。言いかえれば、ともに観察の盲点を抱え持つ点において、〈二次的観察〉に基づく〈対自的方法論としての社会病理学〉や〈名称としての社会病理学〉が、〈一次的観察〉に基づく〈即自的方法論としての社会病理学〉や〈実体的社会病理学〉に比して、社会病理学的観察としてより優れているという訳ではない。つまりポストモダンな〈二次的観察〉にはモダンな〈一次的観察〉には見えないものが見えているというだけであって、〈二次的観察〉が二次的である分、経験的な対象から距離を置くことになったのだとすれば、社会理論にとって必要不可欠な経験的研究への力は、むしろモダンな〈一次的観察〉の方が強いということにもなるのである。

(2)社会病理の概念分析

方法論といい対象論といい、あくまで一種の理念型であり、社会病理観察の実際が両者を共に含み持つものであることは明白である。この時、社会病理現象の自己観察として「そもそも『社会病理』とは何か」という概念規定上の問いが明るみに出るのは自然の理である。方法と対象とは、原理的にはこの概念規定から導出されるべきだから、両者への反省的検討が端緒としての概念規定にぶつかるのは当然である。

宝月（二〇〇四：二七―三三）は、社会病理概念の定義に関する議論を行っている。ここで宝月は、社会病理概念の客観的・普遍的定義が原理的に困難である事を指摘した上で、構成主義の視点を採用している。具体的には次の通りである：①何が「社会病理であるか」は社会的定義によって決まる、②当該社会的定義はおもに個人や集団の相互作用によって形成される、③②を経た（社会病理に関する）社会的定義は「制度」となる、④当該「制度」は社会と共に変化して行く。

この定義は、明らかにメタ的な定義、言い換えれば社会病理概念の〈二次的観察〉に基づく定義づけである。もう少し詳しく言えば、この定義づけは、社会病理概念の内包的定義に関する〈二次的観察〉である。宝月（二〇〇四：三二―三三）は、この〈二次的観察〉から翻って、以下の事項、つまり民主主義的先進産業社会における当該〈一次的観察〉を挙げる：(i)生命・身体・財産の安全性が脅かされている状態、(ii)制度的秩序が失われている状態、(iii)社会の力が衰退したり、逆に加熱しすぎたりしている状態。このような内包的定義から導出されるのは、それに見合った方法論、つまり〈対自的方法論としての社会病理学〉である（宝月、二〇〇四：三二―三三）。

また概念分析（Ganter and Wille,1996）の立場から言えば、概念は内包と外延との対で定義されるから、この他に社会病理概念の外延的定義が必要である。この外延的定義について宝月（二〇〇四：三三）は「人びとの病理意識についてのサーベイ調査や行政機関などの社会病理への対応を踏まえて、より具体的に把握する必要がある」としている。この視点も、明らかに（外延的定義の）〈二次的観察〉に基づいたものであると言える。そしてここから導出されるのもまた、それに見合った対象論、つまり〈名称としての社会病理学〉である。

概念分析のモダン＝〈一次的観察〉とポストモダン＝〈二次的観察〉という図式はここでも当てはまるが、ここで再度注意を促せば、社会病理概念の〈二次的観察〉も、決して同概念の〈一次的観察〉に比してより優れている訳ではないということだ。概念の〈二次的観察〉が概念を間接的・メタ的に規定するものである以上、実際的な研究のためにはむしろ、その社会と共振するがゆえに概念を直接定義している〈一次的観察〉の方がより「実際的」であるとすら言える。

3　「コミュニケーション」という「対象」の分析

対象と方法との分離は、対象と方法との峻別につながる。とくに、〈ミクロ―メゾ―マクロ〉という「延長」上の軸で見た場合、対象と方法との峻別は必須である。

この認識は、社会理論一般におけるミクロ―マクロ・リンクの議論においてすでに指摘されていることである（長谷川、一九九三：二―四）。土場（一九九四）はその前提に立ち、マクロ・レベルの対象をミクロ・レベルの分析によって説明する議論を「真正ミクロ―マクロ・リンク」と名付ける。ここで注意すべきは、当該マクロ・レベルの対象が、ミクロ・レベルの対象の量的な集積としては導出できない創発特性を有していなければならないということである。

同様の指摘は社会病理現象の分析においてもなされている。つまり清田（二〇〇四：一〇一―一〇二）は、〈ミクロ―メゾ―マクロ〉と言う時には、それが研究対象を指すのか、それとも分析手法を指すのかをまず明確にすべきである、と指摘している。

実は真正ミクロ―マクロ・リンクには致命的な難点が見受けられるのだが、それは本節末で触れるとして、ここでは社会病理分析の視点から、〈ミクロ―メゾ―マクロ〉という範疇の実体化を懐疑する中河（二〇〇四：七七―七八）の議論を取り上げ検討したい（なお中河は「メゾ」範疇については言及しておらず、直接的には〈ミクロ―マクロ〉範疇を批判の対象にしている）：

> 「ラベリング系統の経験的研究が拠ってきた病理現象の「ミクロ」過程（病理個別のケース構築）や「マクロ」過程（ケース構築の材料となる法や専門知識、常識といったリソースの構築）とは、別々の事柄ではなく、同じ人びとの活動を別の視点から切り取っただけにすぎない」「どちらの過程の研究も、経験的であろうとするなら、人びとの具体的なやりとりとコミュニケーションという本来的に同じ種類の事柄を調べる以外にすべはない」

この指摘は、「方法論の再分類」という冗長さに対する批判と見ることができる。そしてかような分節化、つまり方法論上の質的な類型とその「延長」的な再分類との区別は、社会病理学の方法論を適切に吟味する上で必須である。

上記引用部に続いて中河(二〇〇四:七八)が援用しているのが、ルーマンの社会システム論におけるコミュニケーション概念である。ルーマンの議論では、社会システムの要素はコミュニケーションであるとされるが、ここでいう「要素」とは、中河(二〇〇四:七八)が正しく指摘しているように、集合論における集合と要素との関係に見られるような、純粋にヒエラルキカルなものではない(極端な例示として、空集合の成立を見よ)。しかし、続いて中河(二〇〇四:七八)が引用する三上(一九九六:二一二)の記述「システムという全体のなかにコミュニケーションがあるのではない。コミュニケーションが生起するとき、システムが存在するのである」は、とくに注意して読まねば誤解を招いてしまう[2]。以下、その誤解を前もって二点、指摘しておきたい。

〔指摘①〕ルーマンが明言しているように、オートポイエティックなシステムは「上から」の構成によってシステム足り得る。つまり「諸要素は、それらの諸要素を統一体として用いるシステムにとってのみ諸要素なのであり、諸要素はそうしたシステムを用いてのみ統一体となるのであ」る。また「システム自体の複合性は、そのシステムの基底たる要素のリアリティに依拠してはならない」(Luhmann,1984:43 = 一九九三—一九九五:三四、傍点部引用者)。

確かに、他のオートポイエティックなシステム、例えば生体システムや意識システムなどとは異なり、コミュニケーションをその構成要素とするシステムはひとり社会システムのみである

(Luhmann,1984: 60-61 ＝一九九三―五：五三―五四)。ここから、「コミュニケーションが生起するとき、社会システムが存在する」という「要素のリアリティ依存的記述」が生まれたのかも知れないが、正しくは、「コミュニケーションがコミュニケーションから展開するときに、一つの社会システムが発生する」(Luhmann,2002 ＝二〇〇七：八四、傍点部引用者)もしくは「オートポイエシス的社会システムは、それ自身の構成要素―この場合にはコミュニケーション―を回帰的な過程の中でみずから制作することによって、自分自身を産出し保存する統一体である」(Kneer und Nassehi,1993 ＝一九九五：八〇、傍点部引用者)とすべきだろう。

〔指摘②〕次に、ルーマンに依拠するなら、コミュニケーション(のオートポイエシス)はそれ自体観察され得ないという点が重要である。「したがって、それに依拠するわけにはいかない」(馬場、一九九六：一五〇)。依拠すべき点はむしろ、コミュニケーションの縮減＝観察としての〈行為(の接続の様相)〉である(Luhmann,1984:226 ＝一九九三―一九九五：二五九―二六〇)。

以上の二点を踏まえるならば、コミュニケーションを「調べる」ことで社会(システム)における病理現象を「経験的に研究する」という立場には慎重となるべきである。それは、「異質な観察が相互に衝突する(相互の枠組みなしに、相互に観察しあう)ことによって『事後的に』成立する」(馬場、一九九六：一五〇―一五一)ものとしての「コミュニケーションのオートポイエシス」という、ルーマンおよび馬場の図式と相容れないからである。そして、「縮減＝観察としての行為」「観察の衝突によって事後的に成立するコミュニケーション・システム」という指摘から理解されるように、少なくとも観察的かつ機能的な水準においては、〈ミクロ―メゾ―マクロ〉という区別は適切なものである。

さらにルーマンの観察概念に従うならば、中河（二〇〇四：七八）が「マクロ／ミクロや、相互行為／社会構造、言語の使用／言語の構造といった二分法による対象領域の分離はメリットを失う」と指摘するのに反して、当該二分法はむしろ観察を行う上で必須であるとすら言える。ただしこの時、当該対象領域が実体化されていないという条件が必要ではあるが。

以上の議論を受けて筆者がまず提案するのは、「コミュニケーション・システムとしての社会システムにおいて生起する創発としてのマクロ＝社会病理現象を、コミュニケーションの縮減＝観察たる行為接続過程、とくに行為帰責[3]の帰属点から観察するという図式（以下、図式A）」である。図式Aは、社会病理学の対象と方法とを区別した上でリンクさせたものである。具体的に言うと、Aはルーマン理論の視角（Luhmann,1984:225-236＝一九九三―一九九五：二五八―二七一）である「コミュニケーション・システムの縮減＝観察としての行為システムにおける行為の帰属」という〈ミクロ〉分析の方法論によって〈創発＝マクロ〉としての社会病理現象を対象として観察するという図式である。この図式は真正ミクロ―マクロ・リンクの要求を満たしている。つまり、〈マクロ〉な社会病理現象を直接観察するのではなく、〈ミクロ〉の視角から間接的に観察し、社会病理現象が〈マクロ〉なものとしていかに創発しているのかを見定める図式である。当該「創発」を無条件に認めた上で分析をすすめるのではないという点において、図式Aは、対象論上は社会病理学的観察のポストモダン、つまり〈二次的観察〉に該当すると言える。

問題は、図式Aが方法論上いかなる位置づけになるのか、という点だ。方法論上瑕疵《かし》がなければ、そこから対象把握にも瑕疵がないことが導けるからだ。つまりこれは図式Aにおける対象論上の「盲点」に直接かかわってくる論点でもある。ここで、社会病理学的観察における〈病理的である／病理的でない〉という区別が、それが1節で指摘したような観察の多様性、つまり〈一次的観察〉と〈二次的観察〉および当該各項内での観察の差異しか生まない、という点に注意すべきである。つまり、そこから浮かび上がる創発、つまり社会病理現象は、決して「異質な観察が相互に衝突する（相互の枠組みなしに、相互に観察しあう）」ことの効果としてあるわけではなく、むしろ「社会病理学的観察」という枠内での予定調和的な「創発」でしかない、ということだ。となると、図式Aでは、あらかじめ創発としての社会病理現象を一義的に前提してしまうことになってしまう。単一の観察枠組みにおいて真正ミクロ—マクロ・リンクを実践する事の決定的な難点とはこのことである（花野、二〇〇二）。

しかしそうだとすれば、「異質な観察が相互に衝突する」ことの効果として創発する社会病理現象を適切に把握するためには、特定の観察枠組みに依拠していてはダメだ、とならざるを得ない。ルーマンや馬場による「ふたつの全体社会論」はまさにこの点を擁護してしまうのだが（馬場、二〇〇一：一四六―一六二）、この擁護には無理がある。その批判の詳細は別稿に譲るが（花野、二〇〇三）、ここでは、スペンサー＝ブラウンの議論を援用したルーマンの二値論理的観察概念それ自体に「不定さの排除」（郡司、二〇〇四：三七三―三九五）という根本的不備が見られる点を指摘したい。

つまり、〈病理的である／病理的でない〉という二値論理的区別（多値論理的区別としても事情は同じ）に基づく社会病理学的観察では、〈病理的であり、かつ病理的でなく、かつ病理的でなくもない〉などの排中律を破る「不定さ」（既定の範疇で言えば、少年法第三条一の三における「虞犯少年」の規定など）が初めから排除されている。したがって、この不定さを捨象したり後でオマケのように付け足したりするのではなく、分析の端緒から取り上げ評価することで、当該枠組みの観察（「に留まる」のではなしに）からでも、創発としての社会病理現象は適切に把握できる。つまり、図式Aの方法論に「不定さ」を取り込むことで、Aは方法論上〈二次的観察〉の盲点を回避でき、したがって対象論上も〈二次的観察〉の盲点を回避できる図式へ移行することができる。いわば社会病理学的観察の脱―ポストモダンがここに成立する。

4　禁欲的方法論としての社会構築主義：ポストモダンの自家中毒

二値論理的観察が抱え持つ盲点を検討するたたき台として、〈方法論としての社会病理学〉における〈二次的観察〉としての社会構築主義について若干吟味しておきたい。

社会病理学の方法論的系譜の中で見れば、社会構築主義の明示的な誕生日はわずか四半世紀前である。また、近年流行の「社会的現実の構築」の中には〈語用論的転回〉を経たラディカル構成主義に依拠した議論も少なくなく（中河、二〇〇一：七）、これらの意味で、社会構築主義は「日付として」新しい方法論である。

日付の新しさは、時には方法論上の新しさも含意する。そして、社会構築主義の真の意味での新しさはもちろんこの点にある。その新しさとは、ひとつには①社会構築主義が「社会問題の定義はメンバーに従う」とし、したがって「社会学者が専門家として自らこれが社会問題だと同定してその原因や解決策を提示しない」立場を取るところにあり（鮎川、二〇〇四：一八二）、次にこの前提に立って、②「社会問題は言語的に構築されて初めて存在」し、「言語化されることによってそれが初めて社会問題としての必要条件を満たす」という道具立てを採用する（鮎川、二〇〇四：一九二）点にある。

ここで①は社会問題の〈二次的観察〉的態度の標榜、②は言語分析という方法論の採用と見ることができる。①に関しては、どうしても有機体からのアナロジーゆえ実体的な響きが払拭できない「病理」という表現を、「問題」という非実体的＝関係論的な〈名称〉に差し替えている点が〈二次的観察〉の現れとして評価できる。これらを1節の類型からまとめると、社会構築主義は〈対自的方法論〉の内包に①（これは〈対自的方法論〉にとって自明）、外延に②を持ち、対象論の水準に当てはめてみても、「言語的構築」という〈名称としての社会病理学〉の立場を取るパースペクティヴに近い。

かような〈二次的観察〉に依拠する社会構築主義は、その性質上、これまでの〈一次的観察〉に依拠する種々の社会病理分析、具体的には生得的犯罪者論などの古典的「理論」からアノミー論・社会解体論・規範的アプローチを取る逸脱行動論などの現代社会病理学理論に至る諸理論が抱え持つ盲点を衝くものである。つまり、これら方法論が、多かれ少なかれ社会病理現象の存在を自明視した上での「いかにすれば」という「認識論」であり因果説明モデルであるのに対し、社会構築主義は、社会病理現象の定義活動を観察することで、当該「認識論」が用いている区別〈病理的である／病理的でない〉それ自体を観察＝相対化することができている。その意味で社会構築主義は、〈一次的観察〉に依拠する諸方法論が陥りがちな、〈場〉としての社会との共振を免れている。

ただし1節で指摘した通り、それぞれの観察はヘテラルキカルな関係にあり、なおかつ任意の観察には固有の盲点が存在しているというルーマンの観察概念を援用するならば、〈二次的観察〉としての社会構築主義にもまた固有の盲点が存在する事になる。

結論から言えば、その盲点は、今のところ、いわゆる「ＯＧ（Ontological Gerrymandering）問題」（Woolgar and Pawluch,1985＝二〇〇〇）という形で示唆されている：

「社会構築主義は、社会問題は人びとが社会問題と考えるところのものであるとしながら、実際には恣意的な境界線を引くこと（「ゲリーマンダリング」）を行ってしまっており、ある社会状態の存在を研究者が勝手に措定し

てしまっている」（鮎川、二〇〇四：一八四）

このＯＧ問題への対処の違いから、構築主義内部は、ＯＧ問題を回避すべく社会構築主義の方法論を洗練させようとした〈厳格派〉と、ＯＧ問題を避けえないとする〈コンテクスト派〉というふたつの立場に大きく分かれることとなる。

社会構築主義内部におけるこのような方法論的論争についての鮎川の指摘を本章の文脈で再現すれば、それは「〈厳格派〉は、ＯＧ問題に限っては、社会問題に対する〈二次的観察〉を忘れ〈一次的観察〉の視点に立ち、この「問題」を「解決」しようとしており、したがって自己矛盾を来している」となるだろう（鮎川、二〇〇四：一八五）。

また中河（一九九九：二七五―二八四）はＯＧ問題を、〈ＯＧ１：研究者自身は行わないとしていた「問題」とされる「状態」の存在論上の地位についての想定をその考察に密輸入しているという指摘〉と〈ＯＧ２：社会学的な説明というものは（あるいは記述という行い一般が）こうした暗黙の線引き作業を免れることはできないのではないかという示唆〉とのふたつに峻別した上で、社会構築主義にとってＯＧ２の回避は可能だが、ＯＧ２の回避は、社会構築主義に限らず経験科学一般にとって原理的に不可能であり、したがって、ＯＧ２に照準した、もしくはＯＧ１とＯＧ２とを混同した議論として見る限り、ＯＧ問題は疑似問題でしかないと指摘する。

筆者の立場は中河のものに近い。まず指摘できるのは、観察理論で言えば、社会構築主義が行う観察は、それが社会問題への〈二次的観察〉ではあり得ても、当の観察それ自体は〈一次的〉に行われており、その観察が行っている区別それ自体を〈二次的〉に観察することはできない（これが観察における盲点である）。言いかえれば、たとえ〈厳格派〉がいくら精密な観察を心がけようと、自らの観察それ自体を「厳格」に観察することはできない、という事だ。つまり「筆者が厳格派であったならば、どのようにオントロジカル・ゲリーマンダリングという問題が構築されたのかを記述し分析するに留めただろう」という方法（鮎川、二〇〇四：一八五）こそが〈厳格派〉にとっては自己矛盾となってしまう[4]。そのような作業を行っても、ＯＧ問題は相対化されたり解決したりするわけではなくＯＧ問題への一つの解釈が付与されるだけであるし、場合によってはこの作業によってさらに新たなＯＧ問題が生起する可能性が出てくる。描こうとする絵画に自らの視点を直接書き込むことはいかなる意味でもできない。それらは観察の次元が異なっているのだから。

中河の言うＯＧ２は、この〈二次的観察〉における盲点の存在を示したものと見ることができる。したがってＯＧ２が回避不可能であるという指摘は従来の、つまり「ルーマンまで」の観察理論上においては正しい。問題はＯＧ１についてであるが、これが「構築主義的〈観察＝区別〉の徹底」という含意であるのなら、十分に可能だろう。

このように、社会構築主義が行う観察にも観察不能な盲点は存在し、ＯＧ問題（におけるＯＧ２）がその盲点が存在することを明るみに出している。この問題は、社会構築主義的観察を行っている限りは解消し得ない性質のものである。

以上は社会構築主義の内包に関わる盲点の指摘であるが、当該外延に関わる盲点ももちろん存在している。「言語という本質」がそれである。「従来の言語的観察に依拠するから『暗黙の線引き作業』が免れない」といったように、この外延的盲点は内包的盲点に直接かかわるものである。

社会構築主義的観察が「社会問題は言語的に構築されて初めて存在する」と言う時、ややもすれば「構築」というタームが注目され、当該構築を行う担体である言語それ自体が正面から吟味されることはこれまでなかった。このことは、言語を観察＝区別の道具として使用している社会構築主義にとっては必然であるが、しかし例えば「あの子はＡＤＨＤ（注意欠陥・多動性障害）だ」と言う際の根拠として「ドーパミンの代謝異常」を採用するのと、医師を含む周囲の人間による、「ＡＤＨＤを呈した子ども」という「状態」の言語的カテゴライズを採用するのとで、ＡＤＨＤという判断を下すのに関して、社会的にはどこが異なるというのだろうか。両判断の差は、判断の根拠付けに関する〈医学的水準／言語＝コミュニケーション的水準〉の差であり、いずれの判断も（ここではＡＤＨＤの）判断への根拠付けを行っているという点では変わりない。しばしば構築主義の対概念として「本質主義」が挙げられることがあるが、こうして考えると、社会構築主義も一種の「言語本質主義」に他ならない事がわかる[5]。

言語による社会構築主義の議論が本質主義に陥らないようにするためには、従来の、モダンないしポストモダン的（以下「（ポスト）モダン的」と表記）な二値論理的観察概念をいったん「捨て去る」必要がある。3節末で指摘したように、言語による〈社会問題である／社会問題でない〉という観察＝区別を使用する過程の中で、この観察＝区別を崩してしまうような視点の採用である。

5　行為接続の帰属論：脱―ポストモダンの経験的研究

以上の検討を経て提起し得るのは、図式Aの発展型、つまり図式Aの（ポストモダンな）方法論において、〈二次的観察〉の「盲点」を分析枠組みに組み込んでしまう図式（以下図式Bと呼ぶ）である。この図式は前述の通り、二値論理的な観察がもたらす盲点を、観察における不定さの発見において崩すことで可能となる説明様式である。したがって図式Bは単なる言語本質主義、要するにローカルな言語的観察を金科玉条とするポストモダンな〈二次的観察〉の図式とは当然異なった議論を構成する。また、図式Bは観察の盲点を自身に組み込むゆえ、モダンで「ベタ」な〈一次的観察〉への回帰でも当然ない。言ってみれば、図式Bは社会病理学的観察の脱―ポストモダンとして位置づけられる。

(1)行為接続の概念帰属

行為接続の達成になにがしかの帰責があてがわれるためには、「それはどのような行為（接続）なのか」という、行為（接続）の概念帰属が問題となる。宮台（一九九一：六〇―七五）は行為の概念帰属（宮台の用語で言えば「行為の同一性条件」）として、①物理的レベル、②遂行的レベル、③帰責的レベルを挙げている。

具体的に言うと、①は(i)発話の物理的形式としての「文法性・音韻性」と(ii)身体挙動の物理的形式としての「（身体）技術」であり、②は①が一定の（社会的）文脈において遂行性を獲得する形式である。ここで②の「文脈」はさらに(a)人称的文脈と(b)無人称的文脈とに分けられる。(a)はいわゆる〈役割〉と〈人称（行為者自身／行為相手／第三者）〉とのクロス（例えば「あなたたち教師」など）である。(b)の無人称的文脈について簡単に説明すると、これは行為遂行の条件である(b1)物財（移動するための「車」）と(b2)情報収蔵体（読むための「マンガ」）に加えて、行為が発効する時間空間的延長である、(b3)時間および(b4)場所に分類される。③は①＋②において発効した行為を評価＝帰責する水準である。

本章ではこの宮台の議論に若干の変更を加えて、行為の概念帰属を、(α)生物学的概念帰属、(β)統語論的概念帰属、(γ)意味論的概念帰属に類型化したい。宮台の分類との対応で言えば、(α)は①物理的レベル、(β)は②のうち無人称的文脈、(γ)は③の帰責的レベルに該当する。宮台による分類と異なるのは、この類型化自体が分析的かつ機能的なものに過ぎず、(α)(β)(γ)間の差異は絶対的なものではないということ、さらに言えば、実は(α)(β)ともに広義の意味論的概念帰属であることである。身体挙動や無人称の画定それ自体が一定の意味付け、つまりその行為を観察する者の意味論＝評価によるからだ。ただしそのことは、当該差異が機能的に同水準上にあることを意味しない。例えば「論文を書く」という（γ）意味論的帰属が「ワープロや紙」という（β）統語論的帰属を前提とし、（β）は「手をある仕方で動かす（＝キーボードを打つ）」という（α）生物学的概念帰属を前提としていることからわかるように、（α）（β）（γ）の間には、（α）が（β）の、（β）が（γ）の前提となるべく機能差・水準差が設けられている。ところが実際の行為概念帰属においてはこの三者間の水準差が無化されてしまうことがあり、まさにここに行為の概念帰属における不定さを見て取ることができる（6節参照）。

行為の意味論的概念帰属においては、各変数は自立した意味を持つ日常言語としてあてがわれ（叩く、壊す、虐待する、セクハラする、いじめる、歌う等々）、その自立した意味が、行為が行われる文脈に応じて（多様に、場合によっては一様に）評価されることで行為の帰責と直接関わるものであるがゆえ、当該変数のカテゴライズに関しては争点が発生することとなる（構築主義社会問題論が扱う、またはそこで問題視される論点、つまり状態のカテゴリー分析やOG問題の視点はまさにここにある。Woolgar and Pawluch,1985＝二〇〇〇;Holstein and Miller,1993;中河、一九九九：二七一―二八四など参照）。

ここで、行為の安定した意味論的概念帰属は、当該概念の内包的定義と外延的定義との間における原理的な水準差およびそれに起因する齟齬を無視ないし解消することで初めて成立し得ていることに注意すべきである。例えば竹川（二〇〇四：一九―二三）は「いじめ（る）」の定義を吟味する中で、日本の文部科学省による内包的定義：「自分より弱い者に対して一方的な身体的・精神的攻撃を継続的に加え、そのことで相手が深刻な苦痛を感じること」と、イギリス教育省とシェフィールド大学との「いじめ防止教育研究プロジェクト」によるいじめの外延的定義：「叩いたり蹴ったり脅かしたりする、部屋の中に閉じこめる等々」とを、主観的—客観的および抽象的—具体的の区別に照らして並列的、場合によっては二者択一的に吟味している。上記外延的定義が客観的なものといえるかどうかは措くとしても、これら定義の内包と外延とは概念構成上異なる水準に位置するのであり、並列的に論じられる性質のものでは本来ない。しかしこのような議論傾向は広く見られ、文字通り枚挙にいとまがない。

しかし一方で行為の意味論的概念帰属における内包—外延間の対応を付け、矛盾なく概念構築を行うことも実は原理的水準においてできない。内包—外延間の意味論的水準に落差がある以上、当該対応を首尾よく行うためには、「そのための規約」に依拠するしか方法がないからだ。例えば「継続的に無視する」や「叩いたり蹴ったりする」ことは、前述の「いじめ(る)」の内包的定義から必然的には導出できない。ここで例えば「叩いたり蹴ったりする」ことは、いじめの内包的定義の適用例＝外延である、と規約すれば、その規約の妥当性を巡って新たな意味論的争点が発生することとなる。

この種の争点は、当該意味論的帰属の創発的水準が高いほど顕在化する。つまり、「無視する」より「いじめる」の方が、また「殴る」より「虐待する」の方が、意味論的争点が多重化するため、争点を構成しやすい。つまり概念として不安定である。職場におけるいじめやハラスメントにおいては使用者の労働環境整備の必要性が示唆されており(平成一〇年度労働省告示)、これらをめぐる労働裁判事例において判旨にその旨指摘されているにもかかわらず、実際の判決では債務不履行でなく従来型の不法行為構成を採用している例なども、ここでの指摘、つまり意味論的争点の縮減とパラレルに論じることが出来る(水島、二〇〇四)。

しかし、法解釈上はさておき、社会的な水準において行為の意味論的概念帰属が、それが高度に創発的なものであっても有意味に語られている事は紛れもない事実だろう。いじめやセクシャル・ハラスメント等々の語使用は日常化していると言ってよい。ということは、当該意味論的概念において、外延―内包間のつじつまを付ける「規約」はどこかで打ち止めにされていることになる。となると問題は打ち止めされた「規約」の地点の見定めになってくる。例えば「セクシャル・ハラスメント(を行う)」という意味論的概念の場合、「スリーサイズを聞く」ことが、「相手方の意に反する不快な性的言動」から必然的に導出されるべく扱われていれば、ここでは「スリーサイズを聞くことは相手方の意に反する不快な性的言動となる」という「規約」が自明視されていることになる。その場合「セクシャル・ハラスメント(を行う)」という行為の意味論的概念帰属は、当該「規約」を支点(の一つ)として成立していることとなり、したがってこの「規約」はそれ自体「セクシャル・ハラスメント(を行う)」の超人称的＝社会的な帰責点を構成していると言える。この場合、当該「規約」の社会的な相対化、例えば「スリーサイズを聞くことが不快な性的言動になり得ない『規約』の社会的な認知」において、その帰責点を移動させることが原理的には可能となる。

(2) 行為接続の人称・数帰属

これは(1)における宮台（一九九二）の②(a)人称的文脈に該当する部分である。ただし、〈役割〉概念の検討は本章では（紙数の関係で）やらない。それ以前に純粋な「人称・数」帰属を再編する必要があるからだ。

行為の社会的帰責が鋭く問われる社会問題論の実証的議論においては、例えば森田洋司による「いじめの四層構造論」のように、複数行為者の行為接続を〈層〉として取り扱い、この〈層〉を行為接続への帰責地点として置くことを示唆するような議論がすでに存在する（森田、一九九四a：四八—五二；森田、一九九四b：一五一—一六四）。ここでは、いじめの〈場〉が〈加害者〉、〈被害者〉、〈観衆〉、〈傍観者〉の四層に構造化され、〈観衆〉と〈傍観者〉とのいじめに対する反応が当該いじめの助長や抑止に大きな影響力を有していると指摘されている（森田、一九九四a：四八—五〇）。

また、刑法六〇条の共同正犯：「二人以上共同して犯罪を実行した者は、すべて正犯とする」においても同様の指摘ができる。ここの「すべて正犯」とされる理由は、「二人以上の者が共同して犯罪を実行しようとする意思のもとに、お互いに利用し補充し合って、いわば各自の行為が一体となって犯罪の遂行に結びついたから」（大谷、二〇〇七：四一一、傍点部引用者）に他ならない[6]。一九五八年の「練馬事件」最高裁判決において、「直接実行行為に関与しない者でも、他人の行為をいわば自己の手段として犯罪を行ったという意味において、その間刑責の成立に差異を生ずると解すべき理由はない」(大谷、二〇〇七：四二八)という「共謀共同正犯」が認められていることからすれば、「各自の行為の一体化」は「実行」の水準のみならずひろく「共謀」の水準にまで拡大されているとみなせる。

ここで、古代ギリシア語その他において「両数(Dualis; 双数とも呼ぶ)」という数構成があった(あることを思い返したい(Smyth,1920→1984:269;Humboldt,1827-1829＝二〇〇六：八―四三)。両数の統語論的・意味論的機能はひとつではないが(Humboldt ,1827-1829＝二〇〇六：二一―二三)、ここでは古代ギリシア語における使用法を取り上げてみる。この場合両数は、二つの事物や人間が分かちがたくペアとなっている状態を表現するためのもので、二人称[7]と三人称とに見られる。つまり両数は、本章で見てきたような従来型の人称・数帰属対にとっての不定さ(＝単数でも複数でもない)を表現している。ここで、両数を数二から数nにまで拡張し、なおかつ一人称をも含めた人称・数帰属構成：〈共数〉を概念化する。つまり〈共数〉とは、n人の行為者の行為の分かちがたい統合によって、他の行為接続とは境界を画している行為接続の人称・数帰属である。いじめの四層構造論や共同正犯の議論は、この〈共数〉帰属によって議論することが前提となるべきである。

次に、インターネット空間に代表される「仮想コミュニケーション空間(Virtual Communication Spaces 以下VCSと表記)」上の行為接続について検討する。ここではまず、三人称における単数と複数との間での認識論的な不明確さが見て取れる(柏端、二〇〇二)。しかじかのハンドルネームを持つ行為者(三人称）は、実はひとつのハンドルネームを複数人で共有しているのかも知れないし、逆に一人で複数のハンドルネームを使い分けているのかも知れず、事実上（少なくともエンドユーザーレベルにおいては）その確認の手だてがない。その上で柏端（二〇〇二）は、ＶＣＳ上では「私」と三人称（および二人称）との共同行為、つまり「われわれ」の行為も必然的に輪郭が認識論的に不明確化する、と述べる。その結果、「われわれ」の行為の達成の（社会的）帰責が問われる際、「私」が自分以外の帰責対象者の数や行為遂行の様相を把握・予期することが事実上出来ないために「われわれ」の達成も必然的に予期できないことから、「われわれ」の構成要素である一人一人の「私」への帰責分解はデリケートな問題になり得ると指摘する。

「２ちゃんねる」に代表される「匿名」掲示板上での世論形成を見れば分かるように、ＶＣＳ上における匿名的行為接続の達成はすでに現実化しているし、さらに言えば、以前「匿名」掲示板に書き込んだ自分の文章を他人の書き込みと勘違いして「ツッコミを入れる」という「自己の他者化」事態も現に起こっている（他ならぬ筆者がそういう事をしでかしたことがある）。このような自己の他者化は、声色や筆跡などがそぎ落とされ、なおかつ情報の蓄積と閲覧とが容易なＶＣＳで初めて起こり得た事態である。

これら事態を受けて、〈共数〉に対する、再度の人称・数構成の不定さの現れとしての人称・数構成：〈無数〉を概念化する。〈無数〉は、行為（者）数の画定も、その人称帰属の画定も、〈共数〉よりさらに困難である（にもかかわらず、帰責の対象となる行為の達成が現実に生起している）ような人称・数帰属構成である。この人称・数帰属構成は、今述べたようなVCS上の社会問題を検討する際にとくに有用である（より詳しい例は6節参照）。

6　分析：行為接続のカテゴリー化と帰責

以上の前提のもと、いわゆる「Winny事件」を構成した行為接続のケースを検討する。この行為接続と、そこから帰結する「著作権法違反」という意味論的帰属に関しては次の通りである。つまり、インターネットを介したWinnyユーザーの〈無数〉行為接続において、その部分的達成、つまり〈無数〉たる全ユーザーの真部分集合としての「不法」ユーザー（以下〈,無数〉と表記）の行為に対して「著作権法違反」とされる意味論的帰属があてがわれているという点が基本的である（Winnyというソフトウエアの機能や一部Winny「不法」ユーザーおよび開発者の摘発・逮捕に関しては、wikipediaの項目「Winny」などを参照）。

このケースでは、Winnyという匿名度の高いファイル共有ソフトウエアを用いた著作物の提供や入手が著作権法違反の（内包的定義に対する）外延、つまり具体的適用例であるとする〈超人称的＝社会的〉規約が前提にされた上で、二〇〇三年一一月二七日に一部Winny「不法」ユーザーが逮捕され、さらに二〇〇四年五月一〇日にWinny開発者も逮捕された。そして二〇〇六年一二月一三日、京都地裁は開発者である被告に罰金一五〇万円の有罪判決を命じた（無罪を主張している被告は即日控訴し、現在係争中)。

一部Winny「不法」ユーザーの逮捕は、〈,無数〉の行為接続の達成としての著作権法違反の帰責点を「複数」(これら逮捕者の行為接続はWinny上の「不法」行為接続=「著作権法違反」の一切片でしかないので、〈共数〉とは呼べない)に一部可視化させることで、不可視な非摘発「不法」ユーザーへの間接的な帰責効果を狙ったものであると推察されるが、摘発後もWinnyユーザーは相当数存在している(http://pc.nikkeibp.co.jp/article/NEWS/20060425/236182/参照)ことからわかるように、当該行為接続の一部可視化は、可視化されない行為接続への帰責を限定的にしか問えていない。つまり、〈,無数〉の一部を可視化した上での帰責は、〈,無数〉そのものへの(間接的なものであれ)帰責にはなり得ていない。

またWinny開発者逮捕は、〈,無数〉という全可視化し得ない行為接続への帰責を徹底させるべく「元締め」への帰責を問うたものであるが、刑法上は、Winnyユーザーのうち著作権侵害行為を行った者(〈無数〉の中の〈無数〉)が「正犯」であり、開発者は「従犯」となる。

京都地裁による判決では、〈,無数〉たる「不法」ユーザー全体を「正犯」と捉えるのではなく(そんなことは不可能である)、〈,無数〉の真部分集合としての「複数」、つまり可視化=逮捕された「不法」ユーザーを「正犯」と捉え、開発者が当該正犯への幇助を行ったと認定した[8]。ここで①「正犯」と「従犯(幇助犯)」との関係であるが、開発者が問われたのは共謀共同正犯ではなく従犯としての幇助犯であるから、正犯との間に意思の連絡がなくとも問題ない。ただし、「正犯」が開発者に事前特定されてはいなかった点は、「幇助」成立にかかる今後の争点となり得る(9)。次に②当該幇助行為の内実だが、これはWinnyの外部提供行為が著作権を侵害するような利用を生むことを開発者が「認容」していたとの認定によって根拠づけられている。逆に言うと、Winny技術自体の価値中立性は認められている。

Winnyは匿名性を保持したファイル共有および掲示板利用ソフトウエアであり、したがってこれは行為の統語論的概念帰属として位置づけられる。つまりそこに意味論的な概念帰属を直結させるのは、行為の概念帰属類型の混同である。もっともこの場合、「Winnyの流通が著作権法違反行為を生むだろうことを開発者が認容していたこと」への帰責の形を取っているわけではあるが、これは①〈、無数〉行為接続の意味論的概念帰属(「匿名」「不法」ユーザーの著作権法違反行為)を従来型の(ポスト)モダン的人称・数帰属である「複数」のものに矮小化し可視化(一部「不法」ユーザーの逮捕)した上で②それを統語論的に読み替え(Winnyが社会的に存在すること自体の問題視)、③当該統語論的概念に「外部提供する」という意味論的概念を直結して、その帰責を、これも(ポスト)モダン的人称・数帰属である「三人称単数(=開発者)」にあてがっている。ここには、行為の人称・数帰属の矮小化(①)と概念帰属類型の混同(②③)が見て取れる。そしてこの①②③の連鎖によって、〈、無数〉による「不法」行為達成の帰責が、開発者たる三人称単数にあてがわれることになってしまっている。

合法的なWinny使用があり得る以上、現状の著作権法違反利用への対処は、インターネットサービスプロバイダによる当該パケット監視や警告表示など、統語論的概念帰属からのアプローチが適切である。つまり、〈,無数〉の行為接続による達成では、行為概念帰属における生物学的概念帰属も当然認識論的に不明確化するゆえ、「著作権法違反行為」という意味論的概念帰属への帰責は、Winny という（この場合その存在が明確な）統語論的概念帰属の操作によって行うのが適切である。そうすることでのみ、〈,無数〉の行為接続達成はこれを無化させることが可能となる。つまりこの場合、行為の概念帰属類型において、《意味論的概念帰属↓統語論的概念帰属↓生物学的概念帰属↓〈,無数〉》の順に、その規定が「より明確なもの」に作用を加えることで「より明確でないもの」に影響を及ぼし（諸類型の積極的混同）、最終的に〈,無数〉への行為達成を無化ないし制限することで間接的な帰責を施すことが可能となる。

なお、現時点での実際の法的判断である上記①②③を5節の議論で「逆向き」に適用、つまり実際の法的判断から翻って5節の議論を適用すれば次の(A)(B)のようになる。

(A) Winny は、ユーザーの協働によって実現するファイル共有ソフトであるから、①であてがわれている（ポスト）モダン的人称・数帰属〈1／2／3人称・単数／複数〉による観察＝可視化では、「不法」ユーザー全体への帰責を、間接的であれ問うことができない（実際、一部「不法」ユーザー逮捕後も Winny の「不法」利用はあとを絶たなかった）。ここから、従来型の（ポスト）モダン的人称・数帰属構成にとっての「不定さ」が顕現し、その「不定さ」を取り込んだ脱―ポストモダン的人称・数帰属：〈共数〉が構成され、さらに〈共数〉構成でも帰責を問えない Winny 事件のようなVCS上の行為接続のために、〈共数〉

にとっての「不定さ」を取り込んだ、より脱―ポストモダン的な〈無数〉帰属が構成される。〈無数〉帰属は認識論的に不明確な人称構成であるから、この人称の帰責を問うためには、統語論的概念帰属（本件の場合 Winny そのもの）といった認識論的に明確な事物から間接的に働きかけるしかない。

(B)そしてこの間接的な働きかけは、上の《意味論的概念帰属↓統語論的概念帰属↓生物学的概念帰属↓〈，無数〉》図式からわかるように、行為接続の各概念帰属を積極的に混同する、つまり各概念帰属間での「不定さ」を認めることで初めて可能となる。この積極的混同は、実際の法的判断における概念帰属類型の混同（②③）、つまり《「複数」↓統語論的概念帰属↓意味論的概念帰属↓三人称単数》とは「混同の向き」が逆になっている。実際の法的判断における混同は、帰属が「より不明確なもの」から「より明確なもの」への混同である（冒頭の「複数」も〈，無数〉という不明確なものからの矮小化＝明確化である）ゆえ、観察の「不定化」作用ではなくその逆の「画定化」作用、つまり（ポスト）モダン的観察にほかならない。しかし5節をもとにした「積極的混同」は前述の通り「より明確なもの」から「より不明確なもの」への混同であるゆえ、これは文字通り観察における「画定化＝区別」を崩す「不定化」の作用、つまり脱―ポストモダン的な「観察」である。

このように、(A)人称・数帰属における「不定化」の作用と、(B)概念帰属間における「不定化」の作用とによって、Winny 事件のようなＶＣＳ上の社会問題に関しても、その行為接続への帰責を適切に問うことが可能となる。図式Ｂが脱―ポストモダンの経験的研究であるゆえんがここにある。

本章は、筆者がdiscussantとして登壇した、日本社会病理学会二〇周年記念シンポジウム：『社会病理学講座刊行と現代社会②「社会病理学の回顧と展望」』（於・日本社会病理学会第二〇回大会（山口大学）、二〇〇四年九月二六日）における配布原稿「社会病理学的自己観察：観察の盲点と不定性」をもとにしたものである。

注

(1) 臨床社会学は筆者が見る限り現時点では固有の方法論を形成しているとは言えず、したがってここでの方法論類型には含めなかった。

(2) ただし三上（一九九六）は社会理論の入門者向けに書かれたということを付言しておきたい。つまりこの記述は、厳密さ以上に分かりやすさを求めたものである、ということだ。だからこそ厳密に読もうとすれば注意が必要なのである。

(3) 観察原理が異なる以上、法的な帰責点と社会理論上の帰責点とは一致するとは限らない。もちろん本章では社会的な帰責を主たる検討対象としている。社会的帰責論は、法的な帰責問題も別の＝社会的な視角から観察するし、法的な問題とはならない帰責問題をも取り上げる。

(4) ただし鮎川の指摘は〈厳格派〉に対する痛烈な批判として意図されているのかも知れない。

(5) しかもその「言語」は「社会問題」が認定される〈場〉で通用する、ローカルなものでなければならないという制約が加わる。なお5節(2)でそのような言語ローカル性を「脱構築」すべく新たな言語構成（人称・数帰属構成）を提示する。

(6)しかし、刑法上の帰責の対象にはならないような（日常的な出来事における）「軽い」社会的帰責に対してかような流儀が支配的であるとは言えず、また（共謀）共同正犯の議論に限定しても、結果的には各個別行為者への法的帰責へと帰着される。だからこそ、共同正犯などのカテゴリーを、法理論ではない社会理論として検討する意義が生まれる。

(7)二人称は一人称と三人称との間の不定さを体現した人称である。ひいては、〈一次的観察〉と〈二次的観察〉との間の不定さをも体現する視点である。紙数の関係でこれ以上は論じる余裕がないが、本論点は別稿にて展開予定である。なお郡司（二〇〇六：一五〇―一五四）、Humboldt（1827-1829＝二〇〇六：三一―三二）参照。

(8)以下判決の要旨に関しては、http://web.archive.org/web/20061217052043/http://www.asahi.com/national/update/1213/OSK200612130057.html 等参照。

(9)大谷（二〇〇七：四四五）は「幇助の相手方すなわち被幇助者は、特定した者であることを要する」（傍点部、原著では色刷り）としている。

文献

鮎川潤、二〇〇四年、「社会構築主義アプローチ」松下武志・米川茂信・宝月誠編『社会病理学講座　第一巻：社会病理学の基礎理論』一七九―一九六、学文社。

馬場靖雄、一九九六年、「正義の門前―法のオートポイエシスと脱構築」『長崎大学教養部論集』三七巻二号、一三三―一六五。

――、二〇〇一年、『ルーマンの社会理論』勁草書房。

土場学、一九九四年、「社会学における「ミクロ―マクロ・リンク」の意味」九州大学教養部『社会科学論集』

三四号、三三―五九。

Ganter, B. and R. Wille,1996, *Formal Concept Analysis: Mathematical Foundations*, Springer-Verlag.

郡司ペギオ―幸夫、二〇〇四年、『原生計算と存在論的観測：生命と時間、そして原生』東京大学出版会。

―――、二〇〇六年、『生きていることの科学：生命・意識のマテリアル』講談社。

花野裕康、二〇〇一年、「社会的世界の内部観測と精神疾患」馬場靖雄編『反＝理論のアクチュアリティー』一一九―一五八、ナカニシヤ出版。

―――、二〇〇三年、「離散性・連続性・媒介者：行為や／と社会の《間》」『現代社会理論研究』一三号、一九〇―二〇三。

長谷川公一、一九九三年、「マクロ社会学の理論」金子勇・長谷川公一編『マクロ社会学』一―三八、新曜社。

宝月誠、二〇〇四年、「社会病理学の対象と研究視点」松下武志・米川茂信・宝月誠編『社会病理学 講座第一巻：社会病理学の基礎理論』二七―四三、学文社。

Holstein, J. A. and G. Miller（eds.）,1993,*Reconsidering Social Constructionism: Debates in Social Problems Theory*, Aldine de Gruyter.

Humboldt, Wilhelm von(der Königlich Preussischen Akademie der Wissenschaften[Hrsg.]),1827-9 → 1968, *Wilhelm von Humboldts Gesammelte Schriften*, Band VI, Erste Abteilung,Werke VI, Erste Häfte,Walter de Gruyter & Co.（二〇〇六年、村岡晋一訳・解説『双数について』新書館）

柏端達也、二〇〇一年、「仮想コミュニケーション空間における「われわれ」：哲学的、倫理学的分析」、「情報倫理の構築」プロジェクト第二回国際ワークショップ配布原稿（http://web.archive.org/web/20060504235013/http://www.fine.lett.hiroshima-u.ac.jp/fine2001/kashiwabata_j.html）。

清田勝彦、二〇〇四年、「社会病理のマクロ分析」松下武志・米川茂信・宝月誠編『社会病理学講座　第一巻：社会病理学の基礎理論』一〇一―一一六、学文社。

Kneer,G. und A. Nassehi, 1993, *Niklas Luhmanns Theorie sozialer Systeme*,Wilhelm Fink Verlag.（一九九五年、館野

受男・池田貞夫・野崎和義訳『ルーマン社会システム理論』新泉社）

Luhmann, N.,1984,*Soziale Systeme: Grundriß einer allgemein Theorie*, Suhrkamp.（一九九三―一九九五年、佐藤勉監訳『社会システム理論』（上）（下）、恒星社厚生閣）

―――（Dirk Baecker[Hrsg.]）, 2002, *Einführung in die Systemtheorie*, Carl-Auer-Systeme-Verlag.（二〇〇七年、土方透監訳『システム理論入門：ニクラス・ルーマン講義録1』新泉社）

三上剛史、一九九六年、「ルーマンのシステム理論」荻野昌弘他著『社会学の世界』一九一―二一六、八千代出版。

宮台真司、一九九一年、「行為と役割」、今田高俊・友枝敏雄編『社会学の基礎』五七―九六、有斐閣。

水島郁子、二〇〇四年、「職場における安全配慮・環境整備：労働法の立場から」、平成一六―一八年科学研究費補助金基盤研究(B)「紛争回避と法化の法理論的・実証的検討」（研究代表者：福井康太）第一回研究会配布原稿．

森田洋司、一九九四年a、「「いじめ」の見え方：(2)いじめ集団の四層構造」森田洋司・清永賢二著『新訂版いじめ：教室の病い』四六―五二、金子書房。

―――、一九九四年b、「子どもたちの価値観と価値基準：(2)いじめの四層構造と価値観」森田洋司・清永賢二著『新訂版 いじめ：教室の病い』一五一―一六四、金子書房。

中河伸俊、一九九九年、『構築主義の社会学：構築主義アプローチの新展開』世界思想社。

―――、二〇〇一年、*Is Constructionism Here to Stay?* 中河伸俊・北澤毅・土井隆義編『社会構築主義のスペクトラム：パースペクティブの現在と可能性』三―二四、ナカニシヤ出版。

―――、二〇〇四年、「社会病理のミクロ分析」松下武志・米川茂信・宝月誠編『社会病理学講座　第一巻：社会病理学の基礎理論』六五―八一、学文社。

大谷實、二〇〇七年、『刑法講義総論 新版第二版』成文堂。

竹川郁雄、二〇〇四年、「いじめ」高原正興・矢島正見・森田洋司・井出裕久編『社会病理学講座第三巻：病める関係性―ミクロ社会の病理』一七―三一、学文社。

Smyth, H. W. (Gordon M. Messing [Revised]), 1920 → 1984, *Greek Grammar*, Harvard University Press.

Spencer-Brown, G.,1969 → 1994, *Laws of Form*, Cognizer Connection.（一九八七年、山口昌哉監修、大澤真幸・宮台真司訳『形式の法則』朝日出版社）

Woolgar, S. and D. Pawluch,1985,*Ontological Gerrymandering: The Anatomy of Social Problems Explanation*, Social Problems,32-2:214-277.（二〇〇〇年、平英美訳「オントロジカル・ゲリマンダリング：社会問題をめぐる説明の解剖学」平英美・中河伸俊編『構築主義の社会学』一八―四五、世界思想社）

米川茂信、二〇〇四年、「現代社会と社会病理学：現代社会病理学の展開」松下武志・米川茂信・宝月誠編『社会病理学講座第一巻：社会病理学の基礎理論』一―二四、学文社。

第3章　近代社会学の成立
――一九世紀フランス社会学の事例から

竹沢尚一郎

1　アダム・スミスの遺産と『イギリスの労働者階級』

社会学はデュルケームとともにフランスの大学組織のなかに基盤をもち、再生産能力をそなえた一学問分野として制度化された。しかし、近年の諸研究が明らかにしているように(Clark,1973; 田原、一九八三; 内藤、一九八八; 山下、一九九七)、一九世紀フランスにおける社会学の潮流はひとりデュルケームのものではなかった。多様な潮流が存在したなかで、デュルケームとその学派のみが堅固な学的基盤を築きえた理由はなんであったか。その制度化は、社会学にいかなる特性をもたらし、いかなる可能性を失わせたか。そうしたことを、社会学の制度化にいたる一九世紀フランス社会を背景に考えること。それが本章のねらいである。

最初に、隣国イギリスにおける一九世紀の一大出来事からとりかかることにしよう。一八五一年、ロンドンのハイドパークで、世界最初の万国博覧会が開催された。その総裁、ヴィクトリア女王の夫君であるアルバート公が、開催に先立って開かれた準備会の席上でおこなった演説は、産業革命のトップランナーとしての英国の自負を高らかにうたいあげるものであった。

紳士諸君、一八五一年の博覧会の意義は、このような偉大な事業において、全人類が現在までに到達した発展の度合いを正直に問いかけ、その真の姿を描き出すことであります。そして、新たな出発点を見出して、そこから万国が将来に向けて、さらに努力を重ねるようにすることであります(松村、一九八六:九九より)。

一時は開催さえ危ぶまれた博覧会であったが、最終的には六百万もの観客を集め、経費の二倍の売り上げを実現するなど、大成功のうちに幕となる。その成功をみた西洋諸国は、一八五五年から一九〇〇年までほぼ一一年おきに万国博を開催したパリをはじめ、あらそって万国博覧会を開催した。産業革命が進行した一九世紀の後半に、各国が万国博の開催を競った理由はどこにあったのか。ロンドン博の中身をもう少し見ていこう。

会場となったのは、三八〇〇トンの鉄材と三〇万枚のガラスという、産業革命が可能にした最新の資材をもちいて建設された巨大な展示場「クリスタルパレス」。その内部は二つに分けられ、一方には大英帝国の、他方にはフランスやアメリカなど三四ヶ国の物産が収められていた。展示品は、原材料、機械、工業製品、美術の四つの部門に分けられ、それぞれ厳格な審査によって賞牌が与えられた（最高賞が与えられたのは、この順に、二二一、八八、五二、四点）。この分類と賞牌の授与数が示すように、展示の主役は産業革命の成果であり、それを万人の目に示して見せることにこそ、この博覧会の目的があったのである(1)。

いや、単に最新の機械類や製品を示すだけでなく、それらを国境を越えて競わせ、優劣をつけていたという点で、博覧会を支えていたのはまさしく自由競争の精神であり、勤勉と努力を最高善とする産業社会の価値観であった。そうした博覧会の精神は、先のアルバート公の演説が賞賛するものだったのである。

近代の発明の成果が広がるにつれて、地球上の各国間、各地域間の距離はしだいに縮まりつつあります。……万国の言葉が理解され、万国の実績が、あらゆる人によって利用されるようになっています。思想の交流もまた迅速に、いわば稲妻にも似た速さで、どんどんと進められています。そのなかで文明の推進力ともいうべき分業の大原則が、今では科学、産業、美術のあらゆる分野に広まっているのです。以前には、最高の知力が、普遍的な知識を獲得するために懸命の努力をはらい、その知識は限られた小数者の独占物となっていたのですが、今ではそれがことごとく専門分野に向けられ、そのなかで細分化が進んでいます。しかもいったん獲得された知識は、ただちに共同体全体の所有物となるのです（松村、一九八六：九八より、原文を参照して若干語句を変えてある）。

分業、労働、勤勉、努力、文物の交流、知識の専門化とその共有化。前世紀の後半にスコットランド人アダム・スミスは、自由主義的功利主義のマニフェストともいうべき『国富論』を著していたが、そこで強調されていたのもこれらの価値であった。各人は自由に自分の利益を追求し、最大限の富を実現するよう努力すればよい。そうした各人の利己的な努力は、社会の解体や混乱を招くどころか、結局は「見えざる手に導かれて」、国全体の富の増大と人間の幸福の実現に貢献するはずである（Smith, 1910＝一九六八：三三八）。『国富論』の中心を占めるそうした世界観は、アルバート公の演説に正確に対応していたのである。

アダム・スミスがその著書でおこなったのが、勃興しつつあった資本主義の諸原則の定式化であったとすれば、その約一世紀後にアルバート公がおこなったのは、六〇〇万人が見守った華やかな世俗の祭典のなかで、その精神を機械や製品を通じて国民の目の前に具体化することであった。いや、具体化するだけでなく、それへの欲望をかきたて、その欲望をテコとして人びとを産業の未来へと訓育することであった。博覧会はその期間中、週日の入場料を土曜日の五分の一に設定することで、貧しい労働者や農民への浸透をはかっていた（**図1**）。当時のイングランドの人口二一〇〇万の約三分の一がこの会場を

THE POUND AND THE SHILLING.
"Whoever Thought of Meeting You Here?"

図1　万国博は「貧者と富者が出会う」場になった

訪れたことで、万国博は当初の目的を国民各層に浸透させることに成功したのである。

とはいっても、万人がこの資本主義の原理を称賛し、それを支える功利主義・自由主義の原則に賛同していたわけではなかった。万国博開催の数年前、ひとりのドイツの若者がイギリスの産業都市マンチェスターを訪れ、そこに住む労働者階級の惨状を克明に記している。のちに世界の共産主義運動を指導することになるかれの著作『イギリスにおける労働者階級の状態』は、産業革命の進展を批判的に見る目が社会のなかに広く存在していたことを証拠立てるものであった。

人間がからだを動かすにはどれほど僅かな空間があればよいか、人間はいよいよの場合どれほど僅かな空気――それもなんとよごれた空気だろう！——を呼吸する必要があるか、どれほど僅かな文明でもって人間は生存することができるか、これらのことがらを実際に目にしたいと思うならば、ここに出向きさえすればよい。……ただ工業だけが、その家畜小屋の所有者たちに、もっぱら彼らが富を積むだけのために、その家畜小屋を人間に高い家賃で貸しつけ、貧窮している労働者を搾取し、幾千の人々の健康をそこねるようなことをさせるのである。ただ工業だけが、農奴の身分から解放されたばかりの労働者をまたしてもたんなる資源として、物として使用しうるようにさせたし、また他のいずれのひともあまりに粗末すぎて住めない住居に、是が非でも労働者を押しこめてしまうのである (Engels, 1932＝一九六〇：七六)。

こうしたエンゲルスの発言は、青年期に特有の理想主義の発露にすぎないのだろうか。この点に関し、この時代に貧困階層の探訪記が数多く出版されていたこと、そしてかれらの生活条件を改善するための試みが、フランス革命のような社会的実践のかたちでも、社会主義思想のような思想の実践のかたちでも、あいついでなされていたことを指摘しておこう。

ドイツの哲学者ヘーゲルは、国家と区別されるものとしての市民社会の概念を最初に定式化したひとりであったが、そのかれの見方では、近代化とともに実現された市民社会とは、個々人の欲望が解放される場であり、それゆえそれは混乱と退廃と悲惨の絶えることのない場であった。ヘーゲルの市民社会の理解は以下のようなものである。

欲求の満足はかぎりなく新しい欲求をよびおこすが、その満足はいたるところで外的偶然性と恣意によって左右されており、また普遍性の威力によっても制限されているから、必然的欲求の満足も偶然的満足の欲求も偶然的である。市民社会はこうした対立的諸関係とそのもつれあいにおいて、放埓な享楽と悲惨な貧困の光景を示すとともに、このいずれにも共通の肉体的かつ倫理的な退廃の光景を示す（Hegel, 1833＝一九六七：四一六）。

市民社会の現実が以上のようなものであるとすれば、それはなにによって秩序づけられるのか。ヘーゲルが求めたのは、人倫共同体としての国家が市民社会の混乱を止揚することであったが（ibid.:478sq.）、そうした国家の理想化とそれによる市民社会の諸問題の解決は、エンゲルスやマルクスが受け入れるものではなかった。かれらは、ヘーゲルのように市民社会と国家の区別を受け入れた上で、その解決をあくまで市民社会の内部に求めたのであり、市民社会の混乱は、その内部で一切の権利を剥奪されていた一階級としてのプロレタリアートの手になる革命によって乗り越えられなくてはならないとしたのである。

政治的に未成熟であったがゆえに終末論的な革命理論が優越したドイツに対し、たび重なる政治的革命の経験をもつフランスでは、事情は若干ことなっていた。ここでも市民社会は国家から独立したものとしてとらえられていたが、国家は社会から完全に切り離されるのではなく、社会の再構造化のためにその役割が期待されていた。サン・シモン、フーリエ、プルードンなど、フランスはのちにマルクスによって「空想的社会主義」として批判される社会思想家を輩出したが、かれらが求めたのは、国家の力を利用しつつ（国家の主導によってではなく）、市民社会の混乱を収拾させることであった。

以上のように、イギリス流の自由主義的功利主義に対する反発が根強く存在したドイツとフランスでは、市民社会と国家が峻別されてとらえられており、それゆえ市民社会の問題の解決のためには、市民社会の原理を見きわめ、それを通じて市民社会の混乱を収斂させなくてはならないとする傾向性が生じていた。社会の改革をめざす社会主義と社会の理解をめざす社会学を生みだしたのは、これらの傾向性だったのである。

2　社会学の先駆者サン・シモン

一七六〇年、シャルルマーニュの血を引く旧家に生まれた青年伯爵サン・シモンは、将校としてアメリカ独立戦争に参戦したのち、オランダ軍と手を組んでインドからのイギリス支配の放逐を企て、マドリッドと地中海をむすぶ運河の計画に奔走するなど、八面六臂の活動をつづけていた(2)。

一七八九年、スペインでフランス革命の勃発を知ったかれは故国にもどり、貴族の特権を廃止する要望書を議会におくる一方で、ドイツの実業家と手をくんで国有地の払い下げに奔走する。その後、革命政府による逮捕および解放を経験したかれは、波乱万丈の生活に倦んだのか、一七九八年より学究生活に沈潜する。かれはその資金を投げうって、若い学者や研究者の卵の後援者となる一方で、みずから諸科学の総合を求めて研究生活をつづけたのである。

パリの知的社交界のひとつになったかれの住居であったが、父からの遺産と土地の投機で築かれたその財産はやがて底をつき、一八〇五年までに無一文になったという（森、一九八八：三八六）。一八一三年に出版した『人間科学にかんする覚え書き』に添えられた手紙は、「この二週間というもの、私はパンと水で飢えをしのいでいます。私はとるに暖なきまま仕事をし、著作の写本の費用を捻出するために衣服までも売りました」と、その貧窮ぶりを訴えている（Durkheim, 1928＝一九七七：一一〇）。そうまでしてかれが執筆をつづけた理由はなんであったか。おなじ手紙は、「ヨーロッパ社会全体がはまり込んでいる危機をおだやかに終息させる手段を見つけたい」と書いており、それこそがかれの執筆をささえた願望であった。一八二五年の死まで、かれは貧窮のなかで著作活動をつづけたのである。

社会主義および社会学の先駆者としてのサン・シモン像を描きだしたデュルケームの『社会主義およびサン・シモン』によれば、サン・シモンの仕事は一八一四年を境に二期に分けることができる。一八〇六年にはじまる前期の著作は、当時いちじるしい発展を見ていた天文学や物理学などの自然科学の成果を踏まえつつ、それらの諸科学を包括しうる一般哲学を確立することを目的とするものであった。一方、『ヨーロッパ社会の再組織化』にはじまる後期の著作は、社会的混乱の解決と進歩の実現のためにはなにが必要かを考える、「今日でならば社会学的と呼ばれるであろう」(Durkheim, 1928=一九七七：一一〇)著作であった。私たちの考察の対象となるのは、後者の著作である。

「フランスは一大製造工場となり、フランス国家は一大作業場となりました」(サン・シモン 1988/4:333)。そう語るサン・シモンは、うたがいなく産業社会の嫡子であった。しかし、アダム・スミスやそのフランスへの紹介者であるジャン＝バプティスト・セーに近い立場から出発したかれは、一八一九年いらいその方向性を大きく変えるようになる。かれがスミス流の自由主義的功利主義を批判したのは、「人は自由であろうとするために協同することはない」がゆえに、「いかなる場合においても、個人的自由の維持は社会契約の目的となりえない」ためであった(ibid:30)。かれがめざした産業を核とした新社会は、自由放任主義ではなく、共通の道徳によってむすばれた一種の共同社会でなくてはならなかったのである。

サン・シモンを自由主義的功利主義から分かったのはなんであったか。それは、社会の現状に対する批判であり、当時のヨーロッパ社会が危機にあるとの認識であった。

> 殺戮がいつ終わるとも知れず、また終わるのを見る当てもなく、互いに殺し合いをつづけている。ヨーロッパはすさまじい状態にあると誰もが知っており、誰もが言う(サン・シモン 1988/2:209)。

肉体労働者たちはさまざまな点で不機嫌であり、現在彼らはすべてのうちで最も本質的な点で――つまり、彼らは働きたくても仕事がなく、飢死に瀕しているという点で――むかっ腹を立てている（サン・シモン1988/4:355）。

前半生の有為転変のなかでさまざまな経験を積み、人生の栄光と享楽の頂点から悲惨と貧困の地獄までを経験していたサン・シモンは、社会の現実を鋭く見抜いていたのであろう。かれは勃興しつつあった産業社会の未来をバラ色に描く一方で、その実現を阻害していた諸病因を指摘することができた。そのかれによれば、ヨーロッパ社会を混乱におとしいれていた理由は以下の点にあった。産業の改革と政治の革命によって社会の本質が大きく変化しているにもかかわらず、政治の実態が、あいかわらず貴族や僧侶、不在地主、公務員、形而上学者、法律家などの旧支配層に牛耳られていたことである。そうした「社会の繁栄をめざしていない」政治体制は、「大衆を存在する秩序の敵とみなさざるをえなくなるので、秩序維持のためにきわめて巨大な支配機構が必要となる」（サン・シモン1988/3:384）。それゆえこうした旧来の政治に変えて、フランスの人口三千万のうち二九五〇万までを占める「産業者」[3]が主体となる、新しい政治体制が築かれなくてはならないとするのである。

> 科学、美術、工芸によって繁栄に努めることを積極的な目的として組織された社会においては、最も重要な政治的行為――社会が進んでいくべき方向を定める行為――は、……社会体そのものによっておこなわれる。こう

してはじめて、全体として考えられた社会が実際に主権を行使できるようになる(1988/3:381)。

こうした観点に立って、サン・シモンは産業者が主権者となるための選挙制度の改革や公共事業の実施から、公教育の普及、美術館建設や音楽会開催にいたる、政治改革のための膨大なプランニングを提出した。それがたんなる政治の技術論に終わらなかったのは、かれの著作には、独自の法則をもつものとしての社会に対するまなざしが存在していたためである。たとえばつぎの一節は、デュルケームの発言といってもよい、社会有機体論をもっとも早く定式化したものである。

社会は、その行動が全体の究極目的と無関係で、個々の気ままな意思にしか原因をもたず、一時的なあるいはまったく取るに足らぬ偶発事しか生み出さないような、生者の単なる寄り集まりでは決してないからである。それどころか、社会は、一つの全体であり、あらゆる部分が全体の進行にさまざまな仕方で寄与しているところの、真に有機的に組織された機構である(サン・シモン 1988/5:391)。

サン・シモンはこのような視点から、社会の実証主義的科学としての「一般生理学」を主張した。それは、動植物などの有機体の組成と機能を研究する「特殊生理学」に対し、「社会体の有機的機能を研究」するための学問(ibid.:391)、すなわち社会学にほかならなかったのである。

「自分の腕による労働以外には何らの生存手段ももたぬ」産業者を主体とし、かれらの能力が存分に発揮されることを求めたサン・シモンの「社会」は、それまでに構想されたどの社会・国家より機能的に考えられたものであった[4]。もしかれの構想した社会が実現されたなら、それは首長に国民が服属していた旧体制とことなり、国民は首長に「指導される」だけであろう。それは、「すべての者が能力と資力とをもった協同社会（une coopération）」であり、「本当に同等な結合（l'association）」からなる社会が、そこではじめて可能になるはずであった（サン・シモン 1988/3:350）[5]。

実証主義の精神に立つ社会科学の要請、国家とは別の独自の構成原理をもつものとしての社会概念の形成、社会を有機的に組織された一全体とみなす社会有機体論の提唱、社会の構成主体として「能力と資力をもつ」産業者の借定、かれらがたがいに協力する協同組合の理想化、キリスト教に代わる世俗道徳の確立など、サン・シモンの思想とデュルケームのそれのあいだの系譜関係は明らかである。であるがゆえにデュルケームは、「かれのうちには、現代の省察を培った全思想のすでに十分発展した種子が認められる」（Durkheim, 1928＝一九七七：一二九）と、サン・シモンを社会学の先駆者として位置づけたのであり、かれの社会学が開花する『社会分業論』と『自殺論』のあいだの一八九五年という重要な時期に、死後『社会主義およびサン・シモン』として出版される一連の講義をおこなったのである。

もっとも、両者の懸隔もまた明らかである。著述家として、時局のなかで語りつづけたサン・シモンは、科学と実践を明確に区別すること、前者の確立のために概念の整理をすることを怠った。それを試みたのが、一時期サン・シモンに秘書としてつかえ、かれから決定的な影響を受けたオーギュスト・コントであった。「今日コントに与えられている栄誉は、当然にサン・シモンに与えられなければならない」というデュルケームの断言にもかかわらず(ibid.:128)、今日、社会学の創始者としての栄誉が与えられているのはコントであり、サン・シモンではないのである。

3 サン・シモン主義とルプレイ社会学

産業主義的な観点からひとつの理想社会を描き出したサン・シモンは、死後、多くの崇拝者を生みだした。「サン・シモン主義者」と呼ばれるかれらは、一八二五年以来、雑誌『生産者』を出版するなどして、産業主義の普及と産業化の推進につとめた。理想主義的なサン・シモンの薫陶をうけたかれらがおこなったのは、フランス社会に活力を供給するための銀行の創設であり、社会の隅々にまでその活力を送り込むための鉄道や運河の建設であった(6)。イギリスに産業革命で遅れをとったフランスは、一八三〇年の革命ののち急速な産業の変革を実現したのであり、かれら産業主義者の活躍の余地はおおいにあったのである。

その変革がいかに急速になしとげられたかは、いくつかの数字が示すとおりである。フランス国内の鉄道のキロ数は、一八四二年の五四一キロメートルが、六年後には一九三〇キロメートルに増加し、一八五九年にはさらにその四倍の八八四〇キロメートルになった。国民の消費生活に直接むすびつく砂糖の生産も、一八三八年の五四七製糖工場による三万四千トンが、一八四七年には三〇八工場の五万六千トンへと変化した(Lhomme,1960:133-139, 247)。そうした変化がもたらしたのは、一方において企業の集中であり、他方において大衆の富裕化であった(7)。サン・シモンのいう「能力と資産をもつ」産業者ないし「市民」がここに実現したのである。

しかしながら、これらの産業者ないし市民を対象とする社会学がすぐに成立したわけではなかった。サン・シモンの弟子たちは、晩年のコントがそうであったように秘儀的・宗教的な性格をもつ結社の形成に走り、ひとつの学問分野の創設にまい進はしなかった。その理由は、おそらく市民社会の未成熟のゆえに社会学的認識が広くは共有されず、閉じたサークルの結成しか可能でなかったためであろう。かれらに代わってこの時代の社会学の発展に貢献したのは、サン・シモン主義者を輩出したエリート学校「理工科学校」の出身生であるフレデリック・ルプレイであった。

一八〇六年、フランスの地方ノルマンディーに生まれたルプレイは、産業的・都市的なものを好んだサン・シモンとは対照的なメンタリティーをもっていた。理工科学校時代には一時このグループに接近したルプレイであったが、一八三〇年の革命は、かれを急進的な運動から遠ざけ、穏健な社会改良派の道を歩ませることになった(Rabinow 1989: 87)。一八三四年から公共事業省の統計局に勤務したかれは、具体的なデータに立脚しないで「空論」を展開したサン・シモンらを批判し、ヨーロッパ各地を訪れてデータの収集につとめた。一八四八年にエリート校である鉱山学校の教授となると、かれは鉱山経営学と社会学を教える一方で、一年の半分をヨーロッパ各地の調査に費やしたのである。

ルプレイが一八二九年以来実施した調査が生みだした成果が、一八五五年に初版が出、一八七七年に第二版が出た『ヨーロッパの労働者』である (Le Play, 1877)。全六巻、全部で三千ページを超えるこの本は、ウラルの半遊牧民やモロッコの大工から、ジュネーブの時計職人とパリの洋服職人にいたる四五種の労働者家族をカバーする、文字通りの大著であった。それぞれのケースについて、現地での調査にもとづきながら、家族の構造や結婚形態、法的地位、所得、家計、住居、衛生、食事、宗教、社会環境等を丹念に記述したこの著書は、ルプレイを筆頭に二〇人を超える協力者の手で実現された膨大なモノグラフの集積であり、フランスの科学アカデミーから統計学賞を授けられるほどの高い評価を得た。

イギリス風の自由放任主義と、急進的な社会主義のふたつをしりぞけたルプレイが求めたのは、道徳の強化を通じての社会的絆の再建であり、道徳教育の中心となるべき家族の再評価であった。ヨーロッパ全体にまたがる比較研究によって、ルプレイは家族の三タイプを引き出したが、そのなかでは家長が一定の権力と財産を保有する家族の形態を評価した(8)。と同時にかれは、地域社会のなかで一定の影響力を有する有力者を重視し、その倫理的および社会的影響が確立されているときだけ、社会的安定と繁栄が実現されると主張したのであった。

社会的権威者はあらゆる国に存在し、どこでも一般の敬意を集めている。……かれらは農業から大所有者にいたるあらゆる階級に属している。かれらは驚くべき適性を示しており、その影響圏内では、力に訴えることなく公的平和を実現し、大問題を解決する。この目標に到達するために、かれらはおなじ手段を示す。地域社会に対して良い手本を示すことで、かれらは使用人や労働者、隣人たちの敬意と好意を得る。かれらが自由に振舞えるならば、かれらは社会に繁栄と安定をもたらすのである (Le Play, 1874/1:xii)。

これだけの結論を引き出すために、三〇年にわたる調査研究が必要だったかといえば、だれしも首をかしげざるを得まい。この一節が示すように、ルプレイが依拠したのは宗教的権威と家族的権威であり、財産の不可侵性であった。家長や工場経営者、貴族や大土地所有者に代表される有力者の温情的な指導のもとで社会の改善を実現しようとする権威主義的なかれの主張は、容易に想像できるように、大ブルジョワジーをはじめとする支配層に受容されやすいものであった。とりわけ、一八五一年に皇帝の座についていたナポレオンⅢ世はこの本を高く評価し、その出版の翌年の五六年にはかれを政府の相談役に任命し、フランス社会の調和ある発展をめざす「社会経済協会」の設立を後援した。また、一八五八年には議会でフランスに家父長的権威を再建することを宣言し、一八六三年にはかれを五年後のパリ万国博の事務局長に任命するなど、全幅の信頼を寄せたのである (Le Play, 1877/1:43)。

ルプレイの社会学が、綿密な調査研究の実施、観察データの重視、統計資料の作成と活用、統一的な基準にもとづいた比較研究の遂行、データの比較を通じての理論的一般化など、フランスの社会科学に新分野を切り開いたのは事実である。それらの手法を総合したかれのモノグラフには、かれの言によれば、「真実を打ち立てる社会的事実と、事実を発見可能にする科学的方法、そしてそこから引き出すことのできる改革のプラン」（Rabinow, 1989:92 に引用）が含まれているはずであった。たしかにそこには、労働者の生活環境や宗教行動にかんする記述の厚みは存在していた。しかしそこには、直接観察可能なそれらの事実を越えて、全体社会の構造や機能を論証するような視点は欠如していた。社会をひとつの総体としてとらえるための概念装置が、ルプレイにはまったく欠けていたのである。

ルプレイは一八五五年以降、上からの温情主義的な社会改良の指導者のひとりとして、政府にとりこまれた。たしかにかれとその協力者たちは、一八六二年のロンドン万国博に労働者の代表を派遣することで、いまだ禁止されていた労働組合の組織化を援助したし、産業界の人間とともに雑誌『社会改良』を発行し、労働者の生活環境や住宅問題などの改善のための「社会博物館」を創設するなど、一定の成果をあげた。しかしながら、そのようなかたちで社会改良に努力することで、理論的精緻化が遅らされたのも事実である。ルプレイのもとからは、オーギュスト・シェイソンやアンリ・ド・トゥルヴィルなど、少なからぬ研究者が輩出し、かれらは自由主義ブルジョワジーの育成を目的とする「自由政治学院」や鉱山学校で教え、政府の統計局を基点として活躍した。しかしかれらの著作活動は、統計学やモノグラフの改善にとどまるだけで、社会理論の深化を実現することはなかった。一八八二年のルプレイの死後、デュルケーム学派の影響力の拡大とともに、それは急速に学派としての求心力を失っていったのである(Savoye, 1981)。

4　デュルケーム社会学とフランス・ナショナリズム

ルプレイ社会学が、一八五一年に成立したルイ・ナポレオンの第二帝政の学問的イデオロギーであったとすれば、デュルケーム社会学は、一八七一年の普仏戦争の敗戦とともに誕生した第三共和制と不可分の関係にあった[9]。デュルケームの経歴についてはよく知られているので、ここで改めてとりあげることはしない。ただ、一八五七年にアルザス・ロレーヌの隣県のエピナルに生まれたかれが、一八七一年の普仏戦争の敗戦によるアルザス・ロレーヌのプロシアへの割譲を、断腸の思いで見ていたであろうことは指摘しておきたい。日本でいえば大学の準備クラスの学生でしかなかったかれが、同級生からはつぎのように見られるほど、強い使命感をもっていたのである。「かれはすでに教育職以外のものに召されていたように感じていた。かれは教義を作りだし、学生ではなく弟子をもち、敗戦によって傷ついたフランスの再建にある役割を果たすことが必要だったのだ」(Davy, 1917:188)。

一七八九年の大革命以来、共和制と王政と革命をくり返していたフランスは、普仏戦争の敗戦とともに第三共和制を誕生させた。これ以降フランスは決定的に共和制を歩むことになったが、その実態は、四四年の第三共和制のあいだに六一もの政権交代を見るなど、不安定なものであった。重工業の発展による都市への人口集中のなかで、都市の労働者や小ブルジョワジーに基礎をきずいた共和派と、カトリック教会と手を組み、農村に堅固な基盤をもつ右派・王党派、さらには両者を批判する最左派の社会主義諸派とのあいだで対立が絶えなかったためである。一八七九年の選挙いらい政権をにぎった共和派が、右派の勢力を削ぐためにあみだしたのが、それまでキリスト教会が担ってきた初等教育を国家のもとにくみこむための教育改革であった。「無償化、義務化、世俗化」の三原則に立つ初等教育をさだめた一八八一年のフェリー法は、教育改革を通じて共和主義を農村にまで浸透させようとした政治的配慮のもとに実現されたのである（Clark, 1968; 竹沢、二〇〇一）。

初等教育が聖職者の手を離れて、公的機関によって実施されるとすれば、ただちに必要になるのが大量の教師の育成であり、子どもに教えるための、従来のキリスト教道徳に代わる世俗道徳と、キリスト教の統一的世界観に代わる統合意識である。共和派の指導的政治家ジュール・フェリーの意を汲んだ高等教育局長ルイ・リアールと初等教育局長フェルディナン・ビュイッソン[10]は、若手の教官を抜擢することで、それらの課題に応えると同時に、普仏戦争の敗戦によって明らかになっていたフランスの学問の停滞を打破しようとした。その眼鏡にかなったのが、社会学のデュルケームであり、歴史学のガブリエル・モノーらの気鋭の研究者であった。かれらは、ドイツの研究教育システムを吸収するためにドイツに派遣されたのちに、新しい学問分野と研究方法をはじめてフランスの大学システムのなかに導入したのである(Clark, 1968: 44-45)。

一八七九年に高等師範学校に入学したデュルケームは、一八八二年に「個人主義と社会主義の関係」についての修了論文を完成させ[11]、その秋からサンスのリセで教えはじめる。一八八五年にかれと会った高等教育局長リアールは、デュルケームの教育に対する熱意に加え、保守派とのイデオロギーの戦いにおける有能さを見抜き、翌八六年にドイツに半年間留学させて、当地の教育システムを吸収させる。その上で一八八七年に、かれが教授をつとめていたボルドー大学に「教育と社会科学」の講座をもうけて、若干三〇歳のデュルケームを送りこむ。これがデュルケームの社会学者としてのキャリアの第一歩であった。

この当時のデュルケームの関心がどこにあったかを知るには、かれがボルドー大学でおこなった講義題目を検討するのが最適である。一八八七年「社会的連帯」、八八年「家族」「カントにおける道徳と哲学」、八九年「自殺」、九〇年「法と慣習の生理学」、九一年「家族」、九二年「犯罪社会学」、九三年「犯罪社会学(つづき)」、九四年「家族」、九五年「社会主義の歴史」、九六―九九年「法と慣習の一般物理学」、一九〇〇年「宗教の基本形態」。これらの講義は文学部の学生だけでなく、一般の聴講生にも開かれた自由開講科目であったために、多くの聴衆をひきつけるべくアクチュアルなテーマがとりあげられていたのである。

もっとも、これらのテーマの選択をうながしたのは、新興の学である社会学を宣伝しようとの意図だけではなかったであろう。それらは、八八年の「カント論」や「自殺」「宗教の基本形態」をのぞけば、いずれもデュルケームの学位論文である『社会分業論』につながるテーマであった。デュルケームが一八九〇年代にあいついで出版した著作のうち、『社会学的方法の規準』や『自殺論』にくらべるなら、この著作の評価はそれほど高いものではない。しかし、デュルケームがこれだけくり返し『社会分業論』の基本テーマにたち戻ったという事実には、なんらかの必然性が存在していたはずである。

「われわれの探求が思弁的関心しかもちえないとするなら、それは一時間の労苦にも値しない」(Durkheim, 1893=一九七一:三三、訳文を変えてある)。「序文」でそう宣言したデュルケームは、『社会分業論』の目的をつぎのように限定する。「本書は、何よりもまず、道徳生活の諸事実を実証科学の方法によってとりあつかおうとする、ひとつの試みである」(ibid.:31)。しかしながら、この本の主題である分業の進展を研究することが、なぜ「道徳の科学」につながるのか。デュルケームはつぎのように論を展開する。社会の近代化はさまざまな分野で分業の発展をうながしたが、それがもたらしたのは、社会の全領域をつらぬく「無政府状態」「無規制状態」でしかなかった[12]。こうした状態がもたらされたのは、有機的な連帯を産み出すはずの分業の発展が、とりわけ経済の領域において「病理学的形態」に陥ってしまったためである。そして、それを社会関係に反映させたのが、イギリス流の「社会生活を諸個人の性質のたんなる合成物として」見る見方であった(ibid.:336)。それゆえ、近代社会に有機的連帯を確立すること、そのために「われわれ自身のためにひとつの道徳を実際につくること」(392)、そして「各個人は社会の創造者であるより、むしろはるかに多く社会の産物である」(338)ことを理解することが、なにより必要だと主張するのである。

一国レベルでの道徳の再建、連帯の強化、全体を個に優先させる社会認識の確立。以上の『社会分業論』の結論は、デュルケームが活躍した第三共和制後期の支配的な政治的言説であった「連帯主義」のスローガンと完全に並行したものであった。フランス革命の三原則のひとつである「友愛」の原理にもとづきながら、社会的公正を実現するためには国家が財の再分配にまで関与すべきだとする「連帯主義」の主張は、スローガンばかりは勇ましいが、実際には、社会構造の根本的変革には手をつけないで済ませようとする穏健改革派の主張であった[13]。デュルケームがその著作のなかでは（『社会学的方法の規準』や『自殺論』）、『社会分業論』の理解を超える社会認識を提出しながらも、大学の講義ではくり返しそこに戻っていったという事実は、こうした政治的背景を考慮しなくては説明不可能であろう。

支配的な政治的風潮としての連帯主義との並行関係は、誕生しつつあったデュルケーム社会学のあり方を規定しないではいなかった。道徳の再建、連帯の強化、全体を個に優先させる社会認識の確立という『社会分業論』の結論は、道徳とは対他関係の規範化された内面化であり、連帯とは社会関係の一形態であるという点で、社会学を社会関係に関する認識の学として定義するものであった。しかも、フランスに社会的連帯を再建しようというその試みは、社会学の対象を国民国家の枠に一致させるものであった。そこには、サン・シモンが企てたような、産業がもたらした社会構造の変革を総体として理解し、その上でそれを根本的に変革しようとする試みは完全に失われていたのである[14]。

社会学＝社会関係の認識の学というデュルケームの限定は、たしかに社会学を新興の諸科学（心理学をはじめ、地理学、現代史、公法など）から差異化する上では有効であっただろう。それに加えてかれは、社会学の方法論を明示した一八九五年の『社会学的方法の規準』や、社会学が自殺という社会的問題の診断にも有効であることを実証した一八九七年の『自殺論』など、あいついで重要な著作を出版することで、社会学の進むべき道の豊饒さを示すことができた。これらによりその学派は、モースやシミアン、ブーグレ、エルツなど、教授資格を取得したばかりの若き俊才を自派に加えることができただけでなく、一八九八年には機関誌『社会学年報』を発刊することで、フランスにおける社会学の一大拠点としての地位を確実なものにしていったのである。

「フランスではデュルケーム学派だけが大学にはいることに成功した」（Clark, 1968:38）。

そのように評価される理由はどこにあったのか。社会学を厳密な科学にするために矢継ぎばやに出版されたデュルケームの著作、第三共和制の政治的潮流との並行関係、ルプレイ学派や、ウォルムスのつくった『国際社会学評論』誌と混同されないための非協力、そして自称保守主義者のデュルケームから、熱心な社会党活動家であるモースやシミアンまでを擁した幅の広さ。それらが、デュルケーム社会学の発展を可能にした要因のいくつかであっただろう。しかしその派の限界もまた、デュルケームの著作のうちに含まれていた。社会学を社会関係についての学とすることは、社会の総体的理解や社会変革の試みを排除することになったし、社会の広がりを国民国家と同一視することは、サン・シモンやルプレイには存在していたインターナショナルな視点を排除することになったのである。

普仏戦争の敗戦が生み出した第三共和制は、それまでヨーロッパの中心であると自負していたフランスが、他国に脅かされる一国にしか過ぎないことを認識させたことにより、フランスの歴史においてはじめてナショナリズムが燃え上がった時代であった。デュルケームは偏狭なナショナリズムとは無縁だったとはいえ、フランス社会の病根を指摘し、その改革のために提言しようとしたかれの基本姿勢は、一国社会学主義を逃れることはできなかった。ドイツとの戦争が近づくと、かれはその旗幟をいよいよ鮮明にし、民主主義を守るための「聖なる戦い」を擁護するべく公共の場で発言をくり返し、弟子たちには戦場において社会との連帯を身をもって示すことを求めた。その結果、戦死者一三五万人を数えた第一次世界大戦が終わったとき、デュルケーム学派もまた壊滅状態に陥っていた。戦争はこの学派の四人にひとり、とくに若い世代の研究者のほとんどの命を奪ったのである。

若い世代の突き上げを欠く組織が、いかなる運命をたどったかは明らかであろう。デュルケーム学派は、一九三〇年にはフランスの大学システムを支配するまでになったが、それは権威主義の代償を支払ってのことであった。それは作家ポール・ニザンから、「服従とコンフォルミスムと社会の尊重を説く」だけの教説でしかないと揶揄されるほど、硬直した姿を示していたのである（竹沢、二〇〇一：二二二）。

デュルケーム社会学が獲得したもの、獲得することで喪失したものを、現代の社会学は再生産していないかどうか。社会の広がりを国民国家と同一視し、その内部での社会関係の理解の洗練を説く、かれによって成型された社会学は、グローバル化の進行する現代にも有効でありつづけるのか(Urry, 2000＝二〇〇六)。それが問われているのではないだろうか。

注

(1) 他方で博覧会は、インドやオーストラリア、ケープ植民地など、大英帝国の植民地の物産や人間、文化を展示するものでもあった。その意味でそれは、産業の発展が可能にするはずの人類の未来を予知させると同時に、世界の各地に覇権を広げた大英帝国の「偉大さ」を国民に知らせようとするものでもあった(竹沢、二〇〇一)。産業革命と植民地拡張という、まさに近代西欧が実現した歴史的営為を表象することに博覧会の目的があったのである。

(2) サン・シモンの経歴は、『サン・シモン著作集』の巻末に収められた訳者の「サン・シモンの生涯と著作」(森、一九八八)による。

(3) かれが産業者の名で示すのは、農民、商人、工場経営者、労働者、学者、芸術家など、「自分の腕による労働以外には何らの生存手段ももたぬ階級」である(サン・シモン 1988/4:197)。これらの「能力と資力」をもつ人びとを核とした新社会の建設は、プルードンの思想にも見られるものであり、フランス社会主義思想のひとつの特徴であった(坂上、一九八一)。そしてそのことが、マルクスによって「ユートピア社会主義」と批判された理由でもあった。

(4) この点で、かれの思想は社会主義の先駆であるとどうじに、高度産業社会を支えるテクノクラシー、メリトクラシーを予言するものでもあった。「才気にあふれた、むしろ変質狂に近いテクノクラート」とするダニエル・ベルなど(Bell, 1973 = 一九八五:下)、サン・シモンに産業主義の病根を帰する解釈があるが、兵士に隊長を選ばせることを主張するほどの共和主義者であったかれを、テクノクラートの一員に加えることは誤りであろう。

(5) しかも、そうした協同社会の建設は、産業が国境を越えた分業と統合を果たしているがゆえに、フランス一国でなされるものではなかった。サン・シモンは、「西欧の大国を成しているすべての諸国民が、……この企てに協力する」ことが必要だとしており(サン・シモン 1988/4:197)、この世紀の後半に顕著になるナショナリズムはかれのもとではいまだ存在していなかったのである。

(6) かれらのうちには、フランス最大の銀行となるモビリエ銀行を設立したペレール兄弟、フランス鉄道産業の創始者であるガブリエル・ラメやポーラン・タルボ、コレージュ・ド・フランスの教授になるミシェル・シュヴァリエなどがいた。スエズ運河にしても、もともとはサン・シモンの後継者アンファンタンの発案であった(Charlety, 1931= 一九八六)。

(7) 一八四八年の革命後の二〇年間に、貯金通帳の保有者は人口千人につき二〇人から六〇人に、貯金総額は一・五億フランから六億フランへと増加した。それが一九一〇年には、人口千人につき六〇〇人、総額六〇億フランになったのである(Dupeux,1964 = 一九六八)。

(8) その三タイプとは、家長のもとに財産が集中し、諸個人がほとんど自由をもたない「家父長制家族」、財産の分与相続により最小単位にまで分裂しつつある「不安定家族」、ひとりの子どもだけを相続人とする「根家族」(famille-souche、英語の stem familly の原語)である。ルプレイが評価したのは三番目の「根家族」であり、これだけが近代化と整合的で、かつ家族の紐帯を維持可能だとしたのである(Le Play, 1864/1:357sq.)。

(9) ふたつの学派の社会認識の違いは、それぞれの出身階層を反映したものでもあった。デュルケーム学派の多くが、教師や小工場主など、「自分の腕による労働以外には何らの生存手段ももたぬ」小ブルジョワジーの出身で、大学やリセで教える教育者・研究者であったのに対し、ルプレイ学派の拠点となった「社会経済協会」のメンバーの七三パーセントが地方の大土地所有者であり、そのうちの四割は貴族であった

(Karady, 1976: 287-288)。後者が第二帝政の政治的支配層を形成していたのに対し、第三共和制の政治の実権を掌握したのは小小ブルジョワジーであった(Lhomme,1960＝一九七一：三六五)。

(10)第三共和制は政治的には不安定であったが、教育省の人事と政策に関しては一貫していた。一八七四年にボルドー大の教授になったリアールは、一八八四年から一九〇二年まで高等教育局長の地位にあり、デュルケームから「大学の帝王」と呼ばれるほどの力をもった(Karady, 1976)。一八七九年に初等教育局長になったビュイッソンは、一八九六年にソルボンヌ教授として転出するまでこの地位にあり、一九〇二年にはソルボンヌのポストをデュルケームに譲って下院議員となっている。個人的なコネクションが重要なフランスでは、デュルケーム学派の伸張はかれらの強力な後押しによってはじめて可能になったのである。

(11)かれの甥のマルセル・モースによれば、デュルケームのテーマは一八八三年ごろに「個人と社会の関係」へと変わり、終生変わることがなかった(Durkheim, 1928＝一九七七：七)。

(12)「経済界の悲惨な光景が呈する、あのたえまなく繰りかえされる闘争やあらゆる種類の無秩序がよってきたるべきところは、まさにこの無規制状態である」(Durkheim, 1893＝一九七一：二)。

(13)連帯主義については、Donzelot 1994, Rabinow 1989 参照。「連帯主義」を定式化したのが、のちに首相になる政治家レオン・ブルジョワの一八九六年の著書『連帯主義』であった。同時代のある批評家は連帯主義者を赤カブにたとえたが、そのココロは「外見は赤いが、中身は白(＝右派・王党派)」ということであった(Rabinow, 1989:185)。そしてデュルケームは自身を、「賢明な保守的精神」(Durkheim, 1893＝一九七一：三四)の保持者とみなしていたのである。

(14)このことは、デュルケームには該当しても、デュルケーム学派にはあてはまらない。その学派には、モースをはじめ、フランソワ・シミアン、モーリス・アルバックス、ロバート・エルツなど、熱心な社会党活動家＝研究者が含まれていた。かれらはフランス社会党の機関紙や雑誌に編集者として関与し、生協運動を組織し、労働者を対象とした学校で教えるなど、幅広い活動をつづけた。デュルケーム学派に広がりを与え、それを硬直化から救っていたのはまさにかれらであった。

文献

Bell, D.,1973, *The Coming of Post-industrial Society : A Venture in Social Forecasting*, Basic Books.（一九七五年、内田忠夫他訳『脱工業化社会の到来』上下、ダイヤモンド社）

Charlety, S., 1931, *Histoire du Saint-Simonisme (1825-1864)*, Hartmann.（一九八六年、沢崎浩平・小杉隆芳訳『サン・シモン主義の歴史』、法政大学出版局）

Clark, T. N., 1968, "Emile Durkheim and the Institutionalization of Sociology in the French University System", *Archives européens de sociologie*, IX:37-71.

———, 1973, *Prophets and Patrons: The French University and the Emergence of the Social Sciences*, Harvard U.P.

Davy, G., 1917, "Emile Durkheim", *Revue de métaphysique et de morale*, XXVI:749-751.

Donzelot, J., 1994, *L'Invention du social*, Collections Points, Editions du Seuil.

Dupeux, G., 1964, *La Société française* 1789-1960, Armand Colin.（一九六八年、井上幸治監訳『フランス社会史——一九七八—一九六〇』東洋経済新社）

Durkheim, É., 1897, *Le Suicide : étude de sociologie* , Felix Alcan.（一九六八年、「自殺論」尾高邦雄編『世界の名著47デュルケーム・ジンメル』中央公論社）

———, 1893, *De la division du travail social : étude sur l'organisation des sociétés supérieures*, F. Alcan.（一九七一年、田原音和訳『社会分業論』青木書店）

———, 1928, *Le Socialisme : sa définition, ses débuts, la doctrine Saint-Simonienne*, édité par M. Mauss, F. Alcan.（一九七七年、森博訳『社会学およびサン・シモン』恒星社厚生閣）

———, 1895, *Les Règles de la méthode sociologique*, Alcan.（一九七八年、宮島喬訳『社会学的方法の規準』岩波文庫）

Engels, F.,1932(1845), *Die Lage der Arbeitenden Klasse in England*, Marx-Engels-Verlag.（一九六〇年、『イギリスにおける労働者階級の状態』マルクス・エンゲルス選集2、新潮社）

Hegel, G. W. F., 1833, *Grundlinien der Philosophie des Rechts, oder Naturrecht und Staatswissenschaft im Grundrisse*, Duncker und Humblot.（一九六七年、「法の哲学」岩崎武雄編『世界の名著35ヘーゲル』中央公論社）

Karady, V., 1976, "Durkeim, les sciences socials et l'Université: bilan d'un demi échec", *Revue française de sociologie*, XV-2:267-311.

Le Play, F., 1877, *Les Ouvriers Européens*, 6 vol., Alfred Mame et Fils,（1ème éd., 1855）.

———, 1874, *La Réforme sociale en France*, Alfred Mame et Fils（1ème éd., 1864）.

Lhomme. J., 1960, *La Grande bourgeoisie au pouvoir (1830-1880): essai sur l'histoire sociale de la France*, P.U.F..（一九七一年、木崎喜代治訳『権力の座についた大ブルジョワジー』岩波書店）

松村昌家、一九八六年、『水晶宮物語―ロンドン万国博覧会 一八五一』リブロポート。

森博、一九八八年、「サン・シモンの著作と生涯」『サン・シモン著作集』恒星社厚生閣。

内藤莞爾、一九八八年、『フランス社会学史研究』恒星社厚生閣。

Rabinow, P., 1989, *French Modern: Norms and Forms of the Social Environment*, MIT Press.

Saint-Simon, 1964, *Œuvres complètes*, publiées par René Dupuis, Hubert Comte et Francis Bouvet, J.-J. Pauvert.（一九八八年、森博訳『サン・シモン著作集』五巻、恒星社厚生閣）

坂上孝、一九八一年、『フランス社会主義』新評論。

Savoye, A., 1981, "Les continuateurs de Le Play au tournement du siècle", *Revue française de sociologie*, XXII-3.

Smith, A., 1910, *The Wealth of Nations*, Dent, Everyman's library.（一九六八年、「国富論」大河内一男編『世界の名著31アダム・スミス』中央公論社）

竹沢尚一郎、二〇〇一年、『表象の植民地帝国』世界思想社。

田原音和、一九八三年、『歴史のなかの社会学―デュルケームとデュルケミアン』木鐸社。

Urry, J., 2000, *Sociology beyond Societies : Mobilities for the Twenty-First Century*, Routledge.（二〇〇六年、吉原直樹監訳『社会を越える社会学』法政大学出版局）

山下雅之一九九七年、『コントとデュルケームのあいだ』木鐸社。

第4章 フィールドワークから社会学理論の形成へ
——社会学の伝統再考

飯嶋 秀治

1 問い直される近代

二〇〇一年九月一一日。二機の旅客機が、ニューヨークの世界貿易センター（World Trade Organization）のビルを崩壊させた。当時、私はフィールド（調査地）のオーストラリア中央沙漠地帯の都市、アリス・スプリングスにいた。そこでは、当時住まいを共有していたアングロ・オーストラリアンの若者たちも、その前後に生活を共にすることになったオーストラリア先住民の年配者たちも、その映像を、テレビを通じて共有していた。私は図らずも、この世紀のメディア・イベント(1)に参加することになってしまったのである。

(1)再帰的近代化

近年、理論社会学者のギデンズ（Anthony Giddens 一九三八―）らは、現代社会においては一人一人が自らの人生をデザインすることが可能となってきており、これを「自己再帰性」として把握した。他方で、ギデンズらの指摘によれば、こうした諸個人が専門家として集まってシステムを形成する時、そのシステムは、自らの担う課題に再帰的になって意識的に問題解決をおこなってゆこうとする。これを「制度的再帰性」として把握した。ところが、こうした制度的再帰性は、それが再び自己再帰性に投げ返され、意図せざる結果を引き起こす。こうした機制の全体像を、彼らは「再帰的近代化」として把握したのである。

例えばその一つに、マスメディアという専門家システムの制度的再帰性と、それを自らの人生に取り込もうとする自己再帰性との機制というものを考えてみれば、冒頭に掲げた事態が、この理論的枠組みの中で分析される対象となり得ることが分かるであろう。実際、今回本シリーズが企図された一因には、こうした不測の事態に直面した社会学者が、近代社会のあり方と自らの社会把握の仕方に、揺さぶりをかけられたからに相違あるまい。

(2)再帰的近代化論と近代の自己認識としての社会学

よく社会学は、近代の自己認識の学である、と言われる。では、こうした近代の制度的再帰性の中を生きる自己再帰的な私たちは、一人一人がいわば潜在的な社会学者となって、この再帰的近代を生きられるようになる、と言えるだろうか。しかしそこでモデルになっている社会学自体が揺さぶりをかけられているとしたら、果たしてそこに、大きな盲点はないと言い切れるだろうか。本章では、社会学が近代を問い直し、そのアクチュアリティを取り戻す上で、このような大きな問いを立ててみたい。

こうした問いに対して、本章ではいささか迂遠な経路を通じて、考察を進めて行くことにしたい。具体的には、理論社会学の祖、デュルケーム (Émile Durkheim 一八五八―一九一七) の『宗教生活の基本形態―オーストラリアのトーテム体系』(1912＝一九九二)[2]が、本格的なフィールド人類学の祖スペンサー (Baldwin Spencer 一八六〇―一九二九) とギレン (Francis Gillen 一八五六―一九一二) らを中心とするアランタ民族[3]誌から、何をどのように論じることで、その一般社会理論を打ち立てることになったのかを考察したい。そのうえで、再帰的近代を潜在的社会学者として生きる私たちの自己認識を更新する糧を得ることとしたいのである。

(3) 社会学と人類学

社会学といえば、通常、近代社会を対象として考察を進め、人類学といえば、その反対に、非近代社会を対象として考察をすすめるものであると想定されている[4]。

それゆえ、社会学は人類学と対極にある社会科学であると捉えられがちであるが、デュルケームは、後に見るように最初の『社会分業論』からオーストラリア先住民の社会に着目しており、一貫して社会の一般理論を志向していた。

『宗教生活の基本形態』は、そのデュルケームが非近代社会をその理論に取り込んで、一般社会理論を打ち立てようとした最後にして最大の著作であった。その著作の対象となったのが、「アランタ」と呼称されるオーストラリア先住民の一民族の民族誌だったのである。

2　ヨーロッパにおける「アランタ」[5]の徘徊

一九世紀末から二〇世紀初頭にかけて、まさに現代の社会理論と民族誌が誕生したその時期に、アランタというオーストラリア先住民の研究は、ヨーロッパの知的世界で最重要な位置を占める位置にあった。実際、この言語集団の研究に触発された研究は、現在の人文・社会諸科学の始祖のほとんど全てに行き渡っており、その著作群を一瞥するだけで、ほとんど「壮観な」という表現を使いたくなるようなものがある。

(1)人類学・民俗学・神話学・宗教学・哲学における反響

最初に公にアランタ民族誌に反応した一人は、人類学の始祖となるタイラー（Edward Tylor 一八三二—一九一七）であろう。一八七一年『原始文化—神話・哲学・宗教・言語・芸術および慣習の発達に関する研究』を著し、一八九六年にはオックスフォードの初代人類学教授となっていた彼は、一八九九年に「トーテミズムへの見解、それを奉じる幾つかのモダンな理論への特定的な言及」という短い論文を書いている。そのなかで彼は、トーテムの名により人々が分類されるも、それが婚姻を規制しないことの論拠にアランタ民族誌を用い、自説のアニミズム説との関係に触れている（Tylor, 1899: 147-148）。

そのタイラーの『原始文化』に感動し、ケンブリッジのトリニティカレッジで民俗学・神話学を修めたフレイザー（James Frazer 一八五四—一九四一）は、当時既に『金枝篇—比較宗教研究』（一八九〇年）の初版二巻本を出版していた。ところが、アランタ民族誌を得た後の一九〇〇年には、第二版三巻本を出版し、副題も「呪術と宗教の研究」と変更された。後に有名な図式となる、「呪術」は「宗教」を経て「科学」へと至るという、呪術進化論が加筆されることになったのは、この第二版からである。その後も一九一〇年には『トーテミズムと外婚制』全四巻を発表、一九一一年には『金枝篇』第三版を出版し、全一一巻にまで膨れ上がり、最後には全一三巻のシリーズにもなった。

フレイザーはフランスには大きな影響を与えなかったと言われる。だが、そのフランスでは、マルセル・モース(Marcel Mauss 一八七二―一九五〇)が、一九〇〇年の『社会学年報』で、アランタ民族誌を、「我々の知る民族学や記述社会学のうち最も重要な仕事のうちの一つである。社会や宗教組織について、彼らが我々に提供してくれた写真は、人類学が我々に提供してきたものの中で最も完璧なもののうちの一つである」と書いている(In Morphy,1998:15)。

またファン・ヘネップ(van Gennep 一八七三―一九五七)も、一九〇六年『オーストラリアの神話と伝説―民族誌と社会学の研究』を発表し、「太陽」「月」「火の起源」「婚姻規則の起源」などの項目において、アランタ民族誌に依拠し、後の一九二〇年の博士論文『トーテミズム問題の現状』に結実させた。

さらにはレヴィ＝ブリュル(Lucien Lévy-Bruhl 一八五三―一九三九)も、一九一〇年に、デュルケーム学派の集合表象を手がかりとした『未開社会の思惟』を執筆する際、やはりその資料にアランタ民族誌を用いて、考察を進めていたのである。

こうした反響がこだまする中で、デュルケームが『宗教生活の基本形態』を刊行した一九一二年は、偶然の一致として、特に興味深い著者たちがそれぞれ独立に論文を発表する年となったのである。

(2)一九一二年

その一つが、新雑誌『イマーゴ』に掲載された精神分析家フロイト(Sigmund Freud 一八五六―一九三九)の諸論文であり、彼はそこから一九一三年『トーテムとタブー』をまとめる。当時、世紀末のドイツでは、若者達の間でワンダーフォーゲル（渡り鳥）がひろがり、それが「ホルデ（群れ）」と呼ばれていた（上山一九八六：一二一―一三）。一九〇八年には、青年トルコ党による、アブドゥル・ハドミ二世への反乱が、トルコ革命からの近代化へと結びつく（エレンベルガー一九八〇：一二三―一二五）。こうした世紀末の光景の中に、アランタ民族誌が投入された結果、生み出されたのが、母を占有するための父殺しと、その象徴的代替としてのトーテム、というあの学説である。

また、フロイトほど明らかではないものの、ライプチッヒ大学哲学部に世界で初めて実験用に心理学研究室を開設する一方で、民族心理学を始めたヴント（Wilhelm Wundt 一八三二―一九二〇）も、『民族心理学―人類発達の心理史概論』（一九一二）の中で、「トーテム崇拝時代」を「原始人」の次ぎの発達段階と位置づけ、そこでアランタ民族誌を用いながら、トーテミズムの起源について、再解釈を施す試みをしている。個々の解釈ではかなり異なりながらも、この発達段階論におけるトーテミズムの位置づけは、その後の文化圏説を主張したシュミット（Wilhelm Schmidt 一八六八―一九五四）らの構想においても変わるところはない。

そしてこのヴントの下で一時（一八八六年）学んでいたこともあったのが、後の理論社会学の始祖となるデュルケームであり、この年に『宗教生活の基本形態』を出版する。デュルケームは、『社会分業論』（一八九三）当初から、ハウイット（William Howitt 一八三〇―一九〇八）とフィゾン（Lorimer Fison 一八三二―一九〇七）が一八八〇年に出版したオーストラリア民族誌に注目して、あらゆる類型の社会がそこから発生するような集合体として、それを「ホルド」と呼んで認めていた。それゆえ、アランタ民族誌は、デュルケーム社会学が、晩年に至って社会理論を一般化し、以って自らの社会理論が近代社会理論のみならず、一般社会理論であることを主張する上での試金石となったのである（山崎、二〇〇一：一三三―一四二）。そしてこの試みは、説得力を持ってマリノフスキー（Bronislaw Malinowski 一八八四―一九四二）やラドクリフ＝ブラウン（Alfred R. Radcliffe-Brown 一八八一―一九九五）といった、後のイギリスの社会人類学に受け入れられ、その後の人類学の一つの解釈モデルとなる。

例えば、後に心理機能主義的人類学の代名詞となるマリノフスキーは、同年、ロンドン・スクール・オブ・エコノミクスで学んでいる間、アランタ民族誌を経済的側面から再分析するという「インティチュマの経済学的側面」を、『エドワード・ウェスタマーク記念論文集』に寄稿していた。これは翌年（一九一三）の『オーストラリア・アボリジニの家族』の先駆けとなったのみならず、後の代表作『西太平洋の遠洋航海者』（一九二二）の分析視角の基礎を築くことになる。また後に社会機能主義的人類学の代名詞となるラドクリフ＝ブラウンは、オーストラリア先住民の基本的生活の一つを「ホルド」という定められた狩猟地域を占有する小集団と定義する（Radcliffe-Brown, 1930:34）[6]。

要するに、イギリスか、オーストリアか、ドイツか、フランスかを選ばず、ヨーロッパの、社会を対象とする諸学問間において、「アランタ」はその関心を共有する者たちのほとんどが知る、最重要な民族となっていたのである。

(3) 熱狂の前提

実際、マリノフスキーは一九一三年、『フォークロア』に寄せた「レヴュー」で、次のように書いている。「スペンサーとギレンの両氏のペンから来た全てが、人類学者には『特別な影響』を持っている！ 彼らの最初の著作が出版されてからというもの、人類学理論の全出版物のうち半分が彼らの作品に依拠してきており、十分の九が影響を受け、もしくはそれによって更新されたと言って、過言ではあるまい。親族と宗教、社会組織、未開信仰の諸理論にとって、オーストラリア大陸の中央及び北部諸部族は、計り知れぬ事実と情報の鉱脈であることを証明し続けてきたのである」(Malinowski1913:278)。

こうした著作群の再分析と解釈の対象となったのが、バルドウィン・スペンサーとフランシス・ギレンの最初の共著『中央オーストラリアの原住諸部族』に始まる一連のアランタ民族誌であった。それは同時に、人類学最初期の民族誌として、ヨーロッパの人文・社会科学の知識人に読解されたものであり、「アランタ」は、当時のヨーロッパ知識人の想像の共同体の中を、徘徊していたのである。

それにしても、オーストラリア中央沙漠地帯の一言語集団が、なぜにそれほど当時のヨーロッパ知識人を熱狂させたのかは、現在の人類学だけを見ていると、にわかには了解できない事態であろう。

この熱狂の前提には、当時、強大な影響力をもっていた社会進化論者ハーバート・スペンサー（Herbert Spencer 一八二〇―一九〇三）の記述社会学における進化論的ヒエラルキーがあったと想定される(7)。生物進化論のダーウィン(Charles Darwin 一八〇九―一八八二)の人類アフリカ起源説に対して、ヘッケル(Ernst Haeckel 一八三四―一九一九)のミッシング・リンクのジャワ起源説は、化石の発掘がヨーロッパ周辺に限られていた当時において、説得力を持っていた人類起源説の一つであった。この「人種」の進化論的ヒエラルキーにおいて、アランタを含むオーストラリア人は、フエゴ、アンダマン、ヴェーダらと共に記述社会学のヒエラルキーの中で「最低の人種の諸類型(Types of Lowest Races)」と位置づけられていたのである(Spencer ed1874)。そこに一八九一年、後に「ジャワ原人」と名づけられた人骨が発掘されたため、人々の関心は一気にジャワ周辺に向いていた。この進化論的な言説に乗った発掘資料のリアリティがあればこそ、ヨーロッパの読者はアランタ民族誌の中に、人類の謎を解き明かす鍵を発見できるものと期待しながら読み解くことができたのである。そこで、当時のデュルケームにとって、アランタ民族誌を社会理論へ包摂することが、近代社会学を一般社会理論へと開く上での試金石となったのである。

3　オーストラリア中央沙漠地帯における「アランタ」テクスト化の舞台

ところが、当時のオーストラリアにおいて、「アランタ」の存在は、それほど自明な集団ではなかった。そもそも、オーストラリア先住民は、方言も含めれば六〇〇もの言語があったと言われる。そのうちの一言語が、アランタ語であった。この単語がテクストに記されるのは、当時ルター派宣教師としてハンメルスバーグに派遣されたケンプ（H. Kempe ?—?）からである。

(1) 混成態

当時、ケンプは宣教師として、聖書翻訳のための『アロリンガ言語』を出版した（Kempe, 1880）。三年後、ケンプは「中央オーストラリア黒人の慣習」を書くが、そこでは、「彼らはまずもって自らを『エリラ』すなわち人間と呼ぶ」（Kempe, 1883:52）という自称に続き、「アルチラ（*Altjira*）」という名の「神」が与える子供の誕生から、死後の再生までの慣習を追う構成になっていた。

さらにこの三年後には、ケンプらの報告に基づき地方警官のクリシャウフ（Frierich.E.H.W.Krichauff ?—?）が「南オーストラリア、クリシャウフ山脈のアボリジニ、『アルドリンガ』もしくは『ムバンデリンガ』部族の習慣、宗教的祝祭その他」（Krichauff, 1890a（1886））やさらに翌年「アボリジニ、『アルドリンガ』もしくは『ムバンデリンガ』部族の更なるノート」（Krichauff, 1890b（1887））で、慣習や儀礼、言語などの諸側面を数ページ報告していた。

当時、カー（Edward Curr 一八二〇—一八八九）の発案によって初まった、全国的な先住民の単語収集もあり、言語間の共通性と差異から、過去の歴史が再構成されるのではないかと期待された。この時、収集者となった一人が、後にスペンサーの共著者となるギレンであり、当時は南オーストラリアのシャーロット・ウォーター電信所の技師であった。ギレンとワーバトン(R E. Warburton ?—?)がそこで呈示している約二一〇語は、テクストでは地域名から「シャーロット・ウォーター部族」として扱われている(Gillen & Warburton, 1886-1887 In Curr ed.:416-421)[8]。他方で、ギレンが居た電信所から約二五〇キロメートル北上した町アリス・スプリングス電信所は、現在の中央アランタたちが暮らしてきた場所だが、そこには当時、二人の別の電信所員がおり、単語を約一八〇語程収集して、「アリス・スプリングス部族」として扱っていた。

それゆえこの段階において、後に「アランタ」とされる人々は、言語や自称名詞、地域のいずれの指標も等価性をもっており、どの指標を用いるのかは、まだ定まっておらず、ぼんやりとした集団としてテクスト化されていたのである。

(2)初期報告

こうした状況が変化し始めるのがケンプの同僚、ルター派宣教師シュルツ(Louis Schulze 一八七八—一八九二)による「上流及び中流フィンク川のアボリジニ—土地の物理的・自然史的特徴に関する基礎ノートと彼らの慣習及び習慣」(Schulze, 1891)である。ドイツ語手稿からの翻訳で、全体を「土地」と「アボリジニ」と二部構成にし、後者をさらに「体型と病気」「心的能力」「性格」「社会生活」「家庭生活」「政府」「宗教」「俗信と妖術」の八章で構成する仕方は、後の民族誌を髣髴とさせるものがある。

この報告で対象にしている地域は、ちょうど前に報告されていた「シャーロット・ウォーター」と「アリス・スプリングス」の中間にあたる。そこで、この土地に住む先住民が、八つのクラス体系からなる婚姻組みで形成され、自らを「ルリチャ」と名乗り、その北に住む「ウルプマ」とは識別しており、「チュリンガ」と呼ばれる祝祭を催し、「チュリンガ・アルクナノア」と呼ばれる石もしくは木の円盤をもつが、それは老人たちや魔術師自身が化身した「アルチラ (*altjira*)」と呼ばれ、その歌詞は幾つかの古語や方言から構成されていることは分析されている一方で、割礼の祝祭は未だ見たことがない、とも書かれている(9)。

こうして、この段階になり、緩やかにではあるが、「上流及び中流フィンク川」の地域集団が、「ルリチャ」という自称集団と重なり、それが一定の言語と結びついていることがテクスト化されたのである。

(3) 探険隊

そこへイギリスで動物学を学んだ後にタイラーの助手を務め、オーストラリアにきてからはメルボルン大学生物学教授となったスペンサーが、一八九四年、ホーン科学探険隊の一員として、アリス・スプリングスの地にやって来たのである。この時、スペンサーは後々、長期に亘って文通をすることになる、イラムラ・スプリングスで騎馬警官をしていたコール (Ernest Cowle 一八六三―一九二二)、シャーロット・ウォーターで郵便局員をしていたバイン (Patrick Byrne 一八五六―一九三二)、アリス・スプリングスで先住民の特別判事と副保護官を兼任していたギレンの三人の人物と初対面している。このホーン探険隊で、人類学を担当していたのは、スペンサーの友人で、南オーストラリア博物館の館長を務めていたスターリング（Edward Starling 一八四八—一九一九）であった。ギレンは当初、彼から、アランタ語に通じる地元の人間として報告書への寄稿を勧められたのであった。

この報告書は一八九六年に出版される。『人類学』の巻となった第四部では、スターリングは端的に「人類学」の名の下で執筆している。「はじめに」から「喪」までの四五項の記述は、「アランタ」と「ルリチャ」の日常生活に重点を置いたもので、どちらかと言えば日常生活の個々の諸項目の観察記述であった。それに対して、ギレンの方は「アランタ部族に属するマクドゥーガル山脈のアボリジニの風俗と慣習についてのノート」の名の下で、「部族政府」から「水袋」までの二五項目の記述には、「割礼と下部切開儀礼」「クアパラもしくはコラボリー」の後に「聖なる祭儀」として「(a)食糧産出。インティチュマ」「(b)雨乞い」儀礼をあげ、また「火の起源」の項目で、遠い昔としてのドリーム・タイムス（*ülchïrringa*）が紹介されていた（Gillen, 1994 (1896) :185）。先のケンプやシュルツの「*Altjira*/ *altjira*」と、このギレンの「*ülchïrringa*」の語幹部は、当時、表記法が確定していないので、表現は別になっているが、これらは現在のアランタ語で「*altyerre*」と書いて「ドリーミング」と訳され、文脈により「世界の創造、その中の諸存在、その永遠の存在」「個人のドリーミング、場所に所属したドリーミング・ストーリー」「ドリーミングが属し、そこから来る場所」等を意味する（Henderson and Dobson (comp.), 1994:105）重要な概念である。つまりこの「ノート」は、当時、同時代の観察記述に集中していた人類学とは異なり、先住民の言語世界から、祭儀の世界を見るという事を実際にやってみせたのである。

この時、「アランタ」及び「ルリチャ」の自称は、スターリングの原稿（「地理的分布」）で、次のように書かれている。「私たちが出会ってきた原住民たちは、慣習的には、個々人のことを然々の部族、特に、名付けられ、定められた地理的境界をもつものとしては語らず、彼らの土地がある方位の名前で彼らを徴付けていた。それゆえ、この原稿では原則的に、またギレン氏の原稿では全て、扱われるアランタ部族の中では、北方の原住民はアルドリニャ、南方はウレワガもしくはウレワ、西にはアンディガリニャ、東へはアイェララもしくはイェララとして扱われる。その結果、私たちは時折、こうした名前が、別の部族の名前なのではないかとの印象をもたされ、本当にその幾つかは、様々な交信の中で、部族名として登場するのであるが、他方で、原住民は必ずしも同じ部族のメンバーではないと言及される。時には、彼等は重要な土地の特徴の名前を適用するので、アランタ部族のある男が、ララピンタ（フィンク川）のブラックフェロー［黒人］である、と聞くことは、珍しいことではない」(Starling, 1896:9-10)。ここで彼らに応答し得た者たちは、地域集団とも、言語集団度も截然と分離し得ず、あえて言えば、その時々に話を聞いた場所を中心とした状況依存的方位集団として捉えられてテクスト化されていたのである。

他方で、スターリングは既に、「付録I」で音素の表記法を、「付録V」で、ギレンとコールによって収集された「アランタとルリチャの言葉のリスト」を掲示している。それゆえここでは「アランタ」は、自称の一部ではあるが、自称はその時々の状況に結び付けられた相対的なものであることが多いので、あえて言語集団化してテクスト化されたという事情が見て取れよう。そしてこれが、現在の研究から言っても、かなり定説に近い報告なのである。

(4)アランタ民族誌

この調査で、生物学の担当であったとはいえ、既にフィゾンに会うなどして人類学への素養があったスペンサーは、探険隊の報告書を編集したのち、アリス・スプリングスに取って返し、一八九六年から翌一八九七年までギレンの紹介で儀礼に参加し、初の共著となる『中央オーストラリアの原住諸部族』を執筆する。

それは、「アランタ」の他、ルリチャ、カイティシュ、ワラムンガ、イルピラ、イイウラ、ワーガイ、ビンゴンギナ及びワルビリを含む数部族が考察の対象となっており、一冊の書籍の中で諸部族の比較から慣習の起源などが推察されるという、その後にはあり得ないような形式の民族誌であった。先の『ホーン科学探険隊報告書』では、頁数から言えば、スターリングの原稿が一五七頁、ギレンの原稿は二六頁と、六倍近く違うにも関わらず、後の民族誌には、ギレンの執筆した諸項目がほとんどそのまま取り込まれて、全体で六七一頁もの分厚い民族誌へと更新された。

そこに、次のように書かれている。「もしアランタ部族を例にとるなら、原住民たちは、数多くの小さな地域集団のうちに分散しており、それぞれの集団は、与えられた土地の区画、原住民には良く知られた境界を占めているか、所有していると思われる」(Spencer & Gillen, 1938 (1899) :8)。こうして「アランタ」は、自称と言語集団と地域集団が、緩やかに重ねられた自生的集団としてテクスト化されたのである。そうした自生集団に対して、スペンサーとギレンは、後の参与観察を示唆する次のような言葉も記している。「[慣習の変化について] 私たちが言える唯一のこととは、祝祭が行われる間、原住民たちを注意深く観察し、できるだけ彼らの感情のうちに入り、彼らのように考え、さしあたり、彼ら自身になろうと努めた後では、一人、二人の最も影響力を持った男たちが、ちょっとした変化、重要なものであったとしても、その導入の適否を決めたなら、これにより変化の導入が承認され、実践されることは、きわめてあり得ることであるという結論に達することになった」(Spencer & Gillen1938 (1899) :12)。

こうして自生集団「アランタ」への参与観察的接近が論じられるのだが、この像の中に囲い込まれ、後に様々な著者たちから何度も解釈の対象となったのが、「増殖」儀礼としての「インティチュマ」であった[10]。

前著が好評を得たことから、スペンサーとギレンは、一九〇〇年にも共同調査を行い、『中央オーストラリアの北部諸部族』(一九〇四) を執筆する。ここでも対象となったのは「諸部族」であり、「今日に至るまで、大陸中央部のマクドゥーガル山脈とカーペンタリア湾の間に横たわる広大な土地に住まう諸部族の組織、慣習、信仰について、公刊された信頼に足り詳細に亘る説明はなかった。実際、彼らの慣習については何も知られておらず、彼らの組織について公刊された説明は、私たちの先行研究に見られる短い概説を除けば、大変誤解を招くものであり、それらはこうした諸部族を女系の『クラス』の出自として表象している。オーストラリア原住民における、このギャップを満たすのが本書の一目的である」(Spencer & Gillen, 1997 (1904) :x)。こう述べられているように、『中央オーストラリアの北部諸部族』では、部族の社会組織とトーテム儀礼に特に頁数が割かれた。

これらが一九二七年に、スペンサーとギレンの『アランタ』という単一民族の民族誌になるのは、現地で一八九六年以来、ルター派宣教師として暮らしていたストレロー(Carl Strehlow 一八七一―一九二二)神父が『中央オーストラリアのルリチャとアランダ諸枝族』(一九〇七―一九二〇)で、現地の言語により精通した者として、スペンサーとギレンの民族誌の不備を指摘したことによった。ここにその後の民族誌に頻出する、一民族としての「アランタ」のテクスト化が完成するのである。

(5) デュルケーム『宗教生活の基本形態』の依拠した資料

以上に述べた諸研究のうち、本章で対象とするデュルケームの『宗教生活の基本形態』がアランタ民族の解釈として依拠したテクストとは、上述のシュルツ、ホーン科学探検隊のスターリング、スペンサーとギレンの二冊の民族誌、そしてストレローの一九二〇年まで続く八分冊の書籍のうち、アランタの神話・伝承(I)とルリチャの神話・伝承(II)、及びアランタのトーテム儀礼(III)を取り上げた最初の三冊までであった(Durkheim, 1912=一九九一:一六六)。

4　基本形態の社会理論――人類学と社会学の関係を中心に

アランタ民族誌の生成を見てくる中で、①ヨーロッパで徘徊していた「アランタ」像が、地域集団なのか、自称なのか、言語集団なのか、方位集団なのかは「テクスト化」の中で徐々に整えられていったものであること、②その中に「ドリーミング」観念や「インティチュマ」儀礼が囲い込まれてきたこと、③そこへの接近法として後に参与観察として定式化される、言語習得と共感的接近法が強調されたこと、は確認できたであろう。人類学では、後にこうした自称「フィールドワーカー派」から「アームチェア派」が創り出され、それが「アームチェアからフィールドワーカーへ」という流れとして、学説史的に整理されることになる。ところが興味深いことに、人類学が「フィールド派」へと移行するまさにその時、社会学で、これらの民族誌を用いた社会理論の構築が開始されるのである。人類学者は、この当時において、現地の宣教師などからの手紙や報告で現地の様子を知ることが多かったが、まさにその位置に人類学者が赴き、かつての「アームチェア派」人類学者がいたその空席に、社会学の理論家が腰掛けたかのようである。

ということは、そこで、理論社会学者は、アームチェア派に投げかけられた、あの批判を、そのまま受け継ぐことを意味してしまうのではなかろうか。「ホーム・アンソロポロジスト[本国にいる人類学者]は、彼がその理論に用いている事実が得られた、そのやり方について決して多くは知り得ないのである」(Malinowski, 1913:279)。

(1)アランタ民族誌の舞台裏

まずはその民族誌生成の舞台裏を確認してゆくことにしよう。

デュルケームの著書の重要な資料が、スペンサーとギレンのアランタ民族誌にあったことは既に触れた。それは、ダーウィンが用意した進化論を、スペンサー[7]がジャワ周辺の起源論に読みかえ、ヘッケルが用意していたミッシング・リンクのジャワ起源説の期待に沿い、既にハウイットとフィゾンが出した成果に沿ったものであった。

ところでスペンサー自身は、メルボルン大学で生物学の講義をしていたが、この頃友人達と写真の技術を磨いており、後に民族誌写真のパイオニアとなる(Mulvaney, 1987 (1982) :viii)。実際、スペンサーとギレンは五百枚もの写真を撮影し、『中央オーストラリアの原住諸部族』には一〇〇枚もの人物写真を掲載している。ところがこの民族誌の枠内に呈示されたアランタ像の一枚は、意識的に、被写体のスカートが映らないようにトリミングされており(Spencer & Gillen, 1938 (1899) :501 cf. Vanderwal (ed.) , 1987 (1982) : 55)、いわゆる「文明」の痕跡が枠の外におかれているのである(**写真**参照)。その関連性で読むと、

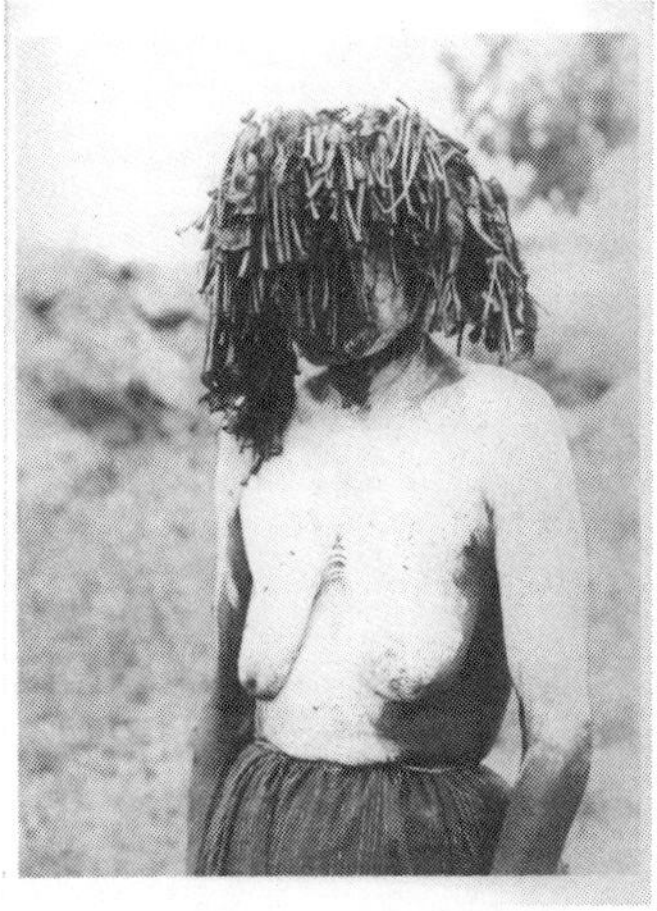

写真２　オリジナル写真

FIG. 100.—WIDOW SMEARED WITH KAOLIN AND WEARING THE CHIMURILIA.

写真１　提示された写真

写真３　採用されなかった写真

既に一八九五年、既に上下衣服を纏ったアランタ女性の写真を撮影しているが (Vanderwal (ed.) ,1987 (1982) :15)、周囲のアングロ・オーストラリアンを示唆する、こうした写真は彼らの民族誌写真としては採用されなかった事実は興味深いものとなる。

さらに重要なのは、こうした表象の枠の外で取り交わされていた舞台裏でのやり取りである。スペンサーとギレンのアランタ民族誌は、一八九六年一一月からはフィゾンとの文通により、一八九七年七月からはフレイザーとの文通により、一八九八年の二月からはハウイットとの文通により、単にフィールドからの報告を伝えるのみならず、フィールドに赴くスペンサーとギレンの観察の焦点を何度も微修正してきているようすが伺われる (Marett & Penniman (eds.) , 1932)。民族誌の枠の内に呈示された表象には、このようなヨーロッパ諸学者による舞台裏での下準備があったのであり、『中央オーストラリアの原住諸部族』はこうした諸交渉の結果として出版された混成物であった。こうした交渉の中で創られた「アランタ」像を、ヨーロッパでは人類の起源を解き明かす基礎資料として取り扱ってしまったのである。それゆえ、「アランタ」は自生的で自明な民族と言うよりも、ヨーロッパとの「テクスト化」の過程で誕生した民族であるという側面を拭い難いのである。

(2)デュルケーム理論の裏舞台

以上の経緯を踏まえるなら、デュルケームが当時自らの社会学理論を人類に一般化する上で対象としたのが、アランタの「社会」そのものではないことは明らかであろう。彼が社会理論の考察の対象としたのは、「アランタ」の「テクスト」そのものであった。思えばデュルケームは『社会分業論』や『自殺論』においても一貫して、テクスト化された社会を対象としてきたのではなかったのであろうか？

ならばデュルケームが行っていたのは、『社会学的方法の基準』に主張されたように、社会をもののように扱うことではなく、テクストを社会のように扱うことであり、社会はもののようにあったのではなくて、確かにものそれ自体（テクスト）だったのではないか。

しかし、次のような疑問はあり得よう。確かにデュルケーム理論の依拠した諸資料が、「最低の人種」という期待に沿うヨーロッパ諸学者による言説や彼らとの交流による結果だったと認めたにしても、それはデュルケームの解釈の統制外の条件であって、デュルケーム自身の責任に帰すことはできまい。理論はその範囲と方法に従って、過たずに説得的で生産的な主張を行えればいいのではないか、と。しかし、筆者の考えでは、理論化の過程でデュルケーム自身が自らの解釈のある側面を看過してきた責任があるし、さらに言えば、このようなテクストから社会理論を構築する姿勢の正当化こそが、自己認識のための理論にアクチュアリティを失わせてきた責任をもっていたのである。

まずデュルケームは『宗教生活の基本形態』の「第一編　前提問題」の第四章で、トーテミズムを基本宗教とし、「第二篇　基本的信仰」の第一章で、トーテムの「正常」を割り出す時に、「植物」「動物」「無生物」などの抽象的なカテゴリーで統計をとり、「正常」なトーテムを動物である、と析出することからトーテムの起源の推測に着手する(Durkheim, 1912=一九九一:一七八—一八三)。だが、アランタの語彙には、その他の諸民俗語彙と同様に(松井、二〇〇〇:七〇)、「動物」や「植物」などという明示化された範疇はなく、こうした範疇は、西欧語の翻訳的理解による、無自覚な「正常」の創造行為であった(11)。

逆にデュルケームは、「正常」な「基本形態」を析出するために、スペンサーとギレンが注意深く枠外においた、いわゆる「文明」の痕跡を捨象した民族誌に依拠し、気象や流行病との間で生じていた歴史的変化、移民たちとの間で生じていた社会問題、具体的にはアランタをめぐる洪水と旱魃(Kimber, 1996: 92-94)、流行病(Kimber, 1996: 94-96)、生態系の変化(Heppell & Wigley,1981:5)、先住民の殺害(Donovan, 1988: 87-89; Kimber, 1996:98-99)、ヨーロッパからの移民による鉱山や牧場での労働と性の搾取(Donovan, 1988:82-87etc.)の諸問題を一切捨象して、テクストから導かれ得た社会理論の構築に自足してしまう。

さらにデュルケームは、自らの社会理論の産出が成立する条件が、上述の世界的な移民や産業に示唆されるように、世界資本主義システムの中で生成しているという社会学的基盤には全く注意を払わずに、あくまでも近代の外部にあると想定された社会の理論化を課題としてしまうのである。そこでは、人類学者が報告してきた民族誌が、金鉱を目指してやってきたヨーロッパ移民、電信所、プロテスタント宣教師、写真などのモダニティの諸要素の産物であり、それらによって注意深くテクスト上に構成された「原住民」像であり、それがテクスト化された社会の産物であって、理論的充足がその他の社会問題を視野外のマイナーな現象として位置づけ、それらが自社会との直接・間接の関係性から生じていることを忘却してしまうのである。

(3)アランタ民族誌の歴史

現在では、ヨーロッパの読者が、期待したであろうような、「最低の人種」の役割を、「アランタ」のみならず、世界のどの集団も担えない。しかし上述したような経緯を見れば、実はデュルケームの当時から、人類学と社会学とが、未開と近代、南と北を対象とする対極的な学問であるという前提そのものが、ほとんど幻想という言葉を用いたくなる程、怪しいものであることが分かる。むしろ人類学も社会学も、あくまで「想像された」分業体制の中でやってきたのであって、それらはどちらも近代の中にあって共犯関係でしかなかったのではないかと、問うに充分なものがあろう。両者は両輪となって「近代」という時代を構成したのであって、人類学は近代の外にいたのではなく、社会学と共に近代の中にいたのである。

5　社会学のアクチュアリティへ

さて、理論社会学の最初から社会学と人類学とが、「近代」の中で密かに通底しており、あくまでその「近代」の内部での分業体制でしかないとすれば、私たちはどう考えれば良いのであろうか？　私たちは、「テクスト」を離れて「社会」に出よ、と考えるべきであろうか？「理論」を離れて「フィールド」へ出よ、と考えるべきであろうか？ しかし私たちが本章でみた、世界社会内での緊密なネットワークや、学問内での交渉、学問間での交渉は、今日益々盛んになっており、これらに依拠しない社会理論などあり得ない事であろう。

私がデュルケームの社会理論の誕生の経緯に関心をいだいたのは、この問題を考え抜くことから、自己認識を更新する糧を得たいと考えたからであった。そこで私はデュルケーム（彼に限ったことではないのだが）の『宗教生活の基本形態』を事例に、その死角の幾つかを指摘してきた。具体的には、①異文化に明示的に存在しない範疇の読み込みによる異文化の創造、②理論的関心が優位になるため、社会問題への関心がマイナー化されてしまう危険性、③そうした社会問題を、「フィールド」でのそれに閉じ込めてしまい、「理論」の足元との関連性を見失わせる可能性、などである。最後に、これらの諸問題を、潜在的社会学者になる私たちの現在に適応してみよう。

私は本章の冒頭で、二〇〇一年九月一一日に二機の旅客機が、ニューヨークの世界貿易センターのビルを崩壊させた事件に象徴される事態を契機に、こうした不測の事態に直面した社会学者が、近代社会のあり方と自らの社会把握の仕方に、揺さぶりをかけられることになったと書いた。しかしこのメディア・イベントの前提になったのが、あくまでもテレビによる表象に基礎を置いていたことは、ちょうど、デュルケームがその理論の素材に、テクスト化したアランタ像に基礎を置いていたことに等しい。それゆえ、そこには前述した①〜③の諸問題が、まるまる私たちの現在に突き刺さる。私たちは、あの事件を生成させてきた異文化に沿った見方をしてはいないし、「テロ」への関心はそれ以外の現地での社会問題をマイナー化させ、現地での問題が、私たちの生活世界と切り離された現象であるかのように表象されていることを、自明なものとして受け入れてしまうのである。実際、私のフィールド、アリス・スプリングスでは、そのメディア報道の枠内の表象に従って、粛々とアングロ・サクソンのクリスチャンが教会へと向っていた。だが、テレビ報道の枠外では、まさにその場所のすぐ南のパイン・ギャップにおいて、アメリカとの「共同防衛宇宙調査機構」(Donovan, 1988:289-293) と公称される施設が、中東からのスパイ衛星の情報を本国アメリカに中継していたという(12)。

社会学と人類学とは、デュルケームの当初から、通底していたとすれば、そこから私たちが構想すべきアクチュアルな事態とは、その対極性を見出すことではなく、そこに相補性を見出すことであろう。そして、表象を構成する事態が、連綿としてフィールドから理論の直ぐ足元まで直接間接に繋がっているとすれば、そこから構想すべきなのは、フィールドの現状から立ち上がって再帰する、より適切な社会理論との更新的な可能性のはずである。私たちは、社会学と人類学とが、この「帝国」とさえ言われる世界社会状況で、本当に豊かな関係を築くために、「フィールド」と言われる世界の最末端と、「ホーム」と言われる世界の中核との関係性から、近代の奥行きを問い直さなくてはなるまい。近代を語ることを自明視してはならない。何のための社会学なのか、何のための人類学なのか、何のための学問なのかを問わねばならない。この問いは再び、というよりは、何度でも、アクチュアルなものとして、我々全員の前に投げ出されて良いはずのものであろう。

注

(1)ダヤーンとカッツによれば、メディア・イベントとは「同時的にきわめて広範な注意を引きつける電子的メディアの潜勢力を用いて、ある時点で起きていることの根源的なストーリーを伝える、新しい物語のジャンルである。それらは、テレビを後光で包み、その視聴経験を変容させるイベントなのだ」(Dayan and Katz, 1992＝一九九六：一三)と定義される。

(2)デュルケームの学説の深い読解から、(小関、一九九八)は本書を『宗教生活の要素形態』、(竹沢、二〇〇一)は、『宗教生活の基本形態』、(山崎、二〇〇一)は、『宗教生活の基本的諸形態』と翻訳すべきであったことを提言しており、私もこれに従う。なお、本文では以下、本書を端的に『宗教生活の基本形態』とする。

(3)「民族」は、現在の文化人類学では、言語を中心とした諸特性と自己帰属意識との構築物として論じられる。なお本章で「部族(tribe)」「原住民(native)」「人種(race)」「黒人(blackfellow)」等を使用しているのは、あくまでも当時の文脈に添っての事であり、現在の日本の文化人類学の言説では、こうした術語はほとんど使用されていない。

(4)例えば、次のような挿話がある。「ある時、私が常に変わらぬ畏敬をもって見守っている、現在最も『社会的』な社会学者の一人となった友人が、『文化人類学は南北問題が解決したらもう終りじゃない？』と言ったのです」と、文化人類学が北と南の格差によって成立し、その学的方法が南のことしか扱えないという見方を紹介している(船曳、一九九八：一〇―一一)。

(5)「アランタ」と本章で一貫して表記している言語集団名は、英語ではこれまでArunta,Arandaと表記されてきたが、近年では Arrernte に統一されてきている。

(6)「ホルド」という単位は現在のオーストラリア民族誌では「幻想」視さえされている。

(7) 社会進化論のハーバート・スペンサーと、人類学者のバルドウィン・スペンサーは全くの別人であるので注意されたい。

(8) 本書の出版年は一八八六年であるが、同じ情報源が一八七八年に用いられていたという報告もある (Mulvaney & Calaby,1985:95) ので、今後の精査を待ちたい。

(9) (Kempe1883) に初出していた、この「*Altjira*」の翻訳史については、(Wolfe, 1991) 参照。また一八九一年、ケンプ (Kemp1891) は「マクドゥーガル山脈におけるアボリジニ言語の文法と語彙」を書いているが、そこでも地域名と言語の結びつきしか見られない。

(10) 現地の植物学者 Peter Latz は、アランタの各トーテムの生を更新するという意味で、インティチュマのような儀礼を「更新儀礼 (maintenance ceremonies)」と呼んでいるが (Latz, 1995:69)、当時、スペンサーとギレンが、それを「生産 (producing)」「増殖 (increase)」という、一方向的な増進の側面に捉えられた命名をしていたのは、時代を反映しており、興味深い。

(11) 私は、語彙がないから、範疇も実在しないとは主張していない。実際、認識人類学ではこの領域を、カヴァート・カテゴリーと呼び、優れて論争的なアリーナの一つとなっている。それゆえ、デュルケームの解釈は、解釈の「一つの」可能性にすぎないのであり、デュルケームがこの論拠から何度もその後に他の推測の論拠に出来るような (Durkheim, 1912= 一九九一：二七九、二八四、四二二 など)、誰にとっても自明な論拠ではない。むしろ逆に、スミス (Smith, William Robertson, 1846-1894) との関連で、「動物」を典型としたかった論拠なら見つかるのである (宇都宮、一九九八：一〇―一二)。なお、デュルケームの理論と、スペンサーとギレンの民族誌との特定の関係については (Morphy1998) 参照。

(12) 現地では、当該施設は、端的に「宇宙基地」と呼称されているが、施設内で働いているアメリカからの職員は、施設外では普段着で居なければならず、施設内での労働内容を口外してはならないことになっているので、この新聞報道がなされた後には、投書欄にその報道を違法行為であると批判する手紙も投書欄で紹介されていた。

文献

Donovan, P.,1988,*Alice Springs :Its History and the People Who Made It*, Alice Springs: Alice Springs Town Council.

Durkheim,É.,1912,*Les Formes élémentaries de la Vie religieuse:Le système totémique en Australie*, Paris:F.Alcan.（一九九一年、古野清人訳、『宗教生活の原初形態』上巻、岩波書店）

Ellenberger,H.F.,1970,*The Discovery of the Unconscious: The History and Evolution of Dynamic Psychiatry*, New York: Basic Books.（一九八〇年、木村敏・中井久夫監訳、『無意識の発見―力動精神医学発達史』下巻、弘文堂）

船曳建夫著、一九九八年、「序 文化人類学をすすめる理由」、船曳建夫編『文化人類学のすすめ』筑摩書房。

Gillen,J.F. and R.E.Warburton,1886-1887,"No.38 — Charlotte Waters Telegraph Station", in: E.M.Curr(ed.) ,*The Australian Race: Its Origine, Languages, Customs, Place of Landing in Australia, and the Routs by Which It Spread Itself over That Continent*, Melbourne:Ferres.

Gillen, F.J.,1994(1896),"Notes on Some Manners and Customs of the Aborigines of the McDonell Ranges Belonging to the Arunta Tribe", in: B.Spencer(ed.) *Report on the Work of the Horn Scientific Expedition to Central Australia:Part IV Anthropology*,Bunderberg:Corkwood Press

Henderson, J. and V. Dobson (comp.),1994, *Eastern and Central Arrente English Dictionary*, Alice Springs: IAD Press.

Heppell, M.and J.J.Wigley,1981,*Black Out in Alice: A History of the Establishment and Development of Town Camps in Alice Springs*, Canberra:ANU Press.

Kempe, H.,1880,*Alloling Angaxa*,Adeleide:Government Printer.

Kempe,H.,1883,"Zur Sittenkunde der Centralaustralischen Schwarzen", *Mittheilungen des Vereins fur Erdkunde zu Halle*.

Kempe,H.,1891,"A Grammar and Vocabulary of the Language Spoken by the Aborigines of the MacDonell Ranges, South Australia", *Transaction and Proceedings and Report of the Royal Society of South Australia*,Vol.14

Kimber, R.G.D.,1996,"The Dynamic Century Before the Horn Expedition: A Speculative History", in: S.R.Morton and D.J.Mulvaney (eds.),*Exploring Central Australia: Society , the Enviroment and the 1984 Horne Expedition*, Chipping Norton: Surrey Beatty & Sons.

Krichauff,F.E.H.W.,1890a(1886),"The Customs,Religious Ceremonies,etc., of the "Aldolinga" or "Mbenderinga" Tribe of Aborigines in Krichauff Ranges, South Australia", *Proceedings of the Royal Geographical Society of Australia*, South Australian Branch.

Krichauff,F.E.H.W.,1890b(1887),"Further Notes on the Aldolinga," or "Mbenderinga" Tribe of Aborigines",*Proceedings of the Royal Geographical Society of Australia*, South Australian Aldolinga,Branch.

Latz, P.,1995,*Bushfires and Bush tucker:Aboriginal Plant Use in Cerentral Australia.*, Alice Springs: IAD Press.

Malinowski,B.,1913,"Reviews:Across Australia. By Baldwin SPENCER and F.J. GILLEN", *Folk-lore*,Vol.24.

Marett, R.R. and T.K.Penniman (eds.),1932, *Spencer's Scientific Correspondence with Sir J.G. Frazer and Others,* London:Oxford University Press.

松井健著、二〇〇〇年、「認識人類学からみた方言語彙」、室山敏昭編『方言語彙論の方法』和泉書院。

Morphy,H.,1998,"Spencer and Gillen in Durkheim: The Theoretical Constructions of Ethnography", in: N.J.Allen,W.S.F.Pickering, and W.W.Miller(eds.), *On Durkheim's Elementary Forms of Religious Life*,London:Routledge.

Mulvaney, D.J. and J.H.Calaby,1985, 'So *Much That Is New' Baldwin Spencer, 1860-1929 A Biography*, Beaverton: Melbourne University Press.

Mulvaney,J.,1987（1982）,"Walter Baldwin Spencer" in: R.Vanderwal(ed.)*The Aboriginal Photographs of Baldwin Spencer*, Ringwood:VIKING O'NEIL.

小関藤一郎著、一九九八年、「訳者あとがき」、E・デュルケーム『デュルケーム宗教社会学論集』小関藤一郎編・

訳、行路社。

Radcliffe-Brown, A.R.,1930,"The Social Organization of Australian Tribes", *Oceania* Vol.1.

Schulze,L.,1891,"The Aborigines of the Upper and Middle Finke River", *Transactions and Proceedings and Report of the Royal Society of South Australia*,Vol.14(2).

Spencer,H.(ed), 1874, *Descriptive Sociology; Or, Groups of Sociological Facts*, New York:D.Appleton and Company

Spencer,B. and F.J.Gillen,1938 (1899),*The Native Tribes of Central Australia*,London:MACMILLAN.

Spencer, B. and F.J.Gillen,1997（1904）, *The Northern Tribes of Central Australia*, London: Routledge.

Spencer,B. and F.J.Gillen,1966(1927),*The Arunta: A Study of a Stone Age People*, The Netherlands:Macmillan&Co.

Starling, E.C., 1896, "Anthropology", in: B.Spencer(ed.) *Report on the Work of the Horn Scientific Expedition to Central Australia:Part IV Anthropology*,Bunderberg: Corkwood Press

竹沢尚一郎著、二〇〇一年、『表象の植民地帝国―近代フランスと人文諸科学』世界思想社。

Tylor,E.B.,1899,"Remarks on Totemism,with Especial Reference to Some Modern Theories Respecting It", *The Journal of the Anthropological Institute of Great Britain and Ireland*, New Series. Vol.1.

Vanderwal,R.(ed.),1987(1982),*The Aboriginal Photographs of Baldwin Spencer*, Ringwood:VIKING O、NEIL.

上山安敏著、一九八六年、『世紀末ドイツの若者』三省堂。

宇都宮輝夫著、一九九八年、「デュルケム宗教社会学の形成過程」『宗教研究』第七二巻第二輯三一七。

Wolfe,P.,1991"On Being Woken Up: The Dreamtime in Anthropology and in AustralianSettler Culture",in: *Comparative Studies of Society and History*, Vol.33(2).

山崎亮著、二〇〇一年、『デュルケーム宗教学思想の研究』未来社。

第5章　生活政治の社会学
――支援社会を求めて

今田　高俊

1　生きるということ――所有関心から存在関心への地滑り現象

人が生きていく上で抱く関心として、所有関心と存在関心の二つを区別することができる。所有関心とは、「持つこと」（ハビング）への関心であり、所得や財産や社会的地位・権力など、物質的な報酬あるいは地位達成を中心とする関心である。これに対し、存在関心とは「いかに在るか」（ビーイング）への関心であり、物の所有には還元できない生き方やアイデンティティや生の喜びを重視する関心である。人が生きていく際には、ウエイトの違いはあるものの、これら二つの関心が含まれる。物質的な豊かさが確保されていない時代には所有関心のウエイトが高いことは事実であるが、それでも存在関心が皆無というわけではない。

所有関心が支配的であるとは、物を持つことを価値や自己確認の拠り所とすることである。E・フロムは、所有関心と存在関心について、「持つ様式」と「ある様式」と表現し、前者が支配的になった産業社会の危険性に警鐘を鳴らした。彼によれば、「持つ様式においては、幸福は他人に対する自己の優越性のなかに、自分の力のなかに、そして究極的には征服し、奪い、殺すための自己の能力のなかにある」(Fromm, 1976: 訳 117-8 頁)。これに対し、存在関心は、「自分の能力を表現し、能動性を持ち、他人と結びつき、利己心の独房からのがれ出たいという欲求」にもとづいたものであり、他者との関係において、「与え、分かち合い、犠牲を払う」行為に、価値や自己確認の契機を見いだすことである(Fromm, 1976: 訳 142 頁)。

産業が高度化し、物質的に豊かな社会が実現したことは喜ぶべきことであるが、その結果「持つ様式」が自明の理とされて「ある様式」が軽んじられるようになり、生きる喜びを確認する生き方が損なわれてしまう。フロムは著書『生きるということ』でこのように診断を下して、新しい人間像と社会像への転換を提起したのであった。それは彼が『正気の社会』で試みた議論を、具体的な生き方の問題に適用するものであった。その主張はヒューマニズムに依拠したものであり、いささか理想主義的ではあるが、指摘された問題点は参考にすべきものがある。とくに、「持つ様式」からの解放のために、『正気の社会』でおこなった提案、つまり産業的・政治的な「参加民主主義」の実現を再度強調したことは、四半世紀余以前の時代においては新鮮味があった。

フロムのいう参加民主主義の具体的なイメージは、約五百人の構成員からなる数十万の対面集団を作り、これを討議と意思決定の常設の集まりとして、経済、外交、保険、教育、福祉の分野における基礎的な問題に取り組ませることにある。これらの集団は関連するすべての情報を与えられ、この情報を討議し、論点について投票する。そして、これらの集団の総体が「下院」を形成し、そこでの決定は他の政治機関の決定とともに、立法面で重要な影響力を持つようにする。情報技術の飛躍的な発展をみた今日、こうした制度の運用は、市民によるオンライン議会として、実現可能性は難くない。

私は、フロムのいう「持つ様式」からの解放と参加民主主義による政治は、本章のテーマである生活政治の原点になると考える。彼の議論は政治の在り方について理想主義的で、物質的利益でなく精神的満足を強調しすぎるきらいがあるが、生活政治の出発点としては意義のある問題提起である。たとえば、彼が指摘する具体的な処方箋として、①総合的計画を高度の分権化と組み合わせること、②科学技術の進歩を促進すると同時に人類にとっての危険（リスク）となることを防ぐこと、③快楽の動因の満足ではなく、福利と喜びを味わうことのできる条件を作りだすこと、④個人に安心感を与えると同時に、彼らが官僚制を当てにして養ってもらうことがないようにすること、⑤仕事における個人の創意ではなく、生活における個人の創意の可能性を回復すること、などがある（Fromm, 1976: 訳 231-2 頁）。これらは生活政治にとって重要な基礎となる。

さて、物の豊かさに渇望している時代には、所有関心が存在関心を凌駕するが、豊かさの下支えがなされると、両者のウエイトは相対的に存在関心の方が大きくなる。実際、現在では、日本を含む先進社会は物質的必要からかなり解放されている。必要なものは選択の対象になり、物質的な欠乏感に制約されることは少ない。物の生産と流通から情報と文化資源の生産と流通が主たる価値源泉に移行しつつある状況下では、アイデンティティの位相が「所有」から「存在」へと移行し、所有関心に基礎を持つ社会の仕組み――効率や合理性の追求――だけでは機能不全に陥らざるをえない。というのも、存在は普遍的で抽象的な認識に依拠した機能性によって支配されるのではなく、生きる「意味」によって問われるべきものだからである。

所有関心から存在関心への重心の移行は、豊かな社会の到来と脱工業化の波が世界的な規模で話題となった一九七〇年代後半より、静かにしかも着実に進んできたものである。R・イングルハートはそれをポスト物質社会の到来と呼び、物質的価値からポスト物質的価値への転換という「静かなる革命」が進行していることを強調した (Inglehart, 1977)(1)。いらい、今日に至るまで、脱工業社会、消費社会、ポストモダン社会、電子メディア社会など、さまざまに形容される社会論が提出され、近代の産業主義パラダイムではもはや時代の変化を適切に捉えられないとする指摘が数多くなされてきた。ポスト物質社会は、こうした議論の底流として存在する共通項であり、人々の価値観が物質的な生活満足の強調よりも、自己実現や生き甲斐や非拘束感など、存在としての生き方を重視する傾向が強まっていく状態を形容したものである。

ポスト物質的価値の高まりは、端的にいえば、価値観が「物の豊かさ」から「心の豊かさ」へと移行することにある。一九五八年から実施されている内閣府の調査「国民生活に関する世論調査」によれば、「物の豊かさ」よりも「心の豊かさ」を重視する人の割合は、一九七九年に「物の豊かさ」を抜いた。その後、八〇年代に所得格差や資産格差の高まりがあり、バブル経済が崩壊して九〇年代には長期の不況が人々の生活を襲ったにもかかわらず、「心の豊かさ」重視の基調は変わらず両者の差が拡大し続けている。そして、二一世紀に入って「心」志向は「物」志向のおよそ二倍になった(2)。生活が苦しい、やりくりが大変であるという状況が、「物の豊かさ」重視に向かわない。この事実は、多くを持つことより生き甲斐を求めたい、所有より存在が大事である、人生の意味や生きる値うちが重要である、といったポスト物質的価値の高まりがすでに定着していることの経験的証拠である。

ポスト物質社会への移行は、従来の所有への権利主張から存在への権利主張への転換を促す。A・メルッチによれば、かつて社会運動は経済的権利や市民権への要求を焦点にしていたが、一九八〇年代に入って、人間生活の基本分野である誕生、死、病気、環境との共生など、意義のある人間存在(生き方)への訴えを焦点とするようになった(Melucci, 1989, 訳 231 頁)。存在にかかわる自己決定には「差異への権利」が承認され、個人や集団の意味表出過程が自律的になることが必要である。しかし、現実は必ずしもそのようになっていない。これは存在が管理の対象になっているからである。たとえば、脳死、植物人間と安楽死、過労死、薬の投与や乱用による障害、公害病、ストレス障害などが、医療機関や法的機関により外的に決定され管理の対象となっていることに、それがみられる。近代社会では、効率的な意思決定、最適な手段、標準化など、複雑性や差異性の縮減が主たる関心事であり、同質性や確実性を高めることが重視されてきた。その結果、存在の意味確認がしばしば管理の対象となる。新しい社会運動は、従来の富の再分配、すなわち所有を巡って起きているのではなく、生きる意味が管理されていることに対する挑戦として起きている。

同様のことは、メルッチ以前にJ・ハーバーマスによって指摘された。彼によれば、従来の社会運動は富や権力など分配をめぐって展開されてきたが、一九八〇年代、その焦点は「分配問題」から地滑りを始めたという。新しい社会運動の火種は分配問題ではなく、生活形式の文法の問題にある。新しい社会運動は、「もはや物質的再生産の領域で燃え上がるものではないし、政党や組合の回路を通して誘導されることもない。……このような新たな抗争はむしろ、文化的再生産や社会的統合、社会化といった領域に生じて」いるという(Habermas, 1981, 訳・下412頁)。社会運動が富の分配問題から生活形式の文法の問題へとその重心を移行させていることは、所有関心から存在関心への移行を反映したものである。次節では、こうした社会的関心の変化を、高度成長期以降の政治変容との関連で議論してみよう。

2 等身大の政治へ

豊かな社会の実現をめざした高度経済成長の時代に、社会の焦点は階級イデオロギーから個人や集団の地位不安に移行し、政治形態も階級政治から地位政治へと変容した（今田、一九八九：一四〇―七頁）。高度成長の遺産は、保守対革新の構図を基礎とする階級政治を駆逐し、これに代わって、勝ち取った豊かさや地位を守る政治をもたらしたことである。そのきっかけとなったのが、「豊かな社会論」の到来と「イデオロギーの終焉論」であった。

イデオロギーの終焉論が含意する政治観は、革命的インテリゲンチャに代わって専門的・技術的知識を身につけたテクノクラートが取りしきる、政治の社会工学化であり、階級政治に代わる地位政治であった[3]。地位政治においては、階級イデオロギーではなく中流意識が社会の主要な関心事となる。中流意識は、政治と大衆とをつなぐ社会意識であるという点で、一種のイデオロギーといえるが、そのイデオロギー性は、水で薄められたコーヒーのようなものでしかない。

(1) 地位政治から生活政治へ

高度成長期には、生活水準の上昇や社会移動の増大等によって、階級が非構造化し多様な中間層が生みだされた。人々の意識は、獲得した地位を守ることに変容し、福祉制度の権益や業界、農民、商店主、専門職団体などさまざまな利害団体の持つ権益を維持することが政治の焦点となった。こうして、中流意識は、階級イデオロギーに代わる新たな社会意識となった。階級イデオロギーが階級政治の社会意識を代表するのに対し、中流意識は地位政治の社会意識を代表する。

しかし、こうした地位政治も変容を迫られることになる。その兆候は一九八〇年いらい中流意識にかげりが見え始めたことにうかがえる。地位政治のもとで蔓延した既得権益を守る利益指向型の政治は、諸階層に対して八方美人となるあまり、不公平の問題を社会生活の諸側面で作りだした。また、低経済成長を反映して、かつての政治や行政主導型の管理・計画の思想に対する限界が認識されるようになっている。人々の意識は、これまでの「成長発展」を中心とする政治や経済から、「生活の質」を求めるそれへと変わっていった。価値観の多様化にともなう生活様式の個性化、生きる意味など、勝ち取った豊かさや地位を守るだけでなく、いかに生きるかあるいはいかに意義のある生を求めるかという関心が高まっていった。

こうした変化にともなって、政治も地位政治から生活政治ないし生き方の政治へと移行せざるをえない。生活政治は「生活」に関連した政治であるとともに、生き方としての「生」にかんする政治である[4]。生活政治は、職業的地位、所得、財産などの地位志向よりも、家族の信頼関係や社会参加活動など自己実現やアイデンティティの確認がおこなえるような他者との関係を取り結ぶこと、すなわち関係志向の充実に焦点を当てた等身大の政治のことである[5]。

政治が自由主義や民主主義の実現など社会体制のあり方に関与するのは当然であるが、そのことが各人の生と生活という等身大の問題に環流するのでなければ意味がない。支持政党を持たない無党派層が多数派を占めるようになったのは、天下国家の議論が等身大の問題に環流する回路が形成されていないからである。あるいは、人々の関心が生き方に大きく移行しているにもかかわらず、等身大の問題が権益や地位の保全にとらわれているからである。

生活（生き方）政治の基盤となるのは、中流をめざした地位達成ではなく個性的な自己実現である。自己実現は物質的な満足を高めるのではなく、すでに達成された豊かさを自己のアイデンティティ確立のために利用することをあらわす。経済成長はかつて幸福に結びついたが、それは豊かさがある臨界値（限界水準）を越えるまでのことである。そこを越えると、物資から得られる満足感、幸福感は逓減してしまう。ポスト物質社会では、真に意味を持つのが物質的所有ではなく、人間関係の貧しさや葛藤から自由になって、生活を実りあるものにし、自己実現をはかることにある。

(2) 解放の政治から生活政治へ

こうした政治変容について、アンソニー・ギデンズは別の角度から議論している。後期近代における自己と社会の関係をアイデンティティの視点から議論した彼は、政治の変容を「解放の政治」から「生活政治」への転換として描く。解放の政治は生活機会の政治であるのに対し、生活政治は生活様式あ

るいは生き方の政治である。(Giddens, 1991:214)

解放の政治の特徴は、社会生活を固定した伝統や習慣の拘束から解放することを焦点とするだけでなく、搾取や不平等や抑圧を取り除くような権力や富の再分配、および正義や平等や参加の倫理的要求を実現することにある。これに対し、生活政治は、伝統の拘束や権力支配からの解放が進んで、行為の自律性が一定程度、確保された後にあらわれる要求に焦点を当てる。いわく、「生活政治は、脱伝統的な文脈における、自己実現の過程から生じる政治的問題にかかわる。ここで脱伝統的な文脈とは、地球規模の影響力が自己とは何かについての企てに入り込むとともに、逆に自己実現の過程が地球規模の戦略に影響を与える状況のことである」(Giddens, 1991: 214)。要するに、生活政治は地球的規模で自己実現とアイデンティティ形成にかかわる政治のことである。解放の政治とは異なり、その焦点は所有問題ではなく存在問題にある。したがって、この政治は「選択の自由と生成する力(変容能力としての力)」から生じる政治的な意思決定、自己実現を促進するような「道徳的に正当化できる生活形式を創造」すること、および「いかに生きるべきか」についての倫理を発達させること、を特徴とする(Giddens, 1991: 214-7)。

いかに生きるか(生活形式)の道徳・倫理問題が重視されるということは、人間の実存的な問いを政治の課題とすることである。ギデンズが生活政治の実質的な道徳的課題としてあげているのは、人類の自然に対する責任と環境倫理の原理、将来世代や胎児の権利と遺伝子工学の倫理原則、科学技術の革新と暴力行使に対する制限、個人の身体に対する権利と性別役割分業の在り方、および動物の権利である（Giddens, 1991: 227）。これらの道徳的課題が自己実現とアイデンティティ形成にどのようにかかわるのか明確に述べられていないが、富や権力など所有問題ではなく、生き方の意味ないし自己実現など存在問題にかかわることが確認できる。

私の考える生活政治はあくまで生活の質という発想に依拠して、これをポスト物質社会での主要テーマである自己実現やアイデンティティ問題に拡張して考えたものである。この点で、ギデンズの生活政治とはその背景を若干異にするが、存在と意味の問題に焦点を当てる点では同じである。

3 生活政治の骨格

(1) 生活政治とは何か

生活政治への転換は計画や管理の思想に対する生活リアリズムからの挑戦としてあらわれた。生活に付加価値をつけ、生きがいを求めるという意味充実の要求が、立身出世や物の豊かさに取って代わりつつある状況を反映したものである。一方に、産業社会の機能優先の社会システムが厳然とあり、他方でそのシステムから侵略され植民地支配を受けてきた生活世界からの反撃がある。生の意味の充実要求をどう支援するかが生活政治の課題であるが、いまはまだそれにふさわしい制度を見いだせていない状況にある。

かつて階級政治から地位政治への転換によって、労働組合の組織率が急速に低下していったが、現在の無党派層の急速な増加は地位政治から生活政治への転換を予兆する。政治はまだこの点を十分に自覚しておらず、感覚的な認識の段階にとどまっている。しかし少なくとも、民意の分岐点は、保守対革新から生活リアリズム、生の充実にいかに敏感であるかに移行している。政治の有効性はこうした考え方を汲みあげ、支援する制度や政策をどれだけ打ちだせるかにかかっている。そういう政治でなければ、国民からの支持の調達は困難であろう。生活リアリズムに準拠した生活政治への転換がどのように進むかを見きわめることが重要である。

生活政治とは、一般的にいえば、人間関係を重視することで自己実現とアイデンティティの確立を支援する政治である。こうした政治への転換は、人生の意味と目的を渇望する要請に対応できるものでなければならない。

生活政治の特徴として私が考えるポイントは、存在(意味)のカテゴリーを政治の課題として取り込むことである。生活政治は見方を変えれば、意味(存在)にかんする政治である。このように主張するからといって、物質的な問題や所有問題を無視してよいというわけではない。「人間パンのみにて生きるにあらず」といえども、事実としてパンは必要である。だからといって、人間は物質的目的以上のものによって動機づけられることなどないと考えるのは問題である。薬物使用、生きる値打ちの喪失、地球環境破壊、家庭や学校での暴力やいじめ、アルコール中毒などの病理現象を物質主義によって解消することは不可能である。人間の本質に根ざした意味的な接触が問題である。要は、存在や生きる意味を、曖昧模糊として信頼のおけない概念として一蹴できない現実を正しく認識することである。そして、意味の追求を阻害している状況から抜けだすための処方箋を構築することである。生活政治として私が考える特徴は以下の四点にある[6]。

(2)差異への権利と自己決定

第一に、生活政治とは人々の自己実現をめざすことを主たる課題とし、このために、生活様式あるいは意義のある存在について、差異への権利と自己決定を確保する政治のことである。

存在にかかわる自己決定には差異への権利が承認されなければならない。存在とは、意味によって自己をあるがままに表現し確認すべき対象であるが、成果主義に走ってきた近代社会は存在の意味確認をもしばしば管理の対象とにしてきた。このことは、近代社会がシステム制御による管理を所有にかかわる生産や行政の場を越えて、存在にかかわる情緒関係や性、健康、出生、死などの領域にまで浸透させるようになったことにみられる。メルッチがいうように「多様性を認め、個人の差異に対して敬意を持つことが連帯と共生の新たな定義へと向かう第一歩である。」(Melucci, 1989, 訳 232 頁)。社会的連帯と共生を確保していくために多様性を認め、個人の差異に対して敬意を払うこと。これが生活政治のポイントである。

この点にかんして、マイケル・ラーナーは「意味の政治」として別角度から議論している。彼によれば、人生の意味と目的に餓えているアメリカ社会の現状——シニシズムに陥った状態——から抜けだすための政治的処方箋が必要であるという。利己的で物質主義の価値倫理は結果指向という狭量な世界観を強いており、人々は相互不信と孤独に陥っているとして、次のように述べる。「われわれは、他人に認められ、成果や所有物によってではなく、われわれ自身をいつくしみ、利己心より重要で高邁なことに関心のある人間として認知されることを望んでいる。また、世間に蔓延している個人主義と利己主義を乗り越えることができる、意味のコミュニティ、つまり人生に高貴な目的を与えてくれる倫理的精神的な枠組みを提供してくれるような意味のコミュニティを渇望している」と(Lerner, 1996: 4)。

ラーナーのアイディアを借用すれば、生活政治は政党間の権力闘争ではなく、人々の公的生活を結びつける政治である。経済生活を組織する方法、医療や子どもの世話や物質的環境を組織する方法、居住地と地域社会を創造する方法、互いに打ち解けて交際する方法、知的・文化的・リクリエーション活動を構造化する方法などの公的生活についての政治である。こうした政治を国家の水準でおこなうのではなく、個人生活、他者との相互作用、仕事の世界あるいは消費活動、さらには社会改革に取り組んでいるボランティア活動など、個人・集団・地域社会の水準でおこなうことがねらいである。

生活政治のテーマには、愛と親密性、友情とコミュニティ、倫理的感受性と精神的自覚が含まれる。

これらは政治的リアリズムに欠けるとする議論がありうる。しかし、社会制度や活動の効率性を定義する際、富や権力をどれだけ増やしたかではなく、長期的で愛情と配慮に満ちた人間関係を維持できる人間をどの程度育成できたかによるべきであるとするラーナーの主張は、企業がフィランソロピーやメセナ活動を通じて社会貢献や地域社会との共生を試みていることからして、現実離れしすぎているわけでもない（Lerner, 1996: 56）。

生活政治の特徴は物質的な成果志向の政治に代わって、存在確認をベースとした関係志向の政治への転換をめざすことにある。生活政治にかんする提言として、ラーナーのいう「意味の政治学」のそれを参考にして掲げておくことにしよう。①完全雇用と週三十時間労働の実現、②持続可能な環境共生経済の構築、③労働組合が経済活動にかんする倫理報告をまとめて企業の社会的責任をモニターすること、④育児休暇や家族向けの娯楽や家庭問題を話しあう「家族の日」を設定するなど、ファミリー・フレンドリーな働き方を実現すること、⑤近隣の家族支援ネットワークを形成すること、⑥すべての人が週五時間の社会奉仕をおこなう制度を作ること、⑦税制緩和により非営利セクターへの支援と民主化を進めること、⑧社会指標にケアの体験を追加すること。これらの提言は、個別的には、さまざまな論者によってすでに指摘されたものであるが、成果志向と地位達成に偏向した競争社会に、関係志向と配慮による共生を組み込む視点がみてとれる。

(3)可変的なアイデンティティの機会

さて第二に、生活政治とは、固定的なアイデンティティではなく、状況に応じてアイデンティティの形を変え、再定義する機会を提供する政治である。

アイデンティティとは同一であること、他のものではなく自分自身であること、主体性、個性などさまざまに用いられるが、これらに共通しているのは統一された自己イメージである。つまり、それは一定の価値基準によって統合された自己の在り方を示す概念のことである。わかりやすくいえば、アイデンティティとは自己の存在確認であり、「私は何者か」という問に対する答えである。

近代の発想によれば、自己とは持続的なアイデンティティを持つ主体のことをいう。人間であるとは、確かな自己を持つこと、人生を通して同じであり続ける内的アイデンティティを持つことである。これまで長い間、統一されたアイデンティティ感覚を欠くことは、個人に悲劇をもたらすと考えられてきた。しかし、こうした考えは、次に掲げるような理由で、いまや疑問視されるようになっている。①急速に変動し続ける社会のもとでは、固定したアイデンティティは社会への不適応を引き起こす。②社会は価値観や生活様式においていっそう異質なものになってきており、限定されたアイデンティティでは、人との交わりや個人の発達が制約されてしまう。③現代社会においては、限定されたアイデンティティは社会的経験の乏しさを反映するものであり、幅広い多様な役割を果たすよう奨励されるべきである。

こうした考えは、自己は不変ではなく、状況に依存したものであることを示唆する。自己は決して完全には統一されないし、同じ状態を持続するものでもない。誰もが独自なアイデンティティの核を持つと同時に、多様な役割にあわせるために、ひとそろいの自己を持たざるをえないことである。現代の多様化し流動化した社会状況は、われわれが一貫したアイデンティティを持つことを困難にしており、自分という意識が碇を下ろすべき停泊地を見いだせず、アイデンティティの漂流を強いるようになっている。

近代社会では、目標達成に向けて自己チェックを怠らず、不断に努力する人間が求められ、アイデンティティもこの「標準モデル」に依拠して形成することができた。しかし、脱工業社会、消費社会、情報社会の登場を契機として、近代社会が前提としてきた解放、進歩、啓蒙、普遍的真理などの大きな物語が信頼性を失い、近代社会の無根拠性や偶然性が露呈することによって、こうしたアイデンティティ観はゆらいでいる。現代のような複雑な社会では、英雄や所属組織など特定のモデルや集合体にアイデンティティの基盤を求めることができず、絶えず自己を変えていく内的能力、その時々に自己アイデンティティを再定義する能力が求められる。

「物語的自己」という考えは、自己のこうした能力を捉えようとする試みのひとつである。そこでは自己は、人生のさまざまなエピソードが筋書によって統一的な物語に組織化される過程として捉えられる。アイデンティティは、筋書という一貫性を持った、しかし絶えざる修正をともなう物語として、時空間のなかに表現される。しかし、現代のような状況のもとで、そもそも人生の筋書そのものが存在するのかどうか、疑問である。人生は筋書のない物語であるといわれるように、筋書のないところに筋書を見つけていくのが人生である。

現代において求められるアイデンティティは、断片化を通じた統一性と変化のなかの継続性とを保証する、自由度の高い流動的アイデンティティである。アイデンティティは筋書によってプログラムされたものではなく、人の発達過程で、どのようなエピソードを体験したかによって自己組織化していくものである（今田、一九九八）。すなわち、自己の内部に非自己（他者）という形で不断に新たな自己を生みだし続ける過程、私でない私を産出する過程のなかで自己確認を試みる続けることである。人生の個々のエピソードは、その都度ひとつの出来事として意味を持つが、それは筋書のある物語のなかに統合されるというよりは、むしろ筋書にゆらぎをもたらす要因である。自己は自己の変容に言及しながら終生自己組織化を続ける。昨日まで自己であったものが、今日は非自己となりうる。それぞれの時点では、自己の同一性が存在するとしても、本当に連続性を持った自己が存在するのかどうかは疑わしい[7]。この意味で、アイデンティティ形成はマスタープランなき自己組織化といえる。それ故、生活政治は人々が常にみずからのアイデンティティを変容させることが可能な場と機会を提供することが重要である。

(4)「下からの政治」

第三に、生活政治とは、比喩的にいえば、「上からの政治」ではなく、「下からの政治」を重視することである。上からの政治とは、議会制民主主義にもとづいて権威を付与された政治＝行政システムがおこなう政治である。これに対し、下からの政治とは、議会や行政を通してではなく、これらに対抗する形での市民運動、専門家集団、ボランティア団体、ＮＰＯ・ＮＧＯなどの発言の機会と権利が増大して政治的影響力を持つことをあらわす。

現代社会はますます高度な技術＝経済システムに依存するようになっている。このため、議会での意思決定が空洞化し、科学技術の専門的判断に依拠せざるをえないことが多い。このため、テクノクラート（技術官僚）が実質的に意思決定の多くを担うことになり、政治の機能喪失と空洞化が起きる。こうした状況下では、従来非政治とみなされていたことが実質的に政治的な機能を担うようになる。とくにリスク社会では、リスク回避という目的を持った市民活動により新たな公共空間の形成がなされるようになる。高度に分化を遂げた機能社会はさまざまなリスクを抱え込むようになったが、そこでは不安の共有が個々人の連帯を可能にする（三上、一九九八）。ＮＰＯ活動やボランティア活動のネットワークは、こうした連帯感に支えられたリスク回避システムとして意義がある。リスク回避のための連帯と政治活動は生活政治の重要な側面である。

生活政治のこの側面については、近代の現代的位相をリスク社会として定式化するＵ・ベックの議論が参考になる。彼は、従来、政治的分野とはみなされなかった社会領域が政治と同様の機能を持つようになったことを指摘し、これを「サブ政治」と呼ぶ。臓器移植や人工授精など医療技術や遺伝子組替え技術の発展は、生命の尊厳や家族観に変容を迫り、新たな法律の設定を要請する。医療やバイオテクノロジーは、ほんらい非政治的な分野であるが、そこでの活動が政治的な影響力を発揮するようになることである。

ベックによれば、近代社会はもはや進歩と啓蒙を楽観視する状況にはない。彼は再帰的近代という概念を提出して、単純な近代における産業化が隠ぺいしてきた「副作用」――リスクの生産と分配――に焦点を当てる。再帰的近代の要点は、近代化が徹底することにより「近代性の自己加害」（副作用）として、リスクの生産と分配が進むことにある[8]。そのポイントは、「近現代社会の近代化がより一層進展すれば進展するほど、産業社会の基盤はますます解体され、浪費され、変化をこうむり、危機にさらされていく」ことにある（Beck, Giddens & Lash,1994, 訳 322 頁）[9]。自己加害としての再帰性は、日本語でいう「自業自得」にあたる。みずからの行為によってその報いを受けることである。「再帰的近代化とは、発達が自己破壊に転化する可能性があり、またその自己破壊のなかで、ひとつの近代が別の近代化をむしばみ、変化させていくような新たな段階である」（Beck, Giddens & Lash, 1994, 訳 12 頁）。そこで、ベックは再帰的近代が内包する自己加害作用を取り込んだリスク社会の政治問題を「不安による連帯」と「サブ政治」として提示する。

再帰的近代においては、社会は階級社会からリスク社会へと変質しているため、かつてのように困窮による連帯はもはや機能せず、不安による連帯に取って代わる。いわく、「危険社会の基礎となり、社会を動かしている規範的な対立概念は、安全性である。危険社会には、『不平等』社会の価値体系に代わって、『不安』社会の価値体系があらわれる。平等というユートピアには、社会を変革するという、内容的にも積極的な目標が多い。一方、安全というユートピアは消極的で防御的である」(Beck, Giddens & Lash,1994, 訳 75 頁)。要するに、不安の共有によって連帯が生じ、これが政治的な力となることである。

リスクに対する不安は、個々人の生活の安全に立脚したものであり、階級闘争のような被抑圧集団の解放に立脚したものではない。解放の政治の特徴は、社会生活を伝統や習慣の拘束から解放することを焦点とするだけでなく、搾取や不平等や抑圧を取り除くような権力や富の再分配、および正義や平等や参加の倫理的要求を実現することにある。これに対し、ベックのいうリスク社会は、安全という生活上のリスク対応に立脚している点で、生活政治の範疇に入るものである。

(5)支援に焦点を当てる政治

第四に、生活政治とは管理ではなく支援が中心となる政治である。生活政治にとって必要な社会の条件は、管理を主体にした社会システムから支援型の社会システムへ構造転換することにある。

近代社会は管理装置をこの世界に根づかせてきた。たとえば、社会の合理化過程としての官僚機構の拡大、生産性向上のための経営管理の導入、市場への行政的介入などがその例である。こうした管理装置の導入は、一方で豊かな社会の実現への舵取りに多大の貢献をなしたが、他方で機構による管理が肥大化して人々の自己実現を阻害するとともに、社会の活力を低下させる結果をもたらした。現在、求められているのは管理を前提としない政治はいかにして可能かを問うことであり、その戦略的概念として支援の導入が不可欠である。

管理ばかりでは、人間の活力や生活の質を高めることができない。物質的な豊かさの下支えがなされた今日、国民一人ひとりが自分の人生や生活に付加価値をつけたいと思うようになっている。政治行政がこうしたことに役立つ支援をおこなえば、行政の意義も再確認されるが、日本では行政は「お上」として、国民を管理する役割を担う機関だとするイメージが定着しているため、管理的姿勢からの脱皮がうまくいかない。

現在、管理機構のひずみや亀裂が集中的にあらわれている。管理教育のひずみ、許認可制度による民間活力の低下など、管理を中心とする運営法では、もはや活力ある社会を確保できない。意義のある人生や生活を築き上げるためには、管理に代わる社会の仕組みが必要であり、そのために支援の社会観の構築が不可欠である。

支援型の社会を考える上で注目すべきは、一九八〇年代以降、住民サイドから支援活動に対する自発的な取り組みがなされるようになったことである。とくに公益性の高いサービスの供給にかんして、行政に頼っていたのでは、順番待ちや煩瑣な手続きのために、必要なときにサービスが受けられないことが多く、サービスに対するニーズとその提供に時間的なミスマッチが発生する。かくして、行政に頼らず自分たちの力で対処する動きが出てきた。とくに九〇年代に入って、ボランティア活動やNPO（非営利組織）、NGO（非政府組織）による活動が高まった。これらの活動は、管理ではなく支援を、市民みずからの自発的な意志によっておこなおうとする動きである。ただし、その際、支援とは何か、どのようにあるべきかをきちんと考えないと、さまざまな混乱が発生する。

たとえば、阪神淡路大震災後のボランティア活動の高まりは、日本におけるボランティア元年を告げる象徴的な出来事であった。欧米流の神の使命としてのボランティアは、日本ではなかなか根づかず、ボランティアは「奇特な人」がおこなう活動というイメージが強かった。しかし、阪神淡路大震災の救援活動を契機として、ようやく日本でも神の使命としてではない形でのボランティア活動が定着する機運が高まった。けれども、当時、支援希望者が全国から馳せ参じたため混雑し、スムーズに救援サービスが供給されないという不都合が発生した。支援のためのボランティア活動それ自体は望ましいことであるが、その活動を効果的に支える仕組みがきちんと形成されていなかったために、好意を十分に活かしきれなかった。

問題は次のことにある。すなわち、そもそも支援とは何か、支援とはいかにあるべきか、そのノウハウはどのようなものか、を体系的に整理することである。管理についてはすでにさまざまなノウハウが蓄積されている。経営管理や行政管理の本が巷にあふれており、国民を管理する法律も六法全書を初めとして、判例も数多く蓄積されている。しかし、支援にかんするマニュアル集は現在のところ、ほとんどみあたらない。部分的には、市民活動、住民活動、リサイクル運動との関連で、支援の事例やノウハウに相当する書物が出版されているが、支援についての考えや枠組みを体系的に整備した書物や、事例・ノウハウ集は未整備である。

支援は利己的で成果志向的な弱肉強食型の競争社会を共生配慮型のそれへ転換するかなめとなるものである。支援は他者への働きかけとケアを前提とし、被支援者の意図を理解すること、およびその行為の質の維持・改善と能力強化がポイントである。生活政治にとって脱管理を通じた支援型社会への転換はとりわけ重要なテーマである。そこで、次節では支援について立ち入った考察を加えておく。

4　管理から支援へ

支援とは英語のサポート(support)の日本語訳であり、類似語に援助(aid)、手助け(help)、補助(assist)といった言葉がある。また、支援に関連する言葉は日常的に多用されている。行政分野でのＯＤＡ(政府開発援助)、福祉分野でのカウンセリング、学習支援、診断支援システムなど、あらゆる分野で「支援」という言葉があふれている状態である。しかし、支援は管理とは異なることは理解できるが、定義がきちんとなされていないため、どう違うのかが今ひとつすっきりしない。

また、支援のタイプについては、物（お金を含む）による支援、人による支援、情報（データ）による支援が区別されるし、またこれらの資源を用いた支援とは異なり、心の支え、精神的な支援というケースもある。さらに、表立って相手にわかるようにおこなう支援もあるし、それとは関係なく見えないところでおこなう、陰の支援もある。支援にはいろんなタイプが考えられるので、支援の類型を整理する必要がある。

そこで、まず支援の定義について考察してみよう。私は支援を次のように定義することにしている。すなわち、「支援とは、意図を持った他者の行為に対する働きかけであり、その意図を理解しつつ、ケアの精神を持って行為のプロセスに介在し、その行為の質の維持・改善あるいは達成をめざす一連のアクションであり、他者のエンパワーメントをはかることを通じて、みずからもエンパワーされ自己実現することである」[10]

この定義にあるように、支援とは、他者への働きかけが前提になる。そして支援される人の、意図を理解すること、行為の質の維持・改善、そして能力強化（エンパワーメント）がポイントである。したがって、自分で勝手に目標を立てて、効率よくそれを達成するという従来の行為とは大きく異なる。支援は、他者への配慮（ケア）が中心だからである。さらに、他者を支援することによって、みずからもエンパワーされ自己実現するというように、相互的になっていること、つまり支援とは相互実現でもある。支援することで支援者自身が人格的な強さを獲得する。

ボランティア活動は私的利益を得ることを主たる目的としないので所有関心に導かれた行為ではない。しかし、みずからもエンパワーされ自己実現するという点では、存在水準においてみずからを利する行為である。支援は「誰かのためにしてあげる」ことにあるというよりは、むしろ自分の人格的強さの獲得や自己実現のためにある。

自分が独自の目標を立ててこれを達成するということならば、みずからの責任において目標達成の手段やノウハウを決定すればそれで済むが、支援は支援者の目標が中心ではなく、被支援者のそれが中心になるため、被支援者の状況変化に応じて自分が変われなければ、支援はうまくおこなえない。支援は、ほんらい支援者と被支援者というセットで意味をなす行為である。そしてあくまで被支援者の行為の質の維持・改善がポイントであるから、支援者が相手への配慮を欠いて活動しても、被支援者がそれを望んでいない場合には意味がない。

以上のことを前提にして、支援に要請される条件をまとめておこう。

第一は、支援が成立するためには、あくまでも支援される人の意図が優先すべきであって、支援する人の目的がそれを上回ってはならないことである。つまり支援者は自分の目的や意図を前面に出してはうまくいかないことである。バブルの時代に、企業は社会貢献活動、メセナ活動、フィランソロピー活動を競っておこなったが、しばしば支援する側の意図が全面に出た。そのような企業に限って、景気が悪くなると支援を取りやめてしまう。

第二は、支援は押しつけであってはならないことである。行政府が住民サービスの提供として、たとえば高齢者施設を作った場合、それを使ってもらわなければならないという考えから、地区の老人クラブなどに動員圧力をかけることがある。これでは本当の支援ではなく、「余計なお節介、大きなお世話」である。また、日本は経済大国の責務を果たすために、アジア諸国に対して多額の政府開発援助を実施したが、援助金を出すばかりでそれを有効活用するノウハウをきちんと移転しなかったために、押しつけ援助といわれた。

第三は、支援者が常に自分の行為を変えていく柔軟性が求められることである。支援は自己中心的になってはうまくいかない。相手の立場に立って自分を変えることが必要である。支援される人がどういう状況に置かれており、支援行為がどのように受けとめられているかをフィードバックして、支援される人の意図に沿うように自分の行為を変える必要がある。

第四に、支援される人が支援を当てにして、自助努力を怠るようになっては、本当の支援とはいえないことである。つまり、自助努力を損なうような支援であってはならないことである。先進諸国がヒューマニズムの論理で、飢餓に苦しんでいる開発途上国に食糧援助、医療援助をおこなうケースがあるが、その度が過ぎると、援助依存体質ができあがって自力でことをなす能力が高まらない。安易なヒューマニズムは支援にはかえって邪魔になる。ヒューマニズムは人間の心に訴える力を持っており、慈善活動それ自体は賞賛されるべきことがらであるが、社会を運営する基本原理とはならないことを認識すべきである。支援はヒューマニズムに基礎づけられるべきものではない。

支援システムとは非管理型の組織作りをすることであり、この作業は個人に活力を与えるために重要な課題である。今後、政治行政は支援行政に変わるべきであり、市役所や区役所に生活支援課のセクションを設置する必要がある。こうした機運はかなり高まっており、住民の要望に応えるための「すぐやる課」が個別の自治体で設けられている——これは支援を基礎とした生活政治にかなう試みとして評価できる——が、全国規模ではまだ緒についたばかりである。役所の支援課へいけば、やりたいことのノウハウや情報が適切に入手できる、あるいはさまざまなアドバイスがもらえることになれば、行政に対する信頼も高まるだろう。行政は住民を管理するための機関ではなく、それ以上に住民を支援するための機関に変わるべきである。

現在、地位政治から生活政治への転換が必要な状況が訪れているが、政治分野においてこれが十分に自覚されているとはいい難い。かつて階級政治から地位政治への転換によって、労働組合の組織率が急速に低下していったが、現在の無党派層の急速な増加は地位政治から生活政治への転換を予兆している。もはや、民意の分岐点は、保守対革新や地位不安にあるのではない。生活リアリズム、生活の充実にいかに敏感であるかどうかにある。これからの政治の課題はこうした民意を汲みあげ、支援する制度や政策を打ちだすことにかかっている。生活リアリズムに準拠した生活政治への転換を推進

することが今後の重要な課題である。(二〇〇四年五月筆)

注

(1) なお、彼は精力的に国際比較調査を実施し、ポスト物質的価値が産業社会に浸透している経験的証拠を集めている(Inglehart, 1989, 1997)を参照。

(2) 一九五八年いらい毎年、一万人を対象に実施されている「国民生活に関する世論調査」(内閣府大臣官房政府広報室、二〇〇二)では、一九七三年より、これからの生活において重きを置きたい点を、「物の豊かさ」か「心の豊かさ」か、で尋ねている。この結果によれば、一九七五年までは「物の豊かさ」のほうが「心の豊かさ」よりも重要であるとする意識が高かったが、その後両者は拮抗状態を続け、一九七九年に「心の豊かさ」が「物の豊かさ」を上回ったのを機に、その後は「物の豊かさ」より「心の豊かさ」に重きを置きたいと答える人の割合が増え続けている。

(3) 地位政治という考え方は、ニューディール政策によって世界恐慌を克服し、経済的繁栄を享受していたアメリカ社会を特徴づけるために、R・ホフシュタッター(Hofstadter, 1964)とS・リプセット(Lipset, 1964)によって提出されたものであり、新中間階級を対象とした政治の在り方を議論したものである。階級政治が伝統的な左翼と右翼の争点である所得の再分配・対・現状維持に基礎づけられるのに対し、地位政治は「自分たちの社会的地位を維持・向上することを望む個人あるいは集団の恨み」にその基盤を持つ。また、階級政治を支える基盤が階級とそのイデオロギーであるのに対し、地位政治のそれは個人あるいは集団の地位不安である。階級政治とは、体制革命が起きることをいうのではなく、また革命によって社会主義体制になることをいうのでもない。自由主義資本体制のもとで、階級イデオロギーにもとづく労働運動が存在し、その調整を必要とする政治のことを意味する。

(4)ただ、生活という言葉は、家庭生活、勤労生活、コミュニティ生活など生活する場所との関連で用いられることが多く、本章の主旨である「存在の意味」や「生き方」としての側面が必ずしも正確に伝わらない面がある。したがって、後者の側面を強調する場合には、あえて「生き方の政治」と呼ぶ場合がある。
(5)私はかつて、本章で用いる生活政治とほぼ同趣旨の政治形態を「クオリティ政治」と呼んで、地位政治からの転換を議論したことがある(今田、一九八九:二一八—二〇頁)。クオリティ政治という概念は、生活の質を重視する政治という意味であるが、本章では生活の質という発想をより広げて、自己実現やアイデンティティの確保をも含めた政治の在り方をも射程に入れる。このためには、質(クオリティ)という言葉よりも生活(ライフ)のほうが適切であると判断されるので、生活政治(life politics)と改めることにした。
(6)ここで議論する生活政治の特徴は、今田(二〇〇〇a、二〇〇一:一五六—八頁)での議論を、さらに立ち入って展開したものである。
(7)三上剛史(一九九三、一二四頁)はこうした自己の存在様式を、「私は私でないことによって私である」と表現し、これをポストモダンな自己の本質とみなす。
(8)注意すべきは、彼が意識過程としての反省(reflection)と行為や作用の自己適用としての再帰性(reflexivity)とを明確に区別していることである。単純な近代に見られる反省理論(reflection theory)と再帰的近代における再帰性理論(reflexivity theory)とは異なる。単に反省するということではなく、それとは無関係に、人間が加えた作為がめぐりめぐって自己に跳ね返ってくること、すなわち自己言及作用により負の影響がみずからに及ぶことである。再帰性は負の影響が回帰してくる現象に限られないが、ベックは近代批判の視点として負のそれに意図的に焦点を当てるのである。
(9)訳の引用に際して、本書との一貫性を保つために、「省察」を「反省」に、「工業社会」を「産業社会」に変えてある。
(10)この支援の定義は、今田(二〇〇一、二八八頁)による。なお、支援の議論については、今田(一九九七、二〇〇〇b)も参照のこと。支援については、一九九三年にオフィス・オートメーション学会に設けられた支援基礎論研究部会での、およそ三年にわたる活動で得た定義をベースに私なりの観点から修正を加えたものである。支援基礎論研究会編（二〇〇〇）を参照。

文　献

Beck, U., A. Giddens & S. Lash, 1994, *Reflexive Modernization: Politics, Tradition and Aesthetics in the Modern Social Order*, Cambridge: Polity Press.（一九九七年、松尾精文・小幡正敏・叶堂隆三訳『再帰的近代化——近現代における政治、伝統、美的原理』而立書房）

Fromm, E.,1976, *To Have or To Be?*, New York: Harper & Row.（一九七七年、佐野哲郎訳『生きるということ』紀伊國屋書店）

Giddens, A., 1991, *Modernity and Self-Identity: Self and Society in the Late Modern Age*, Stanford: Stanford University Press.

Habermas, J., 1981, *Theorie des kommunikativen Handelns*, 2Bde., Frankfurt am Main: Suhrkamp.（一九八五—八七年、河上倫逸ほか訳『コミュニケイション的行為の理論』上・中・下、未来社）

Hofstadter, 1964, "The Pseueudo-Conservative Revolt", in: D. Bell（ed.）, *The Radical Right*, pp.75-95, New York: Doubleday Anchor Books.

今田高俊、一九八九年、『社会階層と政治』東京大学出版会。

——、一九九七年、「管理から支援へ——社会システムの構造転換をめざして」『組織科学』三〇巻三号、四—一五頁。

——、一九九八年、「アイデンティティと自己組織性——ポストモダン時代における自己」青井和夫・高橋徹・庄司興吉編『現代市民社会とアイデンティティ』梓出版社、二七一—九一頁。

——、二〇〇〇年a、「ポストモダン時代の社会階層」今田高俊編『社会階層のポストモダン』東京大学出版会、一―五二頁。

――――、二〇〇〇年b、「支援型の社会システムへ」支援基礎論研究会編『支援学――管理社会をこえて』東方出版、九―二八頁。

――――、二〇〇一年、『意味の文明学序説――その先の近代』東京大学出版会。

Inglehart, R., 1977, *Silent Revolution: Changing Values and Political Styles among Western Publics*, Princeton: Princeton University Press.（一九七八年、三宅一郎・金丸輝男・富沢克訳『静かなる革命』東洋経済新報社）

――――, 1989, *Culture Shift in Advanced Industrial Society*, Princeton: Princeton University Press.（一九九三年、村山皓・富沢克・武重雅文訳『カルチャーシフトと政治変動』東洋経済新報社）

――――, 1997, *Modernization and Postmodernization: Cultural, Economic, and Political Change in 43 Societies*, Princeton: Princeton University Press.

Lerner, M., 1996, *The Politics of Meaning: Restoring Hope and Possibility in an Age of Cynicism*, New York: Addison-Wesley.

Lipset, S. M., 1964, "The Sources of the 'Radical Right'", in: D. Bell (ed.), *The Radical Right*, pp.307-71, New York: Doubleday Anchor Books

Melucci, A., 1989, *Nomads of the Present: Social Movements and Individual Needs in Contemporary Society*, London: Hutchinson Radius.（一九九七年、山之内靖・貴堂嘉之・宮崎かすみ訳『現在に生きる遊牧民――新しい公共空間の創出に向けて』岩波書店）

三上剛史、一九九三年、『ポスト近代の社会学』世界思想社。

――――、一九九八年、「新たな公共空間――公共性概念とモダニティ」社会学評論、四八巻四号、六五―八五頁。

内閣府大臣官房政府広報室、二〇〇二年、『国民生活に関する世論調査』内閣府大臣官房政府広報室。

支援基礎論研究会編、二〇〇〇年、『支援学――管理社会をこえて』東方出版。

第6章　社会学と資本主義

——生活構造論の革新

室井　研二

1　はじめに

イギリスの理論社会学者A・ギデンズは、その処女作において社会学理論の源流を再検討する作業を行っている。取り上げられているのは、K・マルクス、M・ウェーバー、E・デュルケームの三人である。彼はマルクスの理論を準拠点として三者の学説を詳細に比較検討した後、「この三人の大きな関心が、近代「資本主義」の構造を、それ以前の社会形態と比較しながらその特性を叙述するというところに置かれていた」(Giddens, 1971 = 一九七四：九)との結論を導き出している。

当時はパーソンズ・パラダイムが全盛の時代であり、ウェーバーやデュルケームの著作も形式論理的な「社会秩序の問題」に即して解読される傾向が強かった。そのため、「資本主義」をキーワードとしたギデンズの古典解釈は当時の学界に少なからぬ衝撃を与えた。ギデンズのこの著作は社会学古典の読み方を軌道修正し、社会学の根本思想を問い直す契機をもたらした点で重要である。

しかしながら、社会学理論の源流を近代資本主義への問題関心に探ろうとするギデンズの見解が、その後、社会学の世界でオーソドキシーとしての地位を確立したかというと、そうともいえない。確かにパーソンズ・パラダイムは学界における影響力をその後低下させていくことになるが、他方で資本主義という概念に対する社会学者の集合感情には依然微妙なものがあるというのが現状である。

問題は、資本主義論の開祖であるマルクスの社会学史的な位置づけの難しさにある。ウェーバーやデュルケームは自らを社会学者と自認していたし、後世の学界においても彼らを社会学の始祖に数えることに異論はまず存在しない。しかしながら、マルクスは自身を社会学者とはみなしていなかったし、社会学の学問的ディシプリンの確立に努力したわけでもない。マルクスの影響力は広範に及んだとはいえ、彼の主要な研究成果は経済学に属すと考えるのが妥当な判断であろう。マルクスを社会学史の系譜に含めることに異論が少なくないのはそれゆえである。

また、社会学の創成期は学問領域の制度的分化が進みだした時期にあたる。そのため初期の社会学者たちは近代資本主義への関心を共有する一方で、経済学や政治学とは区別される社会学固有の研究領域や方法論の確定に固執せざるを得なかった。デュルケームやジンメルが政治経済学的な側面から独立した社会的事実の存在や社会関係の形式に執着したのはそのためであり、ウェーバーが自らの主著に『経済と社会』という表題を冠したのにもそれなりの理由があったわけである。

以上のような意味で、社会学にとって資本主義はきわめてアンビバレントな意味を帯びた概念であったといえる。社会学理論の少なからぬ部分は、マルクスの資本主義論を背後に意識しつつ、他方ではそれと自覚的に距離をとって、社会学固有の研究領域・方法を模索するという営為のなかで築きあげられてきたといっても過言ではない。

しかしそのようにして蓄積されてきた社会学の研究成果には、功と同時に罪もあるのではないだろうか。社会学の生誕から一世紀が過ぎようとしている現在、制度としての社会学はすっかり定着するに至っている。社会学の始祖たちが尽力した社会学のレーゾンデートルの確立という課題はそれなりに達成されたといってよいだろう。しかし、よくもわるくもディシプリンが確立されたことで、社会学は社会学の「外部」に目を閉ざし、全体として内向化の傾向を強めている印象を受ける。社会学的研究におけるリアリティの喪失が嘆かれる一因もその点にあるのではないか。リアリティを復権するためには、社会学は社会学の「外部」との関連においてどのような役割を果たしうるのかという問いに改めて立ち返る必要がある。

以上のような考えに立ち、本章では社会学にとって長く「外部」の中心であった資本主義の問題について検討する。社会学の歴史の中で資本主義はどのように解釈されてきたのか、二一世紀の今日、社会学は資本主義にどうアプローチすべきなのかが、ここで検討してみたい問いである。

2　マルクス

出発点として、マルクスの理論に今一度立ち返っておきたい。

マルクスが生きた時代（1818-1883）は、ヨーロッパが伝統的な社会から近代的な社会へと変貌を遂げつつあったまさに時代の過渡期にあたる。フランス革命は旧来の身分制秩序を一夜のうちに駆逐したが、その後各地で反動や復古の動きが再燃し、ヨーロッパの政治情勢は混乱をきわめた。イギリスの産業革命に端を発する経済の変動にしても、旧来の農民層や自営商工業者が近代的な工場労働者へと転身を遂げるまでにはかなりの時間を要し、またその過程で数多くの摩擦や矛盾が生じた。市民革命にせよ、産業革命にせよ、それが一定の安定した地歩を確立するのは一九世紀の後半になってからである。逆にいうなら、それまでの時期は進歩と反動をめぐって時代の価値観が激しく揺れ動き、混迷をきわめた状態にあった。資本主義に対するマルクスの問題関心はそのような時代状況の中で育まれたといってよい。彼が残した著作全体に通底しているのは、フランス人権宣言で謳われた「自由で平等な市民」という高邁な理念と、当時の工場労働者が置かれていた悲惨な生活状況、そのギャップをどう理解するか、という問いである。

この問題を解明するための手がかりとしてマルクスが依拠したのが、ドイツ観念論哲学であり、フランスの革命思想であり、イギリスの古典派経済学である。マルクスはこれら異質な知的遺産を独自に統合し、壮大な資本主義論を打ち立てた。以下ではその骨子を、「階級」と「生産」という二つの概念に準拠して要約しておきたい。

階級は、社会学の世界ではお馴染みの概念である。マルクス主義＝階級論という通念が成立しているといってもよいだろう。階級の概念規定をめぐっては数多くの議論が重ねられてきたが（この点については次節で触れる）、ここではそれを単純に、賃金労働市場における労使関係と解しておきたい。市民革命によって私有財産権が制度化されたことで経済活動の自由化、特に土地売買の自由化（「土地の商品化」）が進み、その結果、土地を売却した無産労働者が大量に輩出されることになった。彼らの多くは当時勃興しつつあった近代産業の工場労働者に転身し、そこにおいて雇う側（「資本家」）と雇われる側（「労働者」）という賃金（「労働力の商品化」）に媒介された新しいタイプの社会関係、つまり階級が形成されるようになった。

マルクスが階級を問題にしたのは、それが自由や平等といった市民権の理念と矛盾するようにみえたためである。資本家と労働者は、おなじく市民権を保障された市民ではあるものの、労働現場における力関係において対等ではなく、また往々にして両者の利害は対立する。とりわけ労働権が整備される以前の工場労働は過酷をきわめ、多くの労働者にとって労働は賃金を得ること以外に意味を見出せないものであった。当時の工場労働の実態や労働者の心理的葛藤については『資本論』第一巻第三篇やエンゲルス『イギリスにおける労働者階級の状態』に描かれているルポルタージュ、『経済学・哲学草稿』における疎外論に詳しい。

なお、階級の歴史的性格規定に関するマルクスの論述には矛盾が散見される。『共産党宣言』では階級は歴史貫通的な社会変革の原動力として描かれているが、『資本論』では労働契約制度と身分制の相違が強調されるといった具合に。この点については解釈が分かれるところであるが、筆者は資本主義社会における階級の歴史的特殊性を強調する立場に与しておきたい。すぐ後でみるように、マルクス理論の眼目は資本主義的生産システムの歴史的特殊性を剔出することにあり、階級もそれとの関連性において解される必要があると考えるためである。

「生産」は、「階級」と比べると、社会学の世界では知名度の低い概念である。その理由は、資本主義的生産に関する理論は経済学に属するというイメージが支配的だからであろう。実際、マルクスは「生産」をアダム・スミスに代表される古典派経済学の批判的再検討という形で論じており、そこで展開されている労働価値説や剰余価値論の数式に関する正誤判断は社会学の守備範囲を超えるものである(1)。しかし、なぜ資本主義的生産が問題なのかという根底的な問題認識そのものは、社会学にとってきわめて重要な意味をもつものである。

マルクスが『資本論』で目指したのは資本主義経済の「成長」のメカニズムの解明である。資本主義のもとでは商品の「過剰生産」が慢性化し、生産の側が消費に対して著しい自立性を帯びてきている。「需要と供給の均衡」仮説に立脚した古典派経済学ではこのような事態をうまく説明することができない。この点でマルクスが注目したのが、剰余価値（企業収益）の使われ方である。本来、市場における商品の生産は消費者の需要に応えることを目的としていたが、資本主義のもとでは企業収益の極大化が目的とされている。しかも、収益の運用は際限のない生産規模拡大に向けた「投資」が基調となっており、そのようなメカニズムが機構として確立することで、資本主義経済の史上例のないダイナミズムが生みだされている。

続いてマルクスが問題にしたのは、そのような経済システムに人間の労働生活が労働市場を介して構造的に組み込まれているということである。階級の問題もこのような脈絡において理解する必要がある。マルクスが階級に関して問題にしたのは、労使間の権力格差や利害対立だけでなく、利潤が投資以外の意味をもちえなくなった経済システムに労働市場そのもの（「資本家」も含めた）が従属しているという事態の異常性なのである。

マルクスは、資本主義の以上のような存立構造は「矛盾」を内包しており、必然的に「危機」を招来すると考えた。矛盾とは、生産性向上という資本主義の経済原則と労働・雇用問題の不調和のことである。資本主義が発展するにつれて市場競争はヒートアップし、個々の企業は競争に勝ち残るための企業努力を余儀なくされる。それは例えば、労働の強化（労働時間の延長、労働規律の強化）であり、生産過程の機械化（技術革新）である。しかし生産性向上を目したそのような企業努力は労働者の労働条件や雇用に関する要求と必然的に背反し、しばしばそれを犠牲にして追求されがちである。結果、経済の発展とは裏腹に必要雇用量は縮小し、大量の失業者（「産業予備軍」）が生みだされ、労働者は全体として「窮乏化」状態に陥る。マルクスがいう「資本主義の危機」とは以上のようなものであり、それが資本主義の成熟とともに慢性化することが主張されるのである。

マルクスは資本主義の存立構造を分析するだけでなく、それを変革することを目指した。理論は現実を描写するだけでなく、よりよい社会の実現に向けて現実を変えるための手段となるべき、というのがマルクスの信念でもあった。変革主体として期待されたのが労働者階級であり、目指すべきビジョンとされたのが社会主義である。社会変革論としてのマルクス主義（「史的唯物論」）は後にレーニンによって再解釈され、多大な政治的影響力を揮うことになった。マルクスの評価も革命や社会主義の功罪をめぐって争われることが多かったといえる。しかし筆者はマルクス理論の真価は史的唯物論ではなく、資本主義の存立構造に関する批判的分析にあったと考える[2]。経済（資本主義的生産）と社会（階級）の関係に関する既述のようなマルクスの理論的洞察は、後世の社会学においてどのように受けとめられていったのだろうか。以下では、社会学の分野でマルクス主義と最も直接的に対峙することになった産業社会論と社会階層論の研究成果に着目することで、この点について検討してみることにしたい。

3　産業社会論、社会階層論

産業社会論と社会階層論は第二次大戦後の高度経済成長期に隆盛をみた理論パラダイムであり、内容的にも相互補完的な一体性をもつものである。当時支配的であったパーソンズ流の社会システム論や構造・機能主義の考え方を方法論的基礎としており、マルクスとの関係でいえば、産業社会論は「資本主義」概念に対する、社会階層論は「階級」理論に対する、アンチテーゼとして位置づけることができよう。

産業社会論がマルクス主義的な資本主義概念を批判する論拠はおよそ以下のようなものである。マルクス主義では労使間の階級闘争が社会変動の基底的な原動力とみなされ、社会変動の概念も専ら資本主義から社会主義へという体制変革の意味で解される傾向があった。しかし、そのような想定は以下のような理由でもはや現実的妥当性を有していない。

第一に、労働市場の組織環境が変化したことである。二〇世紀の後半期には株式会社化に伴う「所有と経営の分離」や社内昇進制度が一般的に定着するようになる。それにより、マルクスの時代には明確であった資本家と労働者という二項対立的な階級図式が不鮮明になり、階級の現実的対応物を見出すことが困難になった(Bell, 1960＝一九六九)。また、団体交渉権を中心に一連の労働基本権が整備されたことで、労使間の利害調整は制度的手続きに沿った「交渉」を基調とするようになり（「階級闘争の制度化」）、階級間の「闘争」という見方も現実味を喪失するようになった（Dahrendorf, 1959＝一九六四）。

第二に、マルクス主義が標榜する「窮乏化」の予測とは裏腹に、二〇世紀後半の先進諸国には「ゆたかな社会」が到来した。ロストウが提起した「大衆消費社会」の概念が大きな反響を呼んだのは、先進諸国では大部分の人が基礎的な衣食住を超える消費を自由に行えるようになったという時代診断が多くの人の生活実感に訴えたからである（Rostow, 1960＝一九六五）。ゆたかさの意味については後に多くの議論が重ねられることになるが、いずれにせよ、学術的な論争以前に「ゆたかな社会」の到来を訴える常識論がマルクス主義的教説のリアリティを無効化したといえる。

以上のような考えに立ち、近代の社会変動を読み解く上で「資本主義」に代わって前面にだされるのが「産業化」の概念である。産業社会論とは、階級闘争に代わって、産業領域における技術的イノベーションに社会変動の主因を探ろうとする立場であり、富永の言葉を借りるなら、「技術の進歩が経済の成長をもたらし、経済の成長が社会の成長へと一般化され、社会の成長が社会体系の構造変動をひきおこす」（富永、一九六五：三〇〇）という見方のことである。資本主義と社会主義という体制間の相違も、経済社会の仕組みが全体として産業化へと向かっているという点では大差なく（＝産業化への「収斂」）、それゆえ産業化はこれら二つの体制を包括する上位概念として位置づけられる（Aron, 1962＝一九七〇）。

産業社会論には社会変動の捉え方という点で以下のような目新しさがあったといえる。

第一に、「趨勢的」変動という視点が導入されたことである。マルクス主義的な体制変革（「構造的」変動）とは区別される、量的指標によって把握することが可能なピースミールな社会変動の存在を指摘し、かつそれに明確な理論的位置づけが与えられたことで、社会変動論の裾野は広がり、実証的研究の精度も向上することになった。

第二に、「変動」の前提となる「構造」の分析において、マルクス主義とは明らかに異なった分析枠組が採用されたことである。上述したように、産業社会論が依拠する方法論的立場は構造・機能主義であり、社会システム論である。そこにおいて社会は、政治、経済、文化といった相対的自律性を有した多様な諸領域の機能的相互連関、つまり「社会システム」とみなされる。産業社会論が目指したのも産業化の条件と帰結に関するそのようなシステム論的分析であり、そこで提示された多元論的な分析の見取り図には、マルクス主義的な経済（資本主義）と国家（政治）の二項図式（通念的には、前者による後者の還元）にはない斬新さがあったといえる。

社会階層論は、以上のような産業社会論の知見を下敷きにして構築された、マルクス主義階級論に対するオルタナティブである。階級とは区別される階層概念の特徴は、第一に、社会的不平等がより多元的な観点から措定されていることである[3]。階級がもっぱら経済的要因（生産手段の所有・非所有）によって定義されていたのに対し、階層は経済要因に限定されない多様な社会的資源の配分構造における不平等として定義され、例えば、学歴（教育達成）、所得、職業威信といった複数の次元から測定される。多元的な見方が重視されるのは、資源の種類によってその配分構造は相対的な独立性を有しているとみなされるためであり[4]、とりわけ「ゆたかな」高度産業社会では、経済要因は階層化要因としての地位を低下させ、代わって文化的・消費的次元における差異化が重要性を帯びるようになってきていると想定されているためである（Crompton, 1993）。

階層概念の第二の特徴は、それが「社会移動」の概念とセットで定義されていることである。社会移動とは人々が世代内・間で行う社会的地位の移動のことである。近代社会の階層構造の開放性を背後認識として、もともとソローキンによって提起され、その後、リントンの「獲得的地位」、パーソンズの「業績主義」といった概念を摂取することを通してその意味内容や研究方法が整えられてきた。固定的に捉えられがちであったマルクス主義の階級概念に対する説得的な代替案であったといえる。

なお、社会移動研究にはミクロ社会学的なアプローチとマクロ社会学的なアプローチがある。前者は、個人の地位達成過程の分析に焦点をおいたものであり、ブラウとダンカンによってパス解析が導入されたことで大きな注目を集めるようになった（Blau and Duncan, 1967）。地位の達成過程における行為主体の能動性とそれを制約する構造的諸要因の解明が研究の主眼とされている。後者は、産業化が階層構造に及ぼす影響を主題とした研究である。産業化は階層構造の開放化を促すという背後仮説（「産業化命題」）のもと、移動表に基づいて階層構造の開放性が測定され、それが産業化の動態とどのような関連性を有しているのかが、主に計量データに依拠して実証的に研究されてきた。

産業社会論や社会階層論に通底しているのは実証主義への強い志向性であり、その観点からマルクスの理論の一定部分が説得的に反駁されていったといってよいだろう。研究の方法論の面でも、計量データの統計学的分析手法に長足の進歩をもたらされたことは正当に評価されるべきである。また、物質的生活水準の向上や新中間層の拡大といった二〇世紀後半に先進諸国で生起した社会的現実の変化が、一九世紀に構築されたマルクス主義の概念枠組を時代遅れなものにした面も確かにある。「資本主義」や「階級」といった言葉には何やら古くさいイメージがつきまとうようになったといえるだろう。

しかしながら、産業社会論、社会階層論がマルクス主義に関して疑義を呈したのはその社会変革思想に対してであり、資本主義的「生産」の問題については不問に付されていることはこれまでの論述で暗に示した通りである。問題は資本主義の概念をどう捉えるかに起因しているといえよう。資本主義の本質を階級闘争とみなすなら確かにそれは現実にそぐわなくなってきた。しかし前節でみたように、資本主義の本質をその際限のない拡大再生産のメカニズムに求めるなら、グローバル化の進展著しい今日の経済社会は資本主義の「終焉」どころかその「発展」として捉えた方が妥当である。そしてそのような市場経済の動向に依然として人間の労働世界が従属し、社会生活全般が翻弄されているのも経験的な事実である。このように考えると、産業社会論や社会階層論によるマルクス主義の乗り越え方には疑問符がつかざるを得ない。

また、構造・機能主義的な「実証主義」には、功と同時に罪の側面があったとみなすべきである。素朴な印象として、この方法論的立場に立った研究は、確かに手堅い分析が行われてはいるが、それは多くの場合現状の記述にとどまっており、「どうしてそうなっているのか」、「これからどうすればよいのか」の問いは禁欲されがちである。そしてそのような「実証」は、研究者が意図するしないにかかわらず、往々にして現状を追認、肯定する機能を果たしてしまう。そうであるがゆえに、マルクス主義の「実証的根拠の解体」を主張する構造・機能主義の論拠が、逆の立場からは「批判的理性の実証主義的解体」(Habermas, 1963 = 一九七五)として批判されることになるのである。

4　ポストモダンの社会学と資本主義

一九八〇年代以降、「ポストモダン」という言葉が広く社会に流通するようになった。もともと建築学の分野で使われだしたこの言葉は、その後様々な意味を付与され、拡大解釈されて、社会学の世界でも「ポストモダンの社会学」は一定の市民権を得るようになった。ポストモダン社会学の内部には様々なミニパラダイムが乱立しているため、それを一括りにして語るのは難しい部分もあるが、そこに通底している要素は明白であるように思われる。それは、実証主義に対する認識論的懐疑の高まりである。

社会学における実証主義批判にはそれなりの歴史がある。ウェーバーは社会学における客観性が「意味」の問題との対峙を余儀なくさせることを早くから指摘していたし、構造・機能主義パラダイムが台頭した時期には、それに対抗する方法論的立場として「意味学派」(現象学的社会学、エスノメソドロジー、ドラマトゥルギー、象徴的相互作用論など)がそれなりの影響力をもった。近年のポストモダン社会学は言語学的な認識枠組(ヴィトゲンシュタインの言語ゲーム論、レヴィ・ストロースの構造主義、フーコーの「知の考古学」など)を独自に摂取し、従来の主観主義的アプローチをより深化させたものといえる。

人間の社会や生活の成り立ちを自然科学的な客観性とはまた異なる観点からきめ細かに把握しようとする試み自体はきわめて意味のあることである。しかしながら、ポストモダン社会学には従来のパラダイムにはなかった問題点が見出される。それは、「社会」が論じられていないことである。これまでの社会学史を振り返るなら、マルクス主義と構造・機能主義の対立にせよ、あるいはこれらマクロ社会学的なパラダイムと「意味学派」の対立にせよ、そこで問われたのは方法論的な適切性だけでなく、各々の方法論に依拠して描かれた社会像の説得性であった。しかしながら、ポストモダンの社会学はモダンの社会学の認識論的根拠は批判するにしても、そのような批判がどのような社会像を生みだすことになるのかについては積極的に語られない場合が多い。極端な立場になると、社会の実在性そのものを否定するような論調も見受けられる(友枝、二〇〇六)。厚東が総括しているように、ポストモダンの社会学では「社会」は「文化」(記号)へと還元され、社会像は融解した(厚東、一九九八)。現実社会がますますグローバル化の様相を強めつつあるのと逆行して、社会学の理論的関心は全体として「内向き」になり、資本主義といった政治経済的局面への論及はまったく視野の外に置かれてしまったといってよい。阪神・淡路大震災や二〇〇一年同時多発テロは、そのようなポストモダン社会学の虚妄性を露呈させる象徴的な出来事であったといえるのではないか。

さて、以上のような反省をふまえて、二一世紀の社会学は資本主義の問題に対してどのようにアプローチすればよいのだろうか。この点に関して筆者が行う提案は目新しいものでもなんでもなく、ある意味常識的なものである。

第一に、研究のノルムとして戦略的に重視したいのが「環境」の問題である。これまで社会学において資本主義はもっぱら階級(闘争)論という形で論じられ、それが内包する「生産」システムの問題は素通りされてきた。資本主義のこの側面を社会学に内部化する手がかりを与えるのが、ここ二〇年ほどの間に普遍化の様相を帯びつつある環境問題であるといえる。マルクス自身は予見していなかったであろうが、資源・環境の臨界という問題は彼が論じた資本主義的拡大再生産の必然的帰結として解釈することが可能である。そしてこの生態学的外枠の限界認識こそマルクスの理論から今日的に摂取すべき点であり、またマルクス主義の教説を離れて、現代の資本主義研究の規範的な眼目とされるべきものである[5]。

しかしながら、地球環境問題やグローバル資本主義をただ大局的に論じるだけでは薄っぺらな評論に終わりかねない。視野を広くもつ一方で、社会学的研究に固有の方法論的な立脚点を定める必要がある。この点で参考にしたいのが、都市社会学における生活構造論の分析視角である。生活構造論にも諸説あるが、その本旨とされているのは「生活構造の自律性」である。それは、人々が自身の生活を意味づけ、組織していく際の準拠枠は、経済原則を基軸としたマクロな社会編成の論理から一定の自律性を有しているという理論的認識のことであり、そのような自律性の根拠や様態を階層的要因との関わりを視野に入れて実証的に解明することが目指される（鈴木、一九八四；玉野、一九八七）。このような分析視座を、資本主義的生産や階級・階層に関する研究領域の中にきちんと位置づけていくべきではないか。

このような主張を行うのは、これまでの資本主義論で決定的に欠けていたのが生活論であると考えるためである。例えば、マルクス主義では生活は労働領域に限定して捉えられる傾向があったし、社会階層論では計量データで明らかにされる側面だけに分析対象が限定される傾向があった。生活をトータルに把握するための指針という点で、生活構造の概念は示唆的なのである。なお、日常生活をどう捉えるかという点では、理論社会学における「意味学派」が残した遺産は無視できないし、それをマクロ理論と接合することを試みたハーバーマスやギデンズの理論、特にそこで示された「生活世界とシステム」（Habermas, 1981 ＝一九八五～一九八七）、「社会統合とシステム統合」（Giddens, 1984）といった考え方は、上述した生活構造論の問題意識ときわめて同質的なものである。なのに、あえて生活構造という和製概念にこだわるのは、ハーバーマスやギデンズの理論では行為主体の能動性は専ら意味論的な観点から問題にされ、階層的要因との関連性は視野の外に置かれているためである(6)。いわば、階級・階層論においては生活が不在であり、意味学派的な生活論においては階級・階層が不在であったわけで、この点を打開する糸口を生活構造論の研究成果に求めてみてはどうか、というのがここでの提案である。

生活構造論は階級・階層の概念を再考する上でも示唆的である。支配的な経済動向に対する「生活構造の自律性」という観点から社会層を再構成し類型化することは、それ自体、行為主体の「主体性」を社会的カテゴリーとして析出することを意味する。このことは、社会階層論の階層概念で見失われがちであった主体の創発性を、マルクス主義の階級概念とはまた違った形で再生させることになる。また、生活構造論において階層は地域という空間的な限定のもとに主題化される。そうすることで、階層の地域的な性格規定に対する理解が深められると同時に、従来の階層論では研究対象から外されていた階層と国家（政治・行政システム）の関係を具体的に捉えることができる。それは、「公共性」に関する議論の射程を広げるための実証的な素材を提供することにもなろう(7)。

繰り返すが、以上述べてきたことは別に目新しいことではなく、これまでに多くの論者によって指摘されてきたことである。しかしながら、往々にして見過ごされがちであり、あるいは「もうそんな考え古い」と切り捨てられかねない考え方でもあるように思う。筆者が強調したかったのは、社会学が政治学、法律学、経済学といった隣接する外部の学問領域との相互交流を保持しつつ、社会学としての研究領域の独自性や魅力を堅持するための手がかりは、今日も依然としてそのような「当たり前」で堅実な実証研究のスタンスにあるのではないかということである。二一世紀の社会学に求められるのは「ポストモダン」と称する新奇な概念や発想に飛びつく前に、今一度過去の遺産に真摯に立ち返り、その良質の部分を現代的に継承していくことではないか。ここで試みたのはそのような試論の一つにすぎない。

注

(1) マルクスの剰余価値論は後に経済学の分野で批判に晒されることになるが、その多くはそれが正確な価格予測力をもっていないことに向けられている。しかし、マルクスの関心が資本主義経済が「成長」する原理の解明に向けられていたことを鑑みるなら、そのような批判は正鵠を得たものではない。ギデンズ(Giddens, 1971 = 一九七四：六七)などを参照のこと。

(2) 実際、マルクスが残した著作全体の中で階級や社会主義に関する論述は少量かつ断片的である。

(3) 社会階層論に関する以下の概説は、専ら原・盛山(一九九九)に負っている。

(4) この点に関する代表的な研究成果が「社会的地位の一貫性と非一貫性」(今田・原、一九七九)である。

(5) この点については、鈴木(一九九五)や見田(一九九九)を参照のこと。

(6)例えば、ギデンズの「構造化」の理論(Giddens, 1984)には、初期の階級・階層論的な研究成果(例えば、Giddens, 1974＝一九七七)が奇妙なことにほとんど反映されていない。

(7)生活構造論的な階層概念の捉え方については、玉野(一九九二)や清水(一九九五)を参照のこと。

文献

Aron, R., 1962, Dix-huit *Leçons sur la société industrielle*, Gallimard.(一九七〇年、長塚隆二訳『変貌する産業社会』荒地出版社)

Bell, D., 1960, *The End of Ideology*, Macmillan.(一九六九年、岡田直之訳『イデオロギーの終焉』、東京創元社)

Blau and Duncan, 1967, *The American Occupational Structure*, John Wiley.

Crompton, R., 1993, *Class and Stratification*, Polity Press.

Dahrendorf, R., 1959, *Class and Class Conflict in Industrial Society*, Stanford University Press.(一九六四年、富永健一訳『産業社会における階級および階級闘争』ダイヤモンド社)

Engels, F., 1845, *The Condition of the Working Class in England*, Leipzig.(一九九〇年、一條和生・杉山忠平訳『イギリスにおける労働者階級の状態』岩波書店)

Giddens, A., 1971, *Capitalism and Modern Social Theory*, Cambridge University Press.(一九七四年、犬塚先訳『資本主義と近代社会理論』研究社)

——, 1974, *The Class Structure of the Advanced Societies*, Hutchinson.(一九七七年、市川統洋訳『先進社会の階級構造』みすず書房)

——, 1984, *The Constitution of Society: Outline of the Theory of Structuration*, Polity Press.

Habermas, J., 1963, *Theorie und Praxis*, Neuwied.(一九七五年、細谷貞雄訳『理論と実践』未来社)

——, 1981, *Theorie des kommunikativen Handelns*, Suhrkamp Verlag.(一九八五～一九八七年、河上倫逸他訳

『コミュニケーション的行為の理論（上）（中）（下）』未来社）
原純輔・盛山和夫、一九九九年、『社会階層　豊かさの中の不平等』東京大学出版会。
今田高俊・原純輔、一九七九年、「社会的地位の一貫性と非一貫性」富永健一編『日本の階層構造』東京大学出版会。
厚東洋輔、一九九八年、「日本の社会学の戦後五〇年」高坂健次・厚東洋輔編『講座社会学1　理論と方法』東京大学出版会。
Marx, K., 1844, Ökonomisch-philosophische Manuskripte.（一九六四年、城塚登・田中吉六訳『経済学・哲学草稿』岩波書店）
———, 1867-94, Das Kapital.（一九六九～一九七〇年、向坂逸郎訳『資本論（一）～（九）』岩波書店）
Marx and Engels, 1848, Manifest der Kommunistischen Partei.（一九七一年、大内兵衛・向坂逸郎訳『共産党宣言』岩波書店）
見田宗介、一九九九年、『現代社会の理論』岩波書店。
Rostow, W. W., 1960, *The Stages of Economic Growth*, Cambridge University Press.（一九六五年、木村健康・久保まち子・村上泰亮訳『経済成長の諸段階』ダイヤモンド社）
清水亮、一九九五年、「地域社会学における階級・階層分析」地域社会学会編『地域社会学会年報第七集』、ハーベスト社。
鈴木広、一九八四年、「生活構造論の方法的意味をめぐって」現代社会学会議編『現代社会学18』アカデミア出版会。
———、一九九五年、「方法としての環境社会学」日本社会学会編『社会学評論』第四五巻第四号。
玉野和志、一九八七年、「生活構造の自律性と「地域」の意味」、日本社会学会編『社会学評論』第三八巻第一号。
———、一九九二年、「都市の新しいライフスタイル―社会層の分化と生活様式―」森岡清志・松本康編『都市社会学のフロンティア2　生活・関係・文化』日本評論社。

富永健一、一九六五年、『社会変動の理論』、岩波書店。

友枝敏雄、二〇〇六年、「言説分析と社会学」佐藤俊樹・友枝敏雄編『言説分析の可能性』東信堂。

第7章　社会学から見たグローバル化・地域統合・国家

——現代フランスの変貌を事例として

梶田　孝道

1　はじめに

「グローバル化」が進行するなかで、一方では従来からの国家主権の相対化を指摘する議論が、また他方では「グローバル化」に反発するナショナリズムの生起を指摘する議論が多い(1)。また、「グローバル化」の議論は無数に存在し、それ自体が大きな知的テーマを構成している。「グローバル化」の代表的論者の一人であるU・ベックは、国民国家を、多くの社会的機能が一個のコンテナのなかに組み込まれ経済・社会・文化等がその領域内に内包された「コンテナ社会」として描いている(Beck, 2000)。現状を見ると、一九九〇年代以降に進展した経済・金融・情報の分野での開放によって、当該社会の社会関係や文化が、国家を経由しないで直接に多大な影響を受けるに至っている。その意味で、確かに「コンテナ社会」はもはや過去のものである。新自由主義、民営化、規制緩和を伴った「グローバル化」の進展は、明らかに、これまで経済・社会・文化等を含めて一体性を保ってきた「コンテナ社会」ともいうべき国民国家を変容させ、国民国家の相対化を押し進めている。こうした現実を、別の形で表現すれば、経済・社会・文化等の境界線が必ずしも重なり合わなくなり、従って、境界線が各領域毎に異なり、国民国家を他から隔てる境界線が見えにくくなってきているといえる。

グローバル化は、まずもって経済・金融・情報面での自由化という形で起こっており、こうした自由化の進展によって、多くの社会は根底から揺さぶられることとなった。九〇年代のアジア経済危機に見られるように、社会がそのバランスを維持すること自体が困難となってきている。それゆえグローバル化は、しばしば負の現象、すなわち国家や社会の存立を危うくしナショナル・アイデンティティを解体させるものとして理解され、こうした経済のグローバル化に対するものとして、しばしばナショナリズムや宗教などの文化的アイデンティティが強調されている。

多くの論者が指摘しているように、経済・金融・情報のグローバル化が各社会の文化やナショナリズムの強調を促し、「経済」と「文化」は対峙するというわけである。こうした「経済」と「文化」を対比させる議論の強調は、多くのグローバル化論者たちによって共有され、今や一種の決まり文句ともなっている[(2)]。事実、経済領域に始まり文化領域への移行によって特徴づけられるグローバル化論議の推移は、グローバル化がこれまで多くの国や地域でたどってきた道筋を再確認させるものでもある。学問の世界でも、グローバル化の分析は、当初は経済・金融の分野で、続いてメディアや情報、さらには文化人類学等の分野で展開されてきた。ここから、「経済 対 文化」という、しばしば見られる二項対立的なステレオタイプが形成されるに至った。それは、多くのグローバル化に関する論議に共通して認められるものである[(3)]。

こうした「経済」と「文化」とを対比させる議論と共通点をもちながら、さらに議論をより緻密化した議論もある。そうした試みの一つとして、小井土彰宏による北米自由貿易協定(NAFTA)と国境を越えた人の移動を関係づけた分析をあげることができる(小井土、二〇〇二)。グローバル化は、資本や物資の流入、さらには労働者の流入を伴いやすく、それゆえ人の自由移動と区別しにくい。しかし、そうした動きと逆行する現実も生じている。彼が近年のアメリカ合衆国を事例にして述べているように、NAFTAに代表される地域圏の形成と経済の開放は、それと同時に、米墨国境の閉鎖、さらには、アメリカにおける非正規移民の社会的サービスからの排除による市民/外国人の境界の再設定を引き起こしている。つまり、経済の開放と国境・市民権の境界の強調というまったく対照的な二つの事象が同時に起こっているのである(小井土、二〇〇二)。S・サッセンがいうように、グローバル化に伴う「ナショナリズムの相対立する傾向」が生じ(Sassen, 1995＝一九九九)、NAFTAという形での「経済の脱ナショナル化」と国境・市民権の境界の再設定という形での「政治の再ナショナル化」が同時進行しているのである[4]。つまり、グローバル化の進行が一方的に国際社会を均質化させるのではなく、一面ではナショナリズムを生み文化や社会の境界線を強化させ、その結果、グローバル化とナショナル化が当該社会内で同時進行するのである。筆者も同様な趣旨から、00年代の西欧諸国における「右傾化」を、グローバル化やEU統合による「経済の脱ナショナル化」とそれに反発する「政治の再ナショナル化」という二つの視角から分析したことがある（梶田、二〇〇二）。

もちろん、こうしたグローバル化とナショナリズムという領域を異にする事象の同時並行的な進行は、グローバル化の制御に十分な余力のあるアメリカや西欧諸国のような国に特徴的なことであって、すべての国で同様な対応が可能というわけではない。より経済規模の小さな国々、とりわけ発展途上国は、グローバル化への対応能力を十分にはもちえず、グローバル化に翻弄され、その結果、上述したような反グローバル化のナショナリズムへと陥りやすい。アメリカの事例で興味深いのは、グローバル化は一枚岩的な現実ではなく、EU統合に見られるように地域統合（地域主義）と密接に関係しながら進展しており、アメリカ自体も、対岸におけるEU統合に対抗する形で、北米大陸においてNAFTAという地域圏を誕生させたという点である（Telo, 2001）。こうした地域統合と一体化したグローバル化の進展が、ひいてはアメリカに対して国境管理の必要性を再認識させ、「非正規」外国人とそれ以外の人々との境界線を強調させるに至っているのである。

本章では、「経済 対 文化」というやや単純化してとらえられた図式をより正確な文脈のなかで捉え直すために、上記の例とは異なる事例を取り上げ、グローバル化への対応や、グローバル化と経済・社会・文化の関係がより複雑で多様なものであるという点を示してみることにしたい。そのために、ここでは一事例として、グローバル化と地域統合の波に大きく洗われているフランスを取り上げる。この事例がグローバル化および地域統合の分析にとって有する含意については、以下の説明のなかで徐々に明らかにしてゆきたい。

2 経済・社会・文化の各領域でのフランスの変化

グローバル化への対応は、経済・社会・文化等の諸領域の全体を視野に入れることによって初めて可能となる。言い換えれば、経済・社会・文化等のうちの一領域だけに着目したグローバル化の議論は多いが、グローバル化の全体像に迫るものとはいえない。その意味で、移民や国籍法、フランス語維持や文化政策、フランス経済・金融の開放、さらには産業・労働の再編成や福祉政策の変化は、無関係に論じられるのではなく、相互に関係づけて論じられなければならない。ここではとりあえず、経済・社会・文化という形で領域分けを行う。これは便宜的なものであり、さらに精密な議論が望まれる。本章は、あくまでも試論的・概括的なものであることをお断りしておきたい。

こうした領域別に異なるグローバル化の現実という貴重な視点を提供する議論として、P・H・ゴードンとS・ムニエの『フランスの挑戦—グローバル化への対応』がある（Gordon and Meunier, 2001）。この著作は、近年のフランスのグローバル化への対応の試みを、「経済」「商業・文化・アイデンティティ」「国内政治と世論」に分けて議論し、その議論の全体によってフランスによるグローバル化への対応を論じている。この議論は、領域毎にグローバル化への対応が異なり、そうした複数の領域の統合という形でフランスがグローバル化に対応しようとしている点を示唆している。言い換えればグローバル化への対応は、グローバル化の全面的な受け入れでも、グローバル化の全面的な否定でもないのである。本節では、この議論に依拠しつつ、筆者自身の整理をも試みながら、各領域における変化を大まかに把握しておきたい。これに基づいて次節では、領域毎にグローバル化への対応が異なるというこうした見方が、グローバル化論に対してどのような新たな示唆をもたらすかを論じたい。

(1)経済の領域

まず第一は、経済の領域についてである。ゴードンとムニエの分析によれば（Gordon and Meunier, 2001, 13-40）、従来からフランスでは、「ディリジスム」と呼ばれる国家官僚による指導経済ないしは保護主義が顕著であり、経済の開放は進まなかったといわれるが、この二〇年間に進行してきたのは従来の伝統をくつがえす「密かなグローバル化」であり、通常のフランスのイメージとは逆の事態が進行し、ディリジスムは後退した。

この点で大きな契機となったのは、よく指摘されるように、一九八〇年代初めにおけるミッテラン左翼政権による「大きな政府」の放棄、緊縮財政の採用と経済自由化への方向転換であった。この政策転換は、フランス左翼政権のEC／EUへの本格的介入とも軌を一にしており、この政策転換が逆に、EC／EUの市場統合を大いに加速させたという点も忘れるべきではない。こうしたEC／EUへの傾斜は右派の場合も同様であり、国家主義者ドゴールの後継政党である(旧)共和国連合のJ・シラクが、その首相および大統領在任中に、民営化や規制緩和を旨とする新自由主義政策を大胆に取り入れ、EU統合を推進してきた点もよく知られている。

左翼政権と右派政権の違いは存在するものの、また多くの紆余曲折を経ながらも、八〇年代以降のフランスは、民営化、資本市場の開放、規制緩和を大胆に実施してきた。その結果、フランスには多くの資本が流入し、また多くの企業が参入した。さらに、競争力を増すべく、フランスないしはEUのレベルで企業合併が頻繁になされた。その結果として、各業界において、フランスないしはEUというレベルで競争力をもった少数の巨大企業が誕生するに至っている。これまで国策会社として維持されてきたフランスの大企業ではあったが、銀行・保険、石油・ガス、電力、自動車、通信、運輸、電気・機械、兵器、化学等の分野で大胆に民営化が実施され、その企業としての規模は合併等により大きなものとなっている。こうした政策と平行する形で経済の開放が図られ、国家による保護主義は大きく後退した。この新経済体制の下で、後述するように新たな失業者の発生、雇用の不安定化を生みつつも経済規模は拡大し、フランスのGDPは増大した。このような経済のグローバル化への適応は、先述したように「密かなグローバル化」と表現できるものであり、一見した限りでは目立たないが、それがフランス社会に及ぼした影響は計り知れない。フランスというと伝統的に農業国のイメージが強いが、この数十年間の経済や産業の変化によって、フランスはヨーロッパで最も近代的な産業国家の一つに生まれ変わった。それは、自動車、石油・ガス、TGV（超高速列車）、エアバス（航空機）、アリアン（打ち上げ衛星）等々の分野に及んでいる。

(2)社会の領域

八〇年代以降のフランスは、次第に深刻なまでの失業者の増大に直面し、また、こうした経済政策に対応した社会政策の必要性を痛感するようになる。その結果フランスでは、失業対策、労働時間、雇用関係、社会保障の分野で大きな論争と変革の模索が続くことになる。経済の開放が経済の領域だけにとどまらず、社会の領域にも必然的に大きな影響を及ぼすことが、これによって理解できる。このように、グローバル化が関係する第二の領域は社会的領域である。

事実、筆者の断片的な印象も加えて述べれば、この二〇年の間にフランス社会には大きな変化が起こり、フランスの労働慣行が大きく変化しつつある。日本と比較してサービスの悪いとされた店舗のサービスにおいても、大きな改善が見られる。休日における営業、開店時間の延長、夜間営業が拡大している。一例として料理の分野に目を向けてみよう。フランスでは、アメリカ流の「ファーストフード」化に対する批判が根強いが、その一方で、こうした「ファーストフード」化に対応するために、フランスのパン屋やハム・ソーセージ屋自体においても同様に「ファーストフード」化が進んでおり、その規模は、よく取り上げられるマクドナルドに代表されるアメリカ系チェーン店を遥かに上回るものである (Gordon and Meunier, 2001, 57)。こうしたフランスの食材や料理の「ファーストフード」化は、エスニック料理の拡大(多文化化)とともに進行しつつある。さらに、フランス料理それ自体が、「ヌヴェール・キュイジーヌ」と呼ばれるように軽いものとなっており、これもグローバル化の影響を強く受けた結果である。このような変化の背後には、グローバル化とEU統合による競争の激化、生活様式や労働システムの変化があることはいうまでもない。

こうしたEU統合やグローバル化は、良い結果だけをもたらすとは限らない。むしろ現実はその逆であり、フランスの一般大衆にとってグローバル化は、可能性よりも負の結果をもたらすものとして受けとめられている[5]。グローバル化が進行するなかで、企業の業績とは関係なくリストラが実施され、雇用の不安定化が起こっている。また、グローバル化とEU統合のなかで企業合併がなされ、工場や大規模店舗の閉鎖が頻発している。自動車工場の東欧や南欧への移転によって、ルノーといったフランスやベルギーに位置する自動車工場が閉鎖されている。マークス・アンド・スペンサーに代表される大規模店舗のフランスからの撤退によって、多くの労働者が職を失っている。後に残されるのは、多数の失業者である。

ＥＵ統合では、単一市場の誕生を契機としてＥＵ規模の労働力市場の形成が期待された。しかし、アメリカでの五大湖地域から西海岸のシリコンバレー等への産業集積の移転とこれに伴う一部の労働移動の場合とは異なり、言語が異なるＥＵ域内での一般労働者の移動はほとんど起こっていない。これには言語の違いが大きく関係しているが、言語を同じくするフランス国内でも、事態はほぼ同様である。エリートと多国籍企業は素早く移動するが、ローカルな個人は自由に移動できない。ここでは「グローバルなリッチ 対 ローカルなプアー」という構図が明確であり(Bauman, 2000)、その意味でグローバル化やＥＵ統合は大衆を置き去りにして進んでいる。

これと並行して八〇年代から九〇年代にかけてのフランスでは、深刻なまでの失業の増大が見られ、「新しい貧困」や「社会的排除」が大きな社会的テーマとなった。これによって「貧困」「失業」の意味が従来とは大きく異なったものとなり、不安定就労に見られるように、広範な社会層への「貧困」「失業」の拡大が見られた(Demazière, 1995=2002)。こうしたなかでフランスは、排除された人々を社会に再統合すべく参入最低限所得（ＲＭＩ）を創設し、職業訓練や公的機関の本格的介入を伴った新しい社会政策を実施していくことになる(都留、二〇〇二)。フランスの左翼政権の下でも、失業者の増大、雇用の不安定化に対処すべく、ワークシェアリングが実施され、ジョスパン左翼政権下では、労働の週三五時間制を機軸としたオブリ法が制定された[6]。フランスでは、組織率の高い公務員分野において雇用維持への圧力が強い一方で、労働者の力の弱い私企業分野では雇用の不安定化が目立っている。また、退職後も含めた社会保障の見直しを迫られている。このようにグローバル化とEU統合と密接に結びついた経済再編成の動きは、フランスの社会制度を直撃し、各種の社会制度の再編をめぐる論争と対立を生起させている。

上記の貧困の拡大や雇用の不安定化という点で、大衆にとってグローバル化とEU統合は、程度の差こそあれ類似した現象として受け取られている点に注目すべきであろう。それゆえにこそ、EUのさらなる政治統合の是非を問うたマーストリヒト条約批准をめぐるフランスの国民投票（一九九二年）において、多くの国民がこれに不安を抱き反対票を投じたのである。当時はまだ「グローバル化」という言葉は登場していなかったが、大衆は今日のグローバル化と同質な問題を既に感じており、これに対して反対の意思を表明したのである。こうしたなかで、グローバル化と対峙する反グローバル化の社会運動が登場してくる。それは、住宅を失った人々の住宅への権利を求める運動（DAL）、非正規滞在者の合法化を求める運動（Droits Devant!!）、グローバル化の制御を求めるアタック（ATTAC）といったものである（DAL, 1996; Droits Devant!!, 1999; ATTAC, 1999; ; Aguiton, 2001; 稲葉、一九九八；二〇〇二）。

上記の失業や貧困の問題は「移民問題」とも重なり合っていることはよく知られている。フランスの場合、失業者の多くが移民やその第二世代に集中していることから、彼らが多く居住する大都市郊外地区において各種の社会問題を集積し、その結果、この種の社会問題は「移民問題」とも重なり合っている。この「移民問題」は、後述する文化問題とも関連するが、とりわけマグレブ系移民第二世代の「統合(アンセルシオン)問題」をクローズアップさせている。ここにおいて「統合(アンセルシオン)」の問題は、雇用構造への社会的編入と移民の文化的統合という二重の意味をおびることになるのである。いうまでもなく後者の文化的統合という点では、その背後にはフランスと旧植民地との関係、西欧世界とイスラームとの関係といった問題が伏在している。八〇年代から九〇年代にかけてフランスは、国籍という境界線をどのように引くかをめぐって移民法・国籍法の領域で激しい議論を経験してきた。この論争は、「フランス人とは何か」というナショナル・アイデンティティの問題と重なり合い、極右の国民戦線の勢力拡大と相まって大きな争点と化した。それゆえ、この問題は次に述べる文化の領域の問題ともなっている。

(3)文化の領域

第三は、文化やナショナル・アイデンティティの領域である。上記のフランスの移民・国籍法の問題も同様だが、より正確にいうならば、文化やナショナル・アイデンティティの問題が政治問題化し政策課題となった領域である。ゴードンとムニエは、経済と文化・アイデンティティとが関連する領域についても議論を紹介している(Gordon and Meunier, 2001, 41-64)。こうした文化やナショナル・アイデンティティの領域の諸問題については、日本では、三浦信孝が積極的に議論を展開している(三浦, 1997; 2001; 2002)。ゴードンとムニエの議論に沿って紹介すれば、経済の問題が文化・アイデンティティの問題と関わる分野としては、映画・オーディオビジュアル（テレビ番組等）と農業の二つの分野が特筆される。このうち、映画・オーディオビジュアルの分野に関していえば、一九九三年の関税と貿易に関する一般協定（GATT）のウルグアイ・ラウンドにおける協議において、欧米が激しく対立し、そこでのフランスの立場は、単純化していえば、経済の開放と対比される文化の防衛であり、「文化的例外」がキーワードとなってきた(7)。そこでのフランスの主張の主要な論拠は、映画・オーディオビジュアルの保持は経済的・商業的理由ではなく文化的理由に基づくというものである。文化は経済の領域だけに属するものではなく、それ独自の固有の存在意義をもつとして、こうした議論からフランス文化のグローバリズムからの防衛が図られる。逆に一部ではグローバリズムの文化として、ディズニーランドやハリウッド映画が批判の対象とされ、これらに対するものとして、フランス独自の文化や創造活動の保護が図られる。

このような対立が外交上の対立にまで発展したのは、先述したようにGATTのウルグアイ・ラウンドおよび世界貿易機構（WTO）においてであり、そこでは、テレビ番組や映画等が大きな争点となった（三浦、二〇〇二：二四―四〇）。アメリカは、こうした産品を、経済の領域、言い換えれば自由貿易の領域に含めるべきだと主張したのに対して、フランスに主導されたEUは、オーディオビジュアルは文化の領域に属するとして、その完全な自由財としての取り扱いを拒否し、文化を自由貿易の域外におこうとした。こうした「文化的例外」というフランスの議論が、EUという後ろ盾をもつことによってアメリカと対峙しえたという点が、まずもって興味深い。

また、こうした論争の背後には、アメリカの映画産業やアメリカ主導の情報技術によってフランスの文化が危機に瀕しているという現状認識があり、フランス語の防衛、フランス語の国語化、文化省による独自の文化政策、映画産業等の文化産業の保護、映画・オーディオビジュアル分野におけるフランス音楽やEU内での制作番組の優先等がなされている。しかし、アメリカ産のオーディオビジュアルの優位がなかなか揺るがないのも事実である。ここでフランス語の防衛や国語化の試みは、いうまでもなく、対英語あるいは対アメリカという文脈でなされているが、同時に、これは一面では、フランスの「国民文化」(ナショナリズム)の強調という意味をもち、国内のマイノリティをも含めた「文化的多様性」の拡大には必ずしもつながらないという点にも注意すべきであろう。また、こうした「文化的特殊性」と自由貿易をめぐる議論は、GATTやWTOというグローバルなレベルでのみならず、程度の差こそあれEUというレベルでも既になされてきており、EUの指令である「国境を越えるテレビ」(一九八九年)においても明らかなように、EU内部においては、「文化的多様性」の重視とともに域内におけるテレビ放送の自由化を追求してきた点も忘れることはできない。

ゴードンとムニエが紹介しているもう一つの特筆すべき領域は、農業と畜産業である。これまでEU諸国は、共通農業政策によって域内農業の保護を続けてきた。こうした保護主義の領域に自由経済が導入され、ＥＵの農業政策も大きく変わろうとしている。その一方で、ＥＵは、遺伝子組み換えを施したりホルモンを使用したアメリカ産の農産物・畜産物に異を唱え、環境上のリスクを最小限化するような農業・畜産業の必要性を強調している。またフランス独自の問題としては、伝統をもったフランス料理（これも文化である！）の維持、言い換えればアメリカ流の「ファーストフード」への批判、その対極に位置するイタリア料理やフランス料理に代表される「スローフード」の強調がある。同様な食をめぐる文化摩擦は、より小規模な形でＥＵ内部でも起こっている。食品衛生に関するＥＵ統一基準の採用という問題がそれである。ＥＵの衛生基準に抵触するとして、カマンベールやロックフォールといったフランス特産のチーズが問題視されることが起こった。これに対してフランス国内では、フランス独自の農産物への愛着が強調され、それを十分に考慮しないＥＵの政策への反発が顕在化した。こうしたフランスのグローバル化への批判は、ＥＵレベルとグローバル・レベルの両方で認められる。

こうした動きは、反グローバル化の社会運動によっても担われている。反グローバル化の社会運動としては、Ｊ・ボヴェらによる農民運動（Bové et Dufour, 2000=二〇〇一）や、トゥービン税の導入を主張しシアトルでのＷＴＯ国際会議に異を唱えたATTACが有名である（ATTAC, 1999; 2001=二〇〇一）。ボヴェらの農民運動は、彼らによるマクドナルド店襲撃事件が示すように、ローカルな生活と生産に依拠する形で、世界規模で拡大するグローバル経済を批判するものである。「世界は売り物ではない」というスローガンによく表れているように(Bove et Dufour, 2000＝二〇〇一)、すべての財がおしなべて商品化されることに反対し、食材や料理に代表される領域がもつ固有の価値を強調し、グローバルな食品のもつリスクを批判する。こうしたボヴェたちの姿勢は、ローカルなものを重視すると同時に「もう一つのグローバル化」の実現を目指すものであり、その意味で「グローカル」というおなじみの特徴をもつものであるが、それは同時に、フランスの「文化」の保持というナショナルな主張とも共鳴する部分をもっている[8]。これに対してATTACは、知識人主体の社会運動であるという意味で、上記のローカルな農民運動とは異なる。ATTACは、アメリカに起源をもつグローバリズムへの反対を唱えながらも、それ自体がグローバル化の水準に位置しており、その意味でATTACは「もう一つのグローバル化」を追求する運動といってよい。さらに興味深いのは、ATTACの政策に賛意を示すフランスの国会議員が百名以上も存在しているという点である(Gordon and Meunier, 2001:85)。この反グローバル化の社会運動の場合もボヴェたちのそれと同様に、トランスナショナルな性格をもつと同時に、フランスのナショナルな意識とも強い親和性を有しているのである。

ここで、映画・オーディオビジュアルあるいは農業といった個々の分野から離れ、フランスが従来から保持してきた「文化的例外」あるいは「フランス的例外」という見方について若干考察しておきたい(Léonard, 1993＝2001; Rigaud, 1995; Védrine, 2000＝2001; Grournay, 2002)。フランスは、そのナショナル・アイデンティティの不可欠な一部として言語や文化を重視しており、それらは長きにわたってフランスの国際的影響力を拡大するための用具としても使用されてきた。また、フランス国家自体が言語や文化の保護を重要な課題とみなしてきた。ドゴールを初めとして多くの指導者は、著名な政治家や文化人を文化大臣に据え、独自な文化政策を展開してきた。こうした文脈ゆえに、フランス語の保護やフランコフォニーという外交的枠組みが重視され、フランス文化を生み出す映画や芸術の振興が国家自体によっても追求されるのである。このような文化政策は、フランスの伝統的な文化の保護に限られるものではなく、ミッテラン政権の下でのJ・ラング文化相の文化政策に見られるように、文化の現代化、新たな文化や芸術の創造、若者文化の取り込みをも含むものでもあることに留意しておきたい（Rigaud, 1995）(9)。

国家による文化の振興と関連した一つのエピソードに触れておこう。九〇年代後半のフランスにおいて、「サンパピエ」と呼ばれる「非正規」外国人の合法化が大きな係争課題となった。この動きは二〇〇三年現在も続いている。また、移民管理を厳しくする目的で九〇年代後半にドブレ法が制定されたが、これに対する反対運動も大規模なものとなった。こうした社会的な抗議運動のなかに多数の映画人や芸術家が積極的にコミットしている。芸術家や映画人の政治参加は、我々の目からみると奇異なものと映るが、こうした映画人や芸術家の存在、および彼らの政治への参加それ自体が、フランス政府による文化保護政策が生み出した所産といってもよいであろう。その背後には、フランスに伝統的な「文化的例外」という考え方があることは言うまでもない。この「サンパピエ」の擁護を求める映画人たちの運動のなかには、文化に基づくナショナリズムと国境を開こうとする普遍主義とが奇妙な形で交錯している。先に触れたボヴェやATTAC等の反グローバル化の社会運動と同様の二重性を有している。

「文化的例外」というフランスのナショナル・アイデンティティの根幹に関わる文化観は、いうまでもなく、フランス人の定義、あるいはフランス人／外国人の境界の設定と密接に関わっており、それゆえに、八〇年代以降今日に至るまで、この領域において数多くの論争と政治的対立を生んできた。本章は、これを直接の分析対象とするものではないので詳しく触れることはないが、大まかにいえば、一方では「多文化主義」という従来のフランス観と衝突する潮流と、国民戦線に代表される伝統的な民族主義の潮流とを派生的に生み出しつつ、「共和国主義」に基づく統合という旧来からの立場への回帰の動きが見られ、この「共和国主義」という点で国民的合意を再度取り戻しつつあるようにみえる。「文化的例外」は、伝統的に「共和国主義」と強い親近性をもっている(10)。

しかし、こうしたフランスによる「文化的例外」の主張は、EU内部でいつまでも支持されるという保証はない。フランスはEU内部では少数派であり、今日、こうしたフランスの立場は通用しにくいものとなってきている。そのためフランスは、「文化的例外」というスローガンにかえて「文化的多様性」ないしは「多文化主義」という新たなスローガンを使用するようになってきている（三浦、二〇〇二；Gournay, 2002, 73-74, 87-88）。ジョスパン政権の外務大臣をつとめたH・ヴェドゥリーヌに代表される政府のリーダーたちも、「文化的例外」ではなく「文化的多様性」というスローガンを使用している（Védrine, 2001: 24）。

先述したように、GATTのウルグアイ・ラウンドにおいては、フランスの強硬な主張ゆえ、映画とオーディオビジュアルの取り扱いをめぐってEUとアメリカとは正面から対立するに至ったが、他のEU諸国がフランスの「文化的例外」政策と同じ立場というわけではなく、EU諸国内では主張を十分に集約できないでいる、というのが実情に近い（Gournay, 2002: 111-116）。「文化的例外」という表現の場合には、「一国主義」ないしはフランスの「特殊性」が際だっており、EU統合の時代のスローガンとしてふさわしくない。これに対して「文化的多様性」というスローガンの場合は、フランス的特殊性ないしはフランス的例外という表現がもつ緊張感はなく、EU諸国あるいは国際社会との調和を求めるものといえる。しかし、「文化的多様性」という表現の場合は、三浦をはじめとして多くの論者が指摘するように、国内でのナショナリズムと国際的文脈での多文化主義との間にずれないしは矛盾が存在している（三浦、二〇〇一：三七―三九）。つまり、国際社会では「文化的多様性」を主張し、アメリカとは異なるフランスの文化の存続を追求する一方で、言い換えれば、アメリカ文化や英語を多数のなかの一つとして相対化する一方で、かつてと較べて弱体化したフランス文化やフランス語を多数のなかの一つとして国際的に認知を求める。しかし他方で、フランスの国内においては「共和国的統合」を追求し、必ずしも「文化的多様性」や「多文化主義」を許容するわけではない。その意味で、二つのレベルで基準が異なり、「ダブル・スタンダード」を採用しているとして批判されるのである[11]。

もう一つ指摘しておくべき点は、フランスがこうした文化的アイデンティティに関わる主張をフランス一国だけで行うことは困難になってきており、ＥＵという後ろ盾なしにはそれが難しく、また国際社会にその援軍を求めているという点である。逆にいえば、フランスの文化的アイデンティティの保持は、フランスのＥＵ化を受け入れる限りでしか可能ではなくなってきているのである（Gordon and Meunier, 2001, 46）。ここで、ドイツやベルギーに代表される他のＥＵ諸国は、連邦制やそれに準じた地方分権制度を保持し、「文化的多様性」に一国レベルで慣れ親しんでいるゆえに、ＥＵレベルでの「文化的多様性」に基づいた調和化に対して大きな抵抗も困難もなく追求できる。とりわけ自国の「文化的例外」を強調したり、それをＥＵの現状と調和化させるための努力をとりたてて払う必要はない。しかし、これとは対照的にフランスの場合は、この「文化的例外」ないしは「共和国主義」という国の独自性ゆえに、フランスをＥＵと調和させるという点で原理的な困難を抱えている。言い換えれば、フランスの文化政策とＥＵの一員としてのフランスのあり方との間には、少なからぬ齟齬《そご》と軋轢《あつれき》が存在する。先述したように、国家レベルでは「共和国的統合」、ＥＵレベルでは「文化的多様性」というように、両者の溝は大きなものがあり、フランス型統合モデルのＥＵレベルへの適応は容易ではないのである。

この「フランス的例外」とＥＵ統合との齟齬は、さまざまなところで指摘されている。それは先に触れたように、言語や民族に関するマイノリティ問題の分野のみならず、教育、官僚制等々の分野(エリートのリクルートをめぐる問題)でも明らかとなっている。こうした齟齬は、政策の主体である国家だけに見られるものではなく、民間や市民社会のレベルにおいても見られるという点を指摘しておこう。

ここでは、これまで大きな係争課題を構成してきた移民の統合問題を例にとろう。移民第二世代の利害を代弁してきた代表的な結社である「SOSラシスム(人種差別)」はこれまで「共和国的統合」と「多文化主義」との間を揺れ動き波乱に満ちた経緯をたどってきたが、現時点では明確に「共和国的統合」の立場に立っており、「多文化主義」の政策から明確に決別している(Bouth, 2001: 17-41)。フランス国内でのリアリティを重視した結果としての路線の選択といえよう。

しかし、このようなフランスにおける移民や民間の支援団体の対応[12]は、EUレベルでの移民統合と不調和をきたしている。移民の統合問題の分野でのEUの主流派は、イギリスやオランダに代表される「多文化主義」政策の立場であり、そこでは、エスニック・コミュニティの存在を認めた形で「文化的多様性」に基づいた統合が追求されてきた。ところが、こうしたEUの多数派の立場とフランスの立場は大きく食い違っている。その証拠に、世界中に支部をもつ環境保護団体のグリーンピースや国境なき医師団に代表される国際NGOとは異なり、SOSラシスムは、唯一フランスのみに存在する極めてフランス的な結社であり、それは、同様な趣旨に基づくドイツやイギリスの支部をもっているわけではない(Bouth, 2001)。言い換えればフランス社会は、ことの是非は別として、市民社会や社会運動のレベルに至るまで、依然として強固な形で「共和国型統合」が浸透した社会なのである。このようにフランスにおいては、一方では、先述したDroit Devant!!やATTACといったトランスナショナルな社会運動が登場しているが、他方では、SOSラシスムに代表されるように、社会運動それ自体がフランス的特性(「フランス的例外」)を色濃くもっているのである。

しかしながら、フランスのEUへの本格的なコミットは、フランスにとって制約と同時に新たな可能性をも生んでいる。EUによるグローバル化への対応、ないしはグローバル化の修正は、とりわけフランス一国だけのリーダーシップゆえとは断言できないが、発展途上国への対応、人権の尊重、さらには環境保護の促進という点で顕著なものとなっているのである。これらの問題は、いずれも地球的規模での努力なしには解決が困難なものとなっている。環境保護問題に対してEUは、とりわけアメリカとは異なった政策を採用しており、それは京都議定書やヨハネスブルグでの環境保護の国際会議において顕著な形であらわれている。また、発展途上国への対応という点でも、「兵器や地雷以外の何物でも輸入する」として、アフリカの国々からの制限をつけない形での農産物輸入の枠を拡大している(Lamy, 2002, 101-116)。こうしたアメリカとフランス等のEU諸国との政策上の隔たりは、安全保障の分野にまで及んでおり、二〇〇三年三月現在におけるイラクのフセイン政権への対応という点で、そのアプローチは対照的なものとなっている(13)。いうまでもなく武力を背景としたアメリカに対して、フランス、ドイツ等は外交と経済に主眼をおいた平和的アプローチをとっている。このようなフランス等のグローバルな問題への対応は、先に述べた映画・オーディオビジュアルや農産物の場合と同様に、次のことを示している。すなわち、「グローバル化」が必然的な一つの方向をもった運命的な動きでは必ずしもなく、「グローバル化」と呼ばれる動きに対して修正を加えることが可能であり、EUないしはその一部は、そうした変革への可能性をもったグローバル・プレイヤーでありうるという点である。

3 三つの暫定的な結論

前節では、ゴードンとムニエの分析から示唆を得て、グローバル化への対応を経済、社会、文化の各領域に分けて議論し、その結果、各領域でグローバル化への対応が極めて異なることが明らかとなった。こうしたフランスの事例から、どのような結論が引き出せるであろうか。

(1) 領域により異なるグローバル化

第一に指摘すべきは、グローバル化の分析は、経済・社会・文化等の各領域の全体を視野に入れてなされねばならないという点である。グローバル化の分析は、一面では、経済・金融に特化した形でなされやすい。そうした面からすれば、フランスは、いわれている以上にグローバル化を受け入れており、フランスではかなりの程度、グローバル化が進行している。通常いわれる意味でのグローバル化という点では、フランスは門戸を大きく開いており、従来からの保護主義は弱いものとなっている。こうした経済・金融分野での門戸開放政策が、相対的に停滞した西欧の一国フランスを予想以上に豊かなものにしているのである。この点では、ゴードンとムニエが指摘するように、一九八〇年代初めのミッテラン政権による「大きな政府」の失敗が重要な政策上の転機をなす。当時のフランスではまだ「グローバル化」という言葉は使用されていなかったが(14)、左翼政権は、グローバル経済を無視して一国的な経済運営を行うことが不可能であることを、上記の政策上の失敗から学んだのである。言い換えれば、左翼政権は文字通りの「反グローバル化」によって「グローバル化」に対処しようとしたが、一国主義による「反グローバル化」によって「グローバル化」に対応することが不可能であることを学んだのである (Gordon and Meunier, 2001, 20)。

その一方でグローバル化は、社会や文化の領域では多くの摩擦と齟齬を引き起こしており、フランスは、社会や文化の領域ではグローバル化に反対するとみられる諸政策を実施している。文化の領域だけを見ると、フランスは、グローバル化に反対し、ナショナリズムに純化しつつあるようにも見える。しかし、これについては別の解釈も可能である。それは、経済・社会・文化の諸領域を全体として把握して、全体としてグローバル化への対応を読みとろうとするものである。このような視角からすると、ゴードンとムニエがいうように、「フランスはグローバル化に抵抗しつつ、同時にグローバル化に適応しつつある」(Gordon and Meunier, 2001, 4) ということもできる。フランスは基本的に、グローバル化をきわどい状況下で受け入れており、経済の領域を開放するために社会の領域に修正を加え、文化の領域での独自性を保持しつつ、結果として、グローバル化を制御しようとしているとも理解できるのである。もちろん、こうしたきわどい現実はすべて政府によって制御された結果とはいいがたいであろう。しかし、フランスは事実上、そのような選択を行ってきているといえる。

その意味では、フランスにおける「多文化主義」や「共和国主義」をめぐる論争は、それだけが独立した論争として存在するというよりも、グローバル化への対応を構成する重要な一部分とみるべきであろう。「文化的多様性」に対する立場としては、「多文化主義」から「共和国主義」、さらにはグローバル化やＥＵ統合、あるいは移民統合を拒否する「民族主義」まで、さまざまなものが考えられる。しかし、一方では、条件なしの「多文化主義」が事実上放棄され (Haut Conseil à l'Intégration, 1993)、他方では、グローバル化やＥＵ統合を拒否し国家主権を絶対視する狭い意味での「共和国主義」や「民族主義」が少数の支持を得るにとどまり、結果的には、右派にせよ左翼にせよ、グローバル化やＥＵ統合との調和をはかろうとする「共和国的合意」へと収斂しつつあり、これが過半数の支持を得るに至っている。移民や国籍の分野においても、多くの法改正と深刻な論争を経た後に、最終的には従来のフランスの国籍観に戻り、ここでも「共和国的合意」に収斂してきている (Weil, 1997)[15]。このことは、社会・文化の領域での制御を通じて、逆に、経済・金融の領域の開放への合意を取りつけてきたと理解することもできる。別のいい方をすれば、経済の開放が全体として無規制に至らないように、社会・文化の領域の制御をはかりつつ、徐々にグローバル化に対して本格的に対処しようとしてきたわけである。カナダやオランダ流の「多文化主義」をそのまま採用することは、フランスのナショナル・アイデンティティの漂流をもたらす可能性が大きい。このようにグローバル化の問題は、複数の境界線をめぐる制御の問題であり、ある境界線は開き、別の境界線を移動させ、さらには、それらとは別の境界線を維持するという戦略も考えられるのである。

ただし、文化的領域での独自性への固執は、それ自体いつまでも不変で絶対的な立場とは考えない方がよいであろう。経済・社会・文化すべての領域でグローバル化に反対する場合には、グローバル化そのものを受け入れず、グローバル化それ自体を拒否するナショナリズムの立場へと後退しやすい。他方では、経済・社会・文化のすべての領域でグローバル化やEU統合を受け入れると、フランスはナショナル・アイデンティティそのものを喪失する恐れがある。これに対して、社会領域での部分的修正および文化領域での独自性の維持は、全体としてグローバル化への対応を容易とする。すなわち、経済のグローバル化を受け入れグローバル化という土俵の上に立つことを可能にし、同時に、グローバル化に修正をもたらすという新たな展望が生まれる。確かにフランスは、J＝M・ルペンやJ＝P・シュヴェーヌマンなど、グローバル化やEU統合それ自体を拒否する左右の多くのナショナリストを生み出しているが、きわどい論争を経験しつつ、最終的にはグローバル化を受容してきている。経済の領域での開放は、社会や文化の領域に多くのインパクトを与え、長期的には、社会の領域に変革をもたらし、文化の領域それ自体をも少しずつ変化させつつ、ナショナル・アイデンティティの維持と変容を可能にしている。何よりも、経済・社会・文化の各領域の有機的な関連を保った形での変動に注目すべきであろう。また、こうした文化領域での相対的自律性の保持は、文化を経済に還元するグローバリズムに対する批判をも内包しており、これは、アメリカ的なグローバル化を修正・制御しようとするフランスやEUの意思とも無関係ではない。

(2) EUという媒介項の活用

フランスのグローバル化への対応という点で認められる第二の点は、グローバルな世界とナショナルな単位との間に、ヨーロッパ連合(EU)という、世界と較べれば小さいが国家と較べれば大きな「地域」という単位を挿入しているという点である。この点を述べる前に、EU統合それ自身についても若干述べておかねばならない。EU統合問題は、フランスにとって、経済的にもナショナル・アイデンティティという点でも重要な問題をなしている。事実、フランスの経済問題やナショナル・アイデンティティの問題は、しばしばEU統合と関連づけて議論されてきた。そこで、大まかな形ででもEU統合がグローバル化という文脈でどのような意味をもつかについて議論しておこう。

EU統合とは何かという難問は、EU自体が東欧への拡大に見られるように未だ形成途上にあり、しかもEUの最終形態(16)それ自体が不明確な現時点では、詳しくは論じ尽くせない。一般的にいえば、EU統合に代表される地域主義は、次のような二つの可能性をもつ(Telo, 2001, 6)。地域主義は、第一に、より大規模なグローバル市場に立ち向かうための準備作業ないしは必要なステップであり、これによってグローバル市場のリスクを低減しそれに適応することを容易にする。地域主義は、第二に、グローバル化へのリアクションであり、グローバル化に立ち向かう「地域的要塞」を提供する。EU統合も、原理的にはこの両方の可能性をもつが、EU単一市場や単一通貨ユーロから見る限りでは、前者の側面が際だっている。八〇年代以降のEC/EU統合に関していえば、統合は、第一に、市場を閉じる方向よりも開く方向に向いており、第二に、統合の焦点は社会や文化の領域よりも市場や経済の領域へと遙かに傾斜したものとなっており、EU統合は、経済領域に限定すれば、左右を問わず「新自由主義」的な前提に立っている点は否定しがたい。それゆえ、ここでは仮説的に述べておけば、EU統合は、それ自体がグローバル化の重要な一部であると同時に、アメリカ主導のグローバリズムに重要な修正を加えようとするグローバル化の修正の試みでもある。言い換えれば、九〇年代後半に「グローバル化」が本格的に登場する以前の時点において、EC/EU統合は、より早期における、より限定された形での「グローバル化」だったのである(Gordon and Meunier, 2001, 7)。つまりフランスは、EUへの参加を通して、より小規模ながらグローバル化を既に経験してきているのである。それは同時に、歴史的文化的にみてより近い存在であるヨーロッパという単位を基礎としつつ、グローバル化に備え、望ましいグローバル化のあり方を模索するものでもあった。グローバル化が「規制緩和」に基づく自由経済化であるとすれば、EU統合はそうした自由経済化を基本的には受け入れながら、その動きに修正を加える「再規制」の動きでもある。

この場合、EU諸国の世論調査である「ユーロバロメーター」の結果が示すように、大半の人々は「どちらかといえばフランス人であるが、同時にEU市民でもある」という選択肢を選んでおり、フランスとEUのうち力点はフランスの方にある。言い換えれば、「どちらかといえばEU市民であるが、フランス人でもある」という意見は少ない。これが、右派と左翼の間の「共和国的合意」といわれるものの内実であり、〇二年春の大統領選挙に際していえば、シラクの旧共和国連合からジョスパンの社会党までをカバーした政治的立場である。こうしたフランス共和主義というナショナルな姿勢、あるいは、フランス共和主義が主でありEUが従であるという姿勢は、多くのヨーロッパ主義ないしは反ナショナリズムの観点から批判の対象となっているのも事実である。しかし、長期的に見れば、こうした現在のフランスの立場それ自体が、従来においてはそもそも考えられないものであり、その意味で、フランスにも大きな変化が生じているといえる。こうした変化は、やがてはEUとフランスとの間の比重を逆転しないまでも、両者を近づける方向に進む可能性は排除できない。

以上の点を前提として、フランスの事例がもつ第二の点に移ろう。フランスは、グローバルな世界とナショナルな単位との間にEUという地域（主義）を挿入することによって、グローバル化への適応のショックとリスクを和らげることができる。ここでEUは、経済的単位としても社会的単位としても文化的単位としても考えられなければならない。言い換えればEU自体が、グローバル化のなかでの経済的主体であるとともに、社会制度を制御する主体でもあり、文化的アイデンティティのよりどころでもある。フランスに代表される西欧諸国は、EUという地域を中間レベルで挿入することによって、他の国々と較べると、経済・社会・文化の各面でグローバル化への適応を容易にしているのである。

EU諸国は、グローバル化への対応の第一段階としてEU統合を設定することが可能であった。周知のようにEU統合は、まずもって経済統合であり、市場・通貨統合であった。この文脈では、EU統合という名の下に新自由主義的な政策が実施され、民営化、規制緩和、企業の合併や多国籍化が実施されてきた。これは「文化」の領域にまで及び、「国境を越えるテレビ」をも生み出している。それゆえ、フランスをはじめとするEU諸国は、市場・通貨統合を通して経済領域のグローバル化を、それ自体として強く意識することなく予め経験してきた。言い換えれば、EU諸国は「グローバル化」という用語が登場する以前の時点において、事実上「グローバル化」を経験してきたのである。それゆえ逆に、多くの大衆や労働者にとってEU統合は、後に登場するグローバル化と同様、エリート主導の厳しい経済至上主義としばしば映ってきたのである。

しかし、こうした地域統合は、グローバル化それ自体であると同時に、グローバル化への「セイフティーネット」であり「防波堤」でもありうる。すなわち、容赦のないグローバル化の環境のなかで、それに伴うリスクを最小限におさえるための方策でもありうる。それゆえに、Ｍ・テロが指摘しているように、今日、グローバル化が進展するのと平行して、世界の各地域で地域統合が進んでいるのである。彼は、こうしたグローバル化の動きと並行して進展しているリスク低減のための地域統合の動きを「新地域主義」と呼んでいる（Telo, 2001）。グローバル化と地域統合は相互に無関係ではない。地域統合はグローバル化と手を携えて進んでいるのである。それゆえ、先に触れたように、ＥＵ統合の進展に対応する形で、またグローバル化への対応策として、グローバリズムの震源地であるアメリカを含んだ北米地域においてすら、グローバル化と平行する形でＮＡＦＴＡという地域主義が登場してきているのである。

上記のフランスのＥＵへの適応は、グローバル化への適応と同様、容易なものではなかった。ゴードンとムニエが指摘するように、九二年におけるマーストリヒト条約の批准をめぐってフランスで国民投票が行われ、ＥＵ統合派が勝利したが、その差は極めてきわどいものであった。その意図せざる結果は、ＥＵ統合について、言い換えれば「より限定されたグローバル化」について本格的な公的議論が行われ（よくいわれるように議論が行われなかったのではなく）、多くのフランス国民がＥＵ統合（グローバル化）に対して率直に懸念を表明したのである。またＥＵ統合への反対者の多くが、右派でも左派でもなく、ＥＵ統合に期待をもつことができない周辺部に位置する人々（労働者、失業者、周辺地域の人々）であった点も、後に登場することになるグローバル化の場合と同様である（Gordon and Meunier,

2001, 72)。こうしたフランスの反対運動に着目しても、ＥＵ統合は、より早期にやってきたグローバル化であったということができる。

しかし、フランスはＥＵ統合にうまく適応し、フランスにおけるＥＵ統合への反対意見は、九二年を境にして目立たないものになっていく。言い換えれば、Ch・パスクア、Ｊ＝Ｐ・シュヴェーヌマンに代表される反ＥＵ的な議論は、もはや人々の支持を得られなくなる。フランスは、ＥＵ統合によってグローバル化の第一の分水嶺を明確に越えたのである。それと並行して、フランスにおける議論は「反ＥＵ」から「反グローバル化」へと移行し、より本格的な形でグローバル化に対応していくことになる (Gordon and Meunier, 2001, 74)。こうしたＥＵ統合は、必然的に社会や文化の領域に影響を及ぼし、社会や文化の領域にグローバル化を波及させる。現状においては、市場や貨幣は共通化したが、公共圏や共通の世論の場はなかなか実現せず (花田、一九九九：一一七―一三六)、社会の領域では各国の制度や習慣は相互に齟齬をきたし、文化の領域では各国ごとにばらばらである。とはいえ、経済の統合は、それを経済の領域のみにとどめることは原理的に不可能であり、経済の領域と整合した形での社会や文化の領域での改革が求められている。社会政策という点での調和化や人の自由移動とマッチした共通の移民・難民政策が求められるのが、その例である。

このような地域主義という媒介項を介して、ＥＵ構成国のグローバル化への対応は相対的に容易なものとなり、経済のグローバル化、社会制度の調整、文化的アイデンティティの維持が容易となる。

フランスにとって、このＥＵという媒介項は、グローバル化に適応するための貴重な契機であったといえる。その結果、ＥＵ諸国においては、こうした中間項をもたない小規模の国の場合とは異なり、グローバル化の波に直接さらされグローバル化への反発からナショナリズムの罠に陥るという事態が避けられたのである。言い換えれば、一国単位では不可能なことを、ＥＵ規模、地域規模で相補的に実現することが可能となったのである。ただ、上述したように、市場の共有が共通の社会的・政治的公共圏の成立に必ずしもつながるわけではない。事実、ＥＵ型社会民主主義の実現は必ずしも容易ではない。二〇〇〇年代に入ってからのＥＵ各国での社会民主主義勢力の後退は、そうした試みの困難さを示している。また、二〇〇三年時点でのイラク問題をめぐるＥＵ諸国間の激しい政治的対立は、こうした社会的・政治的公共圏の構築の困難さを示している。

このようなＥＵを媒介項とするグローバル化への対応は、グローバル化に適応しつつグローバル化に修正を加えることを可能にする。アメリカ（の多国籍企業）主導のグローバリズム、言い換えれば、規制なしのグローバル経済に身を委ねるのではなく、経済のグローバル化が可能な領域と不可能な領域とを定め、グローバル化を制御するという展望を切り開く。少なくとも、そのための糸口を得る。ＥＵ統合は、グローバル化をヨーロッパ的なシステムに適合するように修正していく試みということもできる（Gordon and Meunier, 2001, 102）。その意味で「反グローバル化」の社会運動といわれるATTACやボヴェたちの農民運動は、ＥＵ統合と何ら矛盾するものではない。このようにフランスに代表される

EU諸国は、グローバル化に対応しつつ、グローバル化を制御する可能性を模索することになるのである。

また先述したように、フランスは従来の「共和国的合意」を主としEUを従とする新たなアイデンティティないし機構へと移行しつつあるが、こうした移行を通して、フランスとEUとの比重が徐々に変化していく可能性もある。言い換えれば、長期的には「共和国的合意」が少しずつ背景へと退いていく可能性もないわけではない。EU統合は、現在までのところ、フランス等のナショナルな国家の利害によって生み出されたものという性格が強い。しかし、いったん生み出されたEU統合の流れは、既存の国家自体を少しずつ掘り崩していく。「どちらかといえばフランス人であるが、同時にEU市民でもある」というフランス人の平均的意識は変わりにくいであろうが、そこでの「フランス人」と「EU市民」の比率は、少しずつ変わっていく可能性はある。EU統合のスピルオーバー効果とは、経済領域での統合が社会領域や政治領域にも波及するというものであるが、EUを介した形での経済に主導されたフランスの再編の試みは、同様なスピルオーバー効果によって、社会の領域や文化の領域にも波及するであろう。こうした点の解明は、長期にわたる冷静な分析によってはじめて可能となろう[17]。

(3) グローバル化と国家

フランスの事例が明らかにする一つの点は、グローバル化は経済・社会・文化といった各領域で異なったあらわれ方をし、その総体をグローバル化としてみなし評価することが必要であるという点であった。経済・金融の領域を中心としたグローバル化の進展によって大きな影響を被り、経済・金融の領域での変化とバランスを保つ、あるいはそうした領域での主権の縮小を補填するという意味で、文化や政治の領域での重要性が増し、独自性の強調が必要となるのである。こうした領域での文化やナショナル・アイデンティティの強調は、それ自体として議論されるべき面ももちろんあるが、他方では経済領域での主権の縮小と対応し、全体としてのバランスを保つという機能を果たしている。従って、フランスの文化に関わる諸問題は、長期的な視野のなかでは、経済・金融等の他の領域でのグローバル化と関係づけて評価されなければならない。すべての領域での主権の縮小は、国家ないしは社会をグローバル化の渦のなかに投じるに等しい。また、グローバル化の制御・修正の意思は、単純に経済・金融の領域の開放のみによってはなされない。それは、文化やアイデンティティ、さらには社会制度との関係のなかで再検討を求められる。例えば、何が商品として扱われ、何が商品として扱われるべきではないかという問題が、その一例である。近年におけるグローバル化への批判、例えば、社会学者Ｐ・ブルデューによる反グローバル化の政治行動（Bourdieu, 1998＝二〇〇〇）や前述したボヴェの運動も、そうした文脈で議論される必要がある。

また、ＥＵという中間項を経由してのグローバル化への対応は、必然的にＥＵへの主権の一部を譲渡することを通して実施される。これによって国家主権の縮小が生じ、さらには、アイデンティティもフランスとEUの両者に分有されたものとなる。しかし、こうしたEUの活用は、グローバル化にうまく適応するためには避けられない選択肢であり、こうした選択を行うにあたっては、政治、とりわけ国家の果たす役割が大きい。このような移行は、政治領域での論争と権限の明確化を通して現実化されるほかはない。これは、ベックの言葉を借りれば、国民国家からトランスナショナルな国家への移行によってはじめて可能となる(Beck, 2000)。しかし、こうした移行は自動的に起こるものではなく、やはり政治、とりわけ国家がその役割を発揮することを通して初めて現実のものとなる。それゆえ、中期的な移行過程で国家が果たす役割と、最終形態の下での国家の役割とは明確に区別されなければならない。また、長期的には国家主権の縮小が起こるとしても、中期的な意味では、安全保障や社会保障の領域で国家の果たす役割は依然として決定的に重要である。

こうした考察は、「国家の相対化」あるいは「国家の退場」(S・ストレンジ)という形でしばしば言及される命題をより正確に分析することを必要とさせる。確かに、「コンテナ社会」としての国民国家はもはや存在しない。経済・金融・メディアの諸領域を中心にして従来の国家主権からこぼれ落ちる分野は少なくない。しかし、中期的には、上記のような国家の果たす役割の大きな領域は依然として存在する。また、どの領域を開き、どの領域を守るか、さらにはある領域をどのように開くかをめぐって政治的議論はなされ、それは、国家の役割をある意味では増すことになる。さらに、サッセンが述べているように、従来の国民国家型の経済運営から開放経済型の経済運営に移行するとしても、その基準や制度を誰が決定し、誰が管理するかという問題は残り、国家機構内部でそうした権限をめぐって争奪戦が繰り広げられる(Sassen, 1996:1-30)。民営化や規制緩和は、国内の政治的権限の布置状況を変え権力主体の浮き沈みをもたらす[18]。こうした国家の果たす役割がなくなったり、縮小したりするわけではない。その意味で、国家の退場や死滅ではなく、国家の再構成こそが問われなければならない(Wright et Cassese, 1996)。また本章でのフランスの例が示すように、上記の開放された領域とのバランスをとりつつ、国家ないしは社会としてのまとまりを維持していく過程では、しばしば文化やナショナル・アイデンティティについての確認ないしは再構築という課題が重要なものとならざるをえず、ここでも国家の役割を増すことになりやすい。

先に引用したＥＵ政治の専門家であるテロは、自由経済が拡大し国家の比重が縮小するという「超グローバル化」仮説と、権力の断片化とサブナショナルな単位の興隆によって国家の著しい退却が生じるとする「新しい中世」仮説(田中、一九九六)とを取り上げながら、いずれも、移行期における国家の役割を十分に考慮していないとして批判している(Telo, 2001: 9-12)。フランスを含むＥＵ諸国は、当面は、新地域主義とトランスナショナル化しつつある国家をその両輪としながら、グローバル化に対処していくことになろう。

注

(1) こうした点を指摘したものとしては、例えば(Sassen, 1995=1999)があり、そこでは「ナショナリズムの相対立する傾向」が存在するとしている。同様な二つの視点に着目した日本社会の分析として、例えば(モーリス=スズキ, 2002)がある。
(2) 例えば、(Friedman, 1999=2000; Barber, 1995)がその代表例である。
(3) 各種のグローバル化論を集約した最近の代表的文献として(伊豫谷、二〇〇二)がある。この場合も、「経済対文化」という二項対立図式が踏襲されており、「社会」や「社会変動」についての記述は少ない。ただし、経済・金融のグローバル化が文化やナショナリズムを引き起こす理由は、一見すると自明なようで必ずしも明確ではない。樋口直人は、これを次のように説明している(二〇〇二年度日本社会学会大会・社会運動セッションでの説明)。グローバル化が特定の国々や人々を排除へと追い込み、その結果、グローバル化によって排除されたと感じる人々が生まれる。彼らは、自己を排除するもの(グローバル化)を排除するべく主張を展開しようとする。その場合、彼ら自身が依拠しうるものが文化や宗教という枠組みというわけである。
(4) R・S・パレナスもサッセンの議論を受け、こうした事態を「経済の脱ナショナル化」と「政治の再ナショナル化」の同時的存在と要約している(Parrenas, 2001, 26)。
(5) フランスでは、グローバル化は「モンディアリザシオン mondialisation」と呼ばれる。この「モンディアリザシオン」に関する出版物は、日本と較べても異常といえるほど多く、概してそれらの主張は「モンディアリザシオン」に対して否定的である。
(6) しかし、この週三五時間制は発想が伝統的左翼のそれであり、経営者に打撃を与えても硬直性を増すことは避けられず、グローバル化に対抗する積極的戦略とは必ずしもならなかったようである。二〇〇二年には、新たな右派政権の下で週三九時間制へと復帰した。

(7)「文化的例外」については、(Rigaud, 1995; Gournay, 2002) 等を参照。「オーディオビジュアル」の定義それ自体が論争をはらんでいるが、ここではさしあたり、テレビ番組等を念頭におくことにする。

(8) このナショナルな主張との共鳴という点で興味深いエピソードがある。ボヴェは二〇〇二年秋に日本を訪れ、各地での連帯集会に参加している。ここで興味深いのは、彼を招待した主催者の一つが日本の農協(JA)であり、ボヴェは、日本の農民たちとの連帯を強調しているという点である。この文脈でボヴェは、米は日本の食「文化」であり、日本の「文化」を代表する存在であり、米を生産する農村の風景それ自体が日本の「文化」をなしている、と述べている(NHKのニュース番組による)。フランスでのボヴェたちの主張を日本的に翻訳すると、上記のようなことになる。こうした主張は日本では極めて弱い。

(9)「文化」の定義は多様であり、ラング元文化相の下での文化政策が示すように、かなり広いものでもありうる。例えば人の国際移動によって引き起こされる「ハイブリッドな文化」あるいは「クレオール文化」と呼ばれるものは、しばしばポスト国民国家時代の文化状況を示すものとして注目されている。しかし、こうした文化は、必ずしもフランス文化の枠外に位置するものではなく、新たなフランス文化を形作る構成要素とみなされることもあり、常に外国人の文化ゆえに排斥の対象となるとは限らない。移民第二世代である「ブール世代」の文化も、伝統的なフランス民族主義にとっては排斥の対象であり他者の文化であるが、文化の現代化を追求する人々にとっては、新たに生み出されるべきフランス文化の構成要素とならないわけではない。その意味で、「ブール世代」の文化は、どのようにフランス人/外国人の文化的境界線を引くかをめぐる論争と関連しており、興味深い。また、フランスのシビック・ナショナリズムそれ自体が、「本質主義」的というよりも、極めて「構築主義」的なものであることも確認しておくべきであろう。

(10) こうした「多文化主義」ではなく「統合主義」へと向かう趨勢は、それに対する評価の問題は別として、本稿が分析対象としているフランスだけではなく、近年のアメリカやドイツ等の移民受け入れ国にも共通する現象といえる(Brubaker, 2001)。

(11) フランスは、こうした「偽善」を十分に意識しているかどうか不明であるが、事実として、二つのレベルでは議論が異なっている。この点は、三浦信孝氏との会話によって教えられた。ただし、フランスによる国際社会における「文化的多様性」の強調はフランス「国民文化」の強調と結びつきやすいが、それが国内における「文化的多様性」と論理的に結びつかないわけではない(Gournay, 2002, 94-95)。

(12) フランスの移民問題には、大別するとマグレブ系移民の統合問題と「サンパピエ」の合法化をめぐる問題とがあるが、移民の入国時期や直面する課題の違いもあって、この二つの問題はほとんど相互に無関係であるのが印象的である。共闘関係もほとんどない。いうまでもなく、前者のマグレブ系移民は統合問題に直面し、後者の「サンパピエ」は、ナショナルな権利というよりも国際人権レジームとより深く関係している。先述したSOSラシスムの路線選択は、マグレブ系移民の社会的統合という課題を主要な背景としてなされたものである。

(13) 本章執筆時に進行中のイラクへの武力制裁の問題の今後をめぐる行方は不透明だが、アメリカとフランス・ドイツとの対立によってEU諸国が外交的に一枚岩ではなくなり、武力行使に積極的なアメリカ・イギリス・スペインと、これに消極的なフランス・ドイツ・ベルギーに分裂したことは注目に値する。これによって、マーストリヒト条約やアムステルダム条約の締結以降、追求されてきたEUの「共通外交政策」が事実上瓦解した。従って現時点では、EUの「共通外交政策」を提示することはできず、「アメリカ対EU」という形で図式を単純化することはできない。

(14) フランスにおいて「グローバル化(mondialisation, globalisation)」という言葉が一般大衆の間に広まったのは、一九九〇年代後半以降のことであり、「グローバル化」に関する書籍のほとんどが、この時期に至って刊行されている。

(15) この「共和国的合意」に関しては、とりわけ移民政策の分野においては多くの議論があり、批判的な意見も多い。とりわけ外国の移民研究者の間で批判が多い。その多くは、アングロサクソン的な分野に立った外在的な批判であるが、フランス語圏に属したEU的な視点からの批判として、(Favell, 1998)があげられる。ただし、「共和国的合意」とはいっても、従来のそれとは異なることも認めなければならない。すなわち、従来の「平等」観への批判から「エクイティ」への着目が始まっており、「共和制」の下でもエスニシティなどの中間集団に対する事実上の承認が開始され、「共和制」の意味変容が起こっている点は見逃せない（宮島、二〇〇二）。「共和国的合意」それ自体が変化してきているのである。

(16) 連邦制か国家連合かといった制度的大枠に関わる問題である。

(17) こうしたＥＵの機構としてのまとまり、ないしはＥＵ市民としてのアイデンティティは、二〇〇三年三月現在、イラク問題をめぐるＥＵ諸国間の対立によって弱体化しつつあることを認めざるを得ない。その意味でイラク問題は、ＥＵの最終形態、ＥＵの共通外交政策に深刻な影響をもたらしている。

(18) 一九九〇年代以降今日に至るまで続いている、日本の経済・金融の自由化においても、同様な事態が確認される。そこでは中央省庁の権限が一律に縮小したのではなく、財務省や金融庁などの「勝ち組」と、民営化の対象となる部門を多くもった省庁などの「負け組」とに分かれている。グローバル化を契機とする形で、省庁間の権限をめぐる競争が繰り広げられている。

文　献

稲葉奈々子、一九九八年、「九〇年代フランスにおける『もうひとつの移民問題』―脱工業社会とアフリカ系移民」宮島喬編『現代ヨーロッパ社会論』人文書院。

――、二〇〇二年、「新しい貧困層と社会運動―フランスにおける『住宅への権利運動』のなかの移民たち」宮島喬・梶田孝道編『国際社会４　マイノリティと社会構造』東京大学出版会。

伊豫谷登士翁、二〇〇二年、『グローバリゼーションとは何か』平凡社。

梶田孝道、二〇〇二年、「西欧『右傾化』の深層」『週刊エコノミスト』二〇〇二年八月六日号、毎日新聞社。

小井土彰宏、二〇〇二年、「ＮＡＦＴＡ圏と国民国家のバウンダリー―経済統合の中での境界の再編成」梶田孝道・小倉充夫編『国際社会３　国民国家はどう変わるか』東京大学出版会。

田中明彦、一九九六年、『新しい「中世」』日本経済新聞社。
花田達朗、一九九九年、『メディアと公共圏のポリティクス』東京大学出版会。
三浦信孝（編）、一九九七年、『多言語主義とは何か』藤原書店。
三浦信孝、二〇〇一年、「問われるジャコバン共和国―フランスにおける共和主義と多文化主義」中央大学人文科学研究所編『民族問題とアイデンティティ』中央大学出版部。
――、二〇〇二年、『現代フランスを読む―共和国・多文化主義・クレオール』大修館書店。
宮島喬、二〇〇二年、「移民の社会的統合における『平等』と『エクイティ』」宮島喬・梶田孝道編『国際社会2 マイノリティと社会構造』東京大学出版会。
テッサ・モーリス＝スズキ、二〇〇二年、『批判的想像力のために―グローバル化時代の日本』平凡社。
都留民子、二〇〇〇年、『フランスの貧困と社会保護』法律文化社。
Aguiton, Ch., 2001, *Le monde nous appartient*, Paris: Plon.
ATTAC, 1999, *Contre la dictature des marchés*, Parisa Attac, La Dispute, Syllepse, VO éditions.
――, 2001, *Tous sur ATTAC*, Paris: Mille et une nuits. (二〇〇一年、杉村昌昭訳『反グローバリゼーション民衆運動―アタックの挑戦』つげ書房新社)
Barber, B., 1995, *Jihad vs. McWorld*, New York: Times Books.
Bauman, Z., 2000, *Globalization: The Human Consequences*, Cambridge: Polity Press.
Beck, U., 2000, *What is Globalization?*, Cambridge: Polity Press.
Bourdieu,P., 1998, *Contre-feux: Propos pour servir à la résistance contre l'invasion néo-libérale*, Paris: Liber-Raisons d'agir. (二〇〇〇年、加藤晴久訳『市場独裁主義批判』藤原書店)
Boutih, M., 2001, *La France aux Français? Chiche?*, Paris: Mille et une nuits.
Bové, J., et Dufour,F., 2000, *Le monde n'est pas une marchandise: Des paysans contre la malbouffe*, Paris: La Découverte. (二〇〇一年、新谷淳一訳『地球は売り物じゃない！―ジャンクフードと闘う農民たち』紀伊國

屋書店）

Brubaker, W. R., 2001, The return of assimilation?: Changing perspectives on immigration and its sequels in France, Germany, and the United States, *Ethnic and Racial Studies*, Volume 24, No. 4, July 2001.

DAL, 1996, *Le logement: un droit pour tous*, Paris: Le cherche mide éditeur.

Demazière, D., 1995, *La sociologie du chomage*, Paris: La Découverte & Syros.（二〇〇二年、都留民子訳『失業の社会学―フランスにおける失業との闘い』法律文化社）

Droits Devant!!, 1999, *Liberté, Égalité...Sans-papiers*, Paris: L'Esprit frappeur.

Favell,A., 1998, *Philosophies of Integration: Immigration and the Idea of Citizenship in France and Britain*, London: Macmillan Press.

Friedman,T., 1999, *The Lexus and the Olive Tree: Understanding Globalization*, New York: Farrar, Straus and Giroux.（二〇〇〇年、東江一紀・服部清美訳『レクサスとオリーブの木―グローバリゼーションの正体』（上下）草思社）

Gournay, B., 2002, *Exception culturelle et mondialisation*, Paris: Presses de sciences po.

Gordon, P. H. and Meunier,S., 2001, *The French Challenge: Adapting to Globalization*, Washington, D.C.: Brookings Institute Press[2002, *Le nouveau défi français: La France face à la mondialisation*, Paris: Odile Jacob].

Haut Conseil à l'Intégration, 1993, *L'intégration à la française*, Paris: La documentation française.

Lamy, P., 2002, *L'Europe en première ligne*, Paris: Seuil.

Leonard, Y., 1993, *Cahiers français*, *No260 Culture et société*, mars-avril 1993, La documentation française.（二〇〇一年、植木浩監訳・八木雅子訳『文化と社会―現代フランスの文化政策と文化経済』芸団協出版部）

Parrenas, R. S., 2001, *Servants of Grobalization: Women, Migration, and Domestic Work*, Stanford: Stanford University Press.

Rigaud, J., 1995, *L'exception culturelle: Culture et pouvoirs sous la Ve République*, Paris: Grasset.

Sassen,S., 1995, *Losing Control?: Sovereinity in an Age of Globalization*, New York: Columbia University Press.（一九九九年、伊豫谷登士翁訳『グローバリゼーションの時代』平凡社）

Telo,M.（ed.）, 2001, *European Union and New Regionalism*, Aldershot: Ashgate.

Védrine,H.（avec D. Moisi）, 2000, *Les cartes de la France à l'heure de la mondialisation*, Paris: Librairie Arthème Fayard [P. H. Gordon（translated by）, 2001, *France in an Age of Globalization*, Washington, D.C.: Brookings Institution Press].

Weil, P., 1997, *Mission d'étude des législation de la nationalité et de l'immigration*, Paris: La documentation française.

Wright, V. et Cassese, S.（sous la direction de）, 1996, *La recomposition de l'État en Europe*, Paris: La Découverte.

第8章　グローバリゼーションと人間の安全保障の興隆

内海　博文

1　セキュリティの問題と国民国家

「われわれが今日生きている世界は、不安な、危険にみちた世界である」（Giddens, 1990＝一九九三：二三）。近年、「安全」や「安心」、「不安」や「リスク」、「危険」や「脅威」といった語をキー概念とする議論が、社会学やその隣接領域で目につくようになっている[1]。「セキュリティ（security）」論として概括できるこれらの議論には、おそらくいくつかの由来がある。なかでも一九九〇年代以降のグローバリゼーション論の興隆と並行するように、「セキュリティ」論にも変化が現れてきたことは重要である。グローバリゼーションといわれる変動のなかで「安全」と「安全保障」をめぐる状況が変わりつつあることを、そのことは示している。

本章では、グローバル化のなかでもとくに国民国家の変容に着目し、この観点から現代における「セキュリティ」の問題にアプローチする。第一節では、国民国家のもとで成立してきた「安全」を分析する。第二節では、国民国家よる安全保障の限界を、冷戦以後の「破綻国家」と「介入」との関連で整理する。第三節では、国民国家による安全保障に代わるものとして登場してきた「人間の安全保障（human security）」論を分析する。第四節では、九・一一以後の安全保障をめぐる状況の変化を、「人間の安全保障」と「諸国家（諸国民）の連帯」という対比を用いて検討する。最後の第五節では、現代の「セキュリティ」の問題が示す若干の社会学的含意を指摘する。

二〇世紀において、諸個人による「安全」の経験を方向づけてきたものの一つが、国民国家である。国民国家による安全保障は、次のように図示できる（図1）。

国民国家のもとでの「安全」には、少なくとも二つの局面が存在する。対外的な「安全」と対内的な「安全」である。

対外的な「安全」において焦点となってきたのは、「国家」の安全である。「国家」が対外的に「安全」であるとは、他国の軍事力によって国境ないし領土が脅威にさらされていない状態を指す。この「安全」を保障する手段が、軍事力の充実である。国境や領土を、他国の軍事的な攻撃から軍事力を用いて守ることが、この安全保障の中心的な課題である。なおこの安全保障には、「自国の『安全』を本来は確

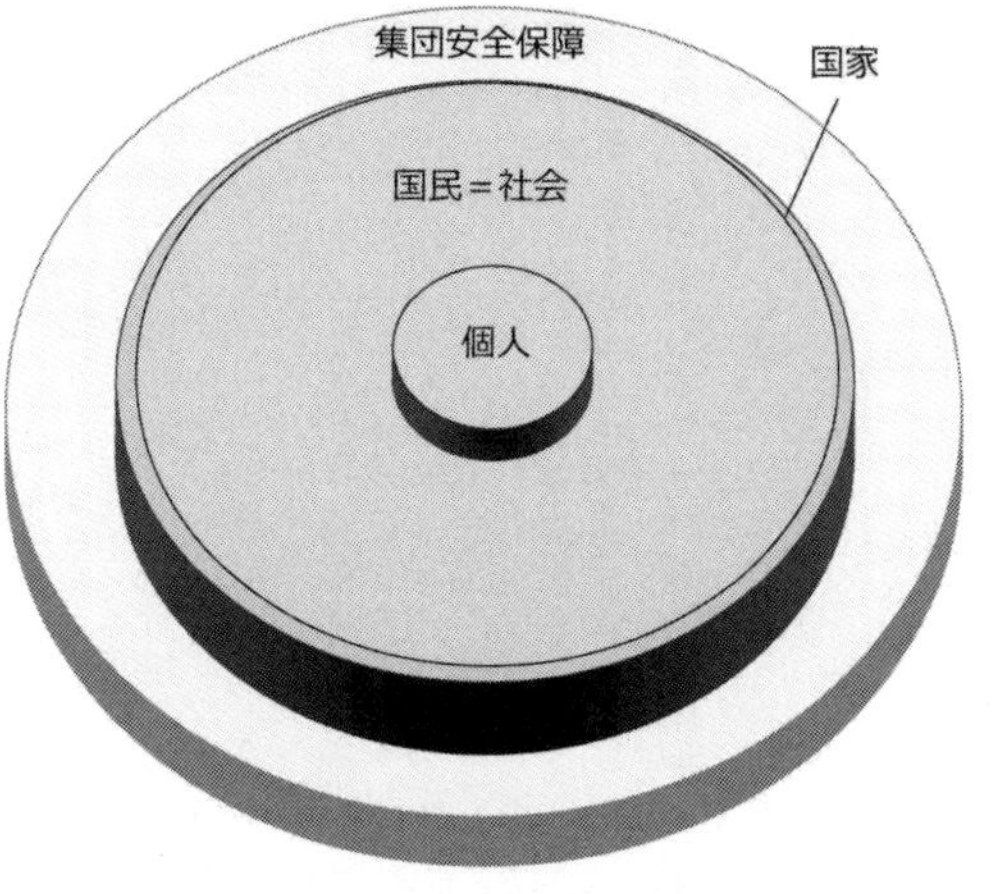

図1 国民国家による安全保障

保するための軍事力が、結果的に自国の『脅威』認識を拡大する」という、「安全保障のジレンマ」がつきまとう（猪口ほか、二〇〇五：六六）。各々の諸国の軍事力の充実が、結果として「安全」を低下させるというジレンマである。

これに対し、対内的な「安全」の焦点は、「国民」の「安全」である。「国民」が「安全」であるとは、「国民」の生活が脅威にさらされていない状態を指す。ここでいう脅威には、大きく二つの種類が認められる。一つは、近代の「国民」の生活が全体として孕む脅威であり、もう一つは、特定の個人に降りかかる脅威である。前者の脅威として想定されるのが、たとえば市場経済（生産物市場・労働市場・金融市場など）の拡大のなかで引き起こされる、不当な競争や過酷な労働条件である。これに対し、後者の脅威として想定されるのは、前者の安全保障を前提とする、その意味で「正常」な市場経済の作動が、個々人に一定の確率で及ぼす生活条件の悪化である。

国民国家は、これら二種類の脅威のそれぞれに即して、安全保障の手段を整備する。前者の脅威に対しては、脅威をできるだけ取り除くことを狙いとした安全保障の仕組みが整えられる。労働基本法や労働組合法の整備、金融政策や財政政策といった経済政策、独占禁止法などの経済法の充実などがこれにあたる。後者の脅威に対しては、脅威が実現した際の個人的負担を軽減する安全保障の仕組みが整えられる。労働関係調整法の整備や公共事業による失業者の雇用、公的扶助、社会保険や社会保障といった社会政策の充実などがこれにあたる。

対外的な安全保障の仕組みを「国家の安全保障（national security）」、対内的な安全保障の仕組みを「（広義の）社会保障（social security）」と呼べば、国民国家における「安全」は、これら二つの安全保障によって方向づけられてきたといえる。国民国家によるこうした安全保障は、他に類をみないほど高度かつ広範な「安全」を確立してきたとされる。「近代的社会制度の発達とその世界中への普及は、前近代のいずれのシステム類型と比べても、人びとが安心でき、努力し甲斐のある生活を享受できる好機を生みだしてきた」（Giddens, 1990 = 一九九三：二〇）。

この安全保障のあり方を可能にしたのが、国家機構による暴力独占や租税独占、市場経済といった諸制度だが、さらにもう一つ無視できないのが、「国民（nation）」＝「社会」の形成である。

「国民」とは、特定領域内に居住する諸個人の集合に付与される名称ないしラベルである。だがそれは単なる名称にとどまらない。「国民」は、とりわけ他の領域国家との関係において、諸個人から独立した存在であるかのように想像される。つまり、a人の諸個人の集合に与えられた「国民」という名称は、集合論における集合概念がそうであるように、いわばa＋一人目の人格として実体化される。そこに「国民」は、この集合の外延的定義において列挙される、要素としての諸個人から、相対的に独立した一種の行為者＝「社会」とみなされる。「一体となって活動する集団を形成するために、一〇〇人が統合する場合、……真の新しい人格、つまり、一〇一人目の人格、超越的人格が存在し、その超越的人格のなかでこれら一〇〇人の人びとが生き、存在する、といわなければならない」（バーカー、一九八八：一〇八）。

また「国民」は、領域内部の諸個人との関係において独特の効果を発揮する。すなわち、ある一群の人々に対して「国民」という集合名称が付与されることは、集合論での集合の内包的定義がそうであるように、その要素に共通性を想定することでもある。こうした共通性を総称する概念としてしばしば用いられるのが、「文化」――共通の信念や習慣、生活様式など――である。「国民」は、共通の「文化」といういわばその内包的定義に基づいて、要素とされる諸個人を一種の共同体＝「社会」として想像させる。「いかに小さな国民であろうと、これを構成する人々は、その大多数の同胞を知ることも、会うことも、あるいはかれらについて聞くこともなく、それでいてなお、ひとりひとりの心の中には、共同の聖餐（コミュニオン）のイメージが生きている」（Anderson, 1983＝一九八七：一七）。

領域内部の諸個人から独立した行為者とみなされるとともに、諸個人に共通性を付与する「国民」の概念。この「国民」という「社会」の形成は、次のようなかたちで国民国家における安全保障を可能にする。

「国家の安全保障」についていえば、そこでの安全保障の手段は軍事力である。だがそれを実際に行使するのは、「国民」である。軍事力を潜在的・顕在的な手段とした他の諸国との関係において、「国民」は一種の行為者とみなされる。「国民」という一つの統一的な人格ないし意志の名のもとで、対外的な安全保障の仕組みは発動される。そして諸個人は、この対外的な安全保障に自ら進んで参加しなければならない。その軍事力の行使は、諸個人の個別的な意志から相対的に独立した「国民」の意志であり、それへの参加は、同じ「文化」を分かち持つ仲間としての「国民」を助けることだからである(例：徴兵拒否のスティグマ)。「たとえ現実には不平等と搾取があるにせよ、国民は、常に、水平的な深い同志愛として心に思い描かれる……。……この同胞愛の故に、過去二世紀にわたり、数千、数百万の人々が、かくも限られた想像力の産物のために、殺し合い、あるいはむしろみずからすすんで死んでいったのである」(Anderson, 1983 = 一九八七：一九)。

「(広義の)社会保障」についていえば、そこでの安全保障のための具体的手段は多岐にわたる。だがそのいずれにおいてもカギとなるのは、「国民」の概念である。つまり、国民国家(福祉国家)は、「国民」を単位とした経済(国民経済)の維持と発展という観点から、市場経済に介入し、また、介入下の市場経済（混合経済）のもとでの脅威に対しては、再配分等の手段を通じてその緩和に努める。「経済的自由主義と自由放任」をもって旨とする、近代の「自己調整的市場」（Polanyi, 1957＝一九七五）の理念からすれば、あきらかに矛盾するこうした保護を後押ししたのが、「国民」の概念である。すなわち、「文化」の同一性を特徴とする「国民」の概念は、その生活においてさまざまな脅威にさらされている諸個人を、相互に扶助しあう共同体の一員に変換する仕掛けとして作用する。「『日常生活のあらゆるリスク』——病気や怪我、非自発的失業、老後——に備えて、あらゆる市民の間に連帯的契約を組織することは、……社会全体の平和的な発展にとって必要条件であると思われる』。これが一九四五年以後に具現化された社会保障の完全な綱領である」（Castel, 2003:288）。

諸個人が、それを媒介にして「安全」を保障し合うところの「社会」としての「国民」。これが「国家の安全保障」と「（広義の）社会保障」を柱とする、国民国家による安全保障の一つのカギをなす。

なお国民国家のあいだも真空ではない。そこでの「安全」は、内政不干渉と武力不行使を原則とする集団安全保障体制により確保される。内政不干渉とは、「国民」という主権者を確立した諸国家どうしの関係において、互いの内政には立ち入らないという取り決めである。また武力不行使とは、自衛以外の組織的暴力の行使を諸国家が互いに禁じあうという取り決めである。国民国家による安全保障のいわばネガとして作用してきたのが、内政不干渉と武力不行使を原則とする集団安全保障である。

2　国民国家による安全保障の限界——破綻国家と介入

諸個人における安全を、それぞれの国民国家が保障する。諸国はお互いに、他国の安全保障の問題には立ち入らない。主権国家群のこうした集団安全保障を、分権的な安全保障体制と呼べば、そこには固有の問題も認められる。さきに見た対外的な安全保障のジレンマはその一つである。これ以外にも、特定の領域国内部の少数派による自決権や分離独立の要求といった問題が挙げられる。そこでは、主権を備えるとされた当該政府と、少数派の自決権の、いずれが尊重されるべきか、という問題が現れる。とはいえ、こうした問題に直面しながらも、国民国家に基づく分権的な集団安全保障を維持してきたのが、二〇世紀だったといえる。

だが分権的な安全保障によっては対応しがたい問題が、二〇世紀の末に現れてくる。「破綻国家（failed state/collapsed state）」の問題である。「破綻国家」とは、「主権の維持、領土の管理、国民の統合あるいは経済の自立に失敗し、政府機能の麻痺、社会の崩壊、国民の分裂、経済的破綻などにより国民国家として自立できなくなった国家」（田中・中西、二〇〇四：二五二）と定義される。国家の管理的権力——暴力手段の効果的管理、情報の保管や統制を通じた監視など——が適切に機能しておらず、領域内の諸個人の安全が保障されていない状態である。こうした「破綻国家」が、冷戦終結後の一九九〇年代に目につき始める。なかでもその象徴とみなされたのが、「内戦(internal war/civil war)」である。それは、国民国家による安全保障が想定してきた、国境の外からの軍事的脅威――いわゆる「戦争(war)」――ではなく、国境線の内側で自「国民」に向けられる軍事的な脅威だという点で、安全保障上の新たな脅威の出現を示していた(2)。

この新たな脅威に対し、冷戦期とは異なる新たな対応が模索された。問い直されたのは、主権国家群を前提にした集団安全保障体制である。従来の安全保障ではネガとされてきた「国民国家のあいだ」がポジとして、つまり、安全保障の重要な担い手として位置づけられる。その結果、不干渉と武力不行使を原則とする従来の集団安全保障から、「介入」ないし「人道的介入(humanitarian intervention)」を掲げる集団安全保障へという展開が現れてくる(3)。ただしその場合でも、二〇世紀型の分権的な性質は堅持された。「破綻国家」、「内戦」、そして「介入」といった概念は、特定地域における「国家」破綻の問題をあくまで国内問題として位置づけながら、同時に、国際的にも放置できない問題として問題化するという構図を、端的に表す。この新たな集団安全保障のもとで、さまざまな「介入」が行われた。平和維持活動(PKO)をはじめとする国際連合の平和活動や多国籍軍の活動が活発化するのも、この時期である(旧ユーゴスラビア、ソマリア、ルワンダ、グルジア、タジキスタン、ハイチ)。

だが「破綻国家」に対する「介入」は、新たな課題をあかるみに出す。その課題は次の二つのレベルに分けられる。

第一に、「破綻国家」における「社会」の不在である。国家の管理的権力は、領域内部に居住する諸個人の安全の保障にとって重要である(Giddens, 1987 = 一九九九)。だが管理的権力が有効に作動するには、「国家成員のあいだの摩擦を最小のものとし、かれらの発展を最大のものにするように企図された諸規範によって、人間生活を調整するという特殊な目的」(バーガー、一九八八：一一三)に即して、それが運営される必要がある。ここで重要になるのが、前節で触れた「国民」=「社会」の形成である。領域内部のあらゆる諸個人から相対的に独立した、統一的な人格の(擬制的な)形成は、国家の管理的権力と諸個人の安全の安定的な保障が結びつくうえで、重要な意義を持つ。逆に、「国民」=「社会」の十分な確立をともなわない管理的権力は、その恣意的な運用や住民相互の対立を招き寄せる。冷戦終結後の「内戦」とは、冷戦期には潜在化してきたこの「国民」=「社会」形成の困難が、超大国の対立という枠組みの消失によって顕在化してきたものであった。それゆえ「破綻国家」への「介入」による管理的権力の増強だけでは必ずしも問題の解決へとつながらず、ときに「介入」は「内戦」を激化するという効果すら及ぼす(ソマリア)。「破綻国家」への「介入」の困難は、諸個人がそれを媒介にして安全を保障し合うところの「社会」の存在が、国民国家による安全保障の一つのカギであったことを、裏書きするものであった。

第二に、「国民国家のあいだ」における「社会」の不在である。内政不干渉から「介入」への集団安全保障の展開は、「破綻国家」における諸個人の安全にとって重要である。とくに「内戦」にまで至った状況に対して、何らかの「人道的支援」がまったく不要だということは難しい。しかしそうした集団安全保障が有効に作動するには、集団安全保障体制をとる諸国民国家のあいだに、すべての国民国家から相対的に独立した統一的な（擬制的）人格が、多かれ少なかれ形成されている必要がある。そうでない限り、異なる「国民」からなる国民国家の集合体は、「破綻国家」への「介入」に際して、自国の事情や判断を優先させ、共同で事に当たることができない。その結果、各国民国家の思惑が、集団安全保障体制に亀裂を生み、「破綻国家」における悲劇を増幅することがある（ルワンダ）。「破綻国家」への「介入」の困難は、一九九〇年代の集団安全保障が、国民国家による分権的な安全保障の系譜に属することを裏書きするものであった(4)。

分権的な国民国家による安全保障の限界を乗り越えようとした、一九九〇年代の集団安全保障の展開は、意図せざる形で、国民国家を基礎にした集団安全保障の限界を示すことになった。この課題への取り組みにおいて現れてくるのが、「人間の安全保障」論である。

3　人間の安全保障

「人間の安全保障」という表現が広く浸透する契機となったのは、M・ハクらによる一九九四年のU

NDP報告書『人間開発報告書』や二〇〇〇年のK・アナン国連事務総長の『われら人民』である（Annan, 2000; UNDP, 1994 = 一九九四）[5]。そこでの「セキュリティ」概念の問い直しの方向は、次の一節に見てとれる。「セキュリティの概念は変わらねばならない――国家の安全保障にのみ焦点を合わせたセキュリティ概念から、人々のセキュリティにもっと重点を置いたものに、軍事力を通じたセキュリティ概念から人間開発を通じたセキュリティに、領土の安全から食糧、雇用、環境のセキュリティに」（UNDP, 1993:2）。

「人間の安全保障」論の包括的な見取り図は、A・センと緒方貞子を中心とした、二〇〇三年の人間の安全保障委員会報告書『安全保障の今日的課題』で示された。そこにおいて「人間の安全保障」は、「人間の生にとってかけがえのない中枢部分を守り、すべての人の自由と可能性を実現すること」（Commission on Human Security, 2003 = 二〇〇三：一一）と定義される。この定義だけを見る限り、その射程は明確ではない。国民国家による安全保障の限界、および、国民国家を基礎にした集団安全保障の限界への応答として位置づけることにより、「人間の安全保障」論の射程は明確になる。「国際社会は安全保障の新しい理論的枠組みを早急に必要としている。なぜなら、一七世紀に国家の安全保障が提唱されて以来、安全保障をめぐる議論は現在までに大きな変容を遂げたからである」（Commission on Human Security, 2003 = 二〇〇三：一〇）。

国民国家による安全保障と「人間の安全保障」論の相違は、それぞれが想定する安全保障の客体と主体に現われている。

安全保障の客体として、国民国家による安全保障が念頭に置くのは、特定領域内部の「国家」や「国民」の安全である。これに対し「人間の安全保障」論は、国境を越えた「人間」ないし諸個人を、安全保障の客体とする。また安全保障の主体として、国民国家による安全保障が念頭に置くのは、「国家」あるいは「国民」である。これに対し「人間の安全保障」論では、「国家」以外にも、「国際機関、地域機関、非政府機関（NGO）、市民社会など」の多様な担い手が想定されている。これを図示すれば、次のようになる（図2）。

この「人間の安全保障」論には、一九九〇年代の集団安全保障との連続性と非連続性が見てとれる。

連続性は、安全保障の客体に見出される。「人間の安全保障」が「人間」を安全保障の客体とするのは、

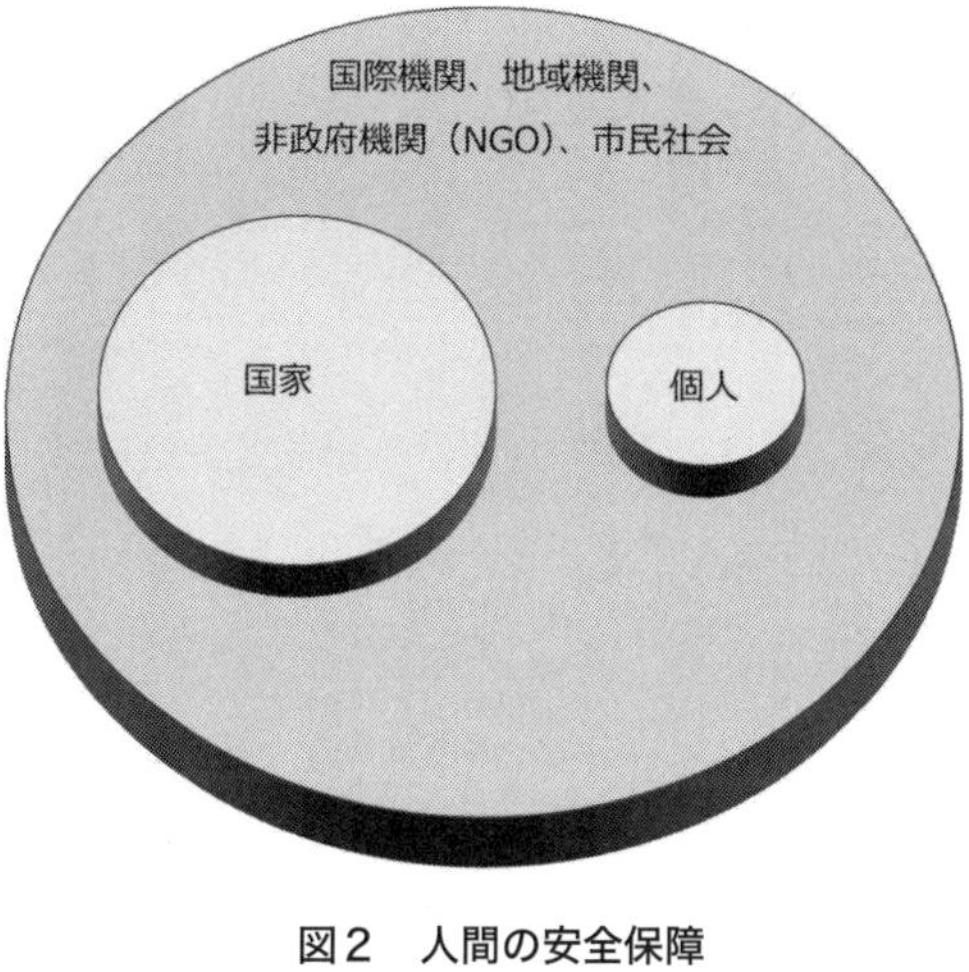

図2　人間の安全保障

「破綻国家」の存在を念頭に置くからである。国家が領域内部の諸個人の安全を保障できないのであれば、分権的な安全保障には限界がある。国境を越えた諸個人の安全を射程に収めようとする点で「人間の安全保障」論は、一九九〇年代の集団安全保障との連続性を有している。「国家はいまでも人々に安全を提供する主要な立場にある。しかし今日、国家は往々にしてその責任を果たせないばかりか、自国民の安全を脅かす根源となっている場合さえある。だからこそ国家の安全から人々の安全、すなわち『人間の安全保障』に視点を移す必要がある」(Commission on Human Security, 2003＝二〇〇三：一〇)。

だが「人間の安全保障」論には、安全保障の客体と主体のそれぞれに関して、集団安全保障体制との相違が認められる。前節でみたように一九九〇年代の集団安全保障は、「国内問題の国際問題化」(石田、二〇〇四：一八四)という構図を特徴とする。つまり、その安全が脅かされている「破綻国家」という特定の領域に対して、他の領域国家があくまで二次的に「介入」する。いいかえればそれは、安全が脅かされている「国民」に対して、他の「国民」が援助するという構図を持つ。これに対し「人間の安全保障」論では、「破綻国家」の問題は、そもそも「国内問題」とはみなされない。安全保障の客体に「人間」を据えるそれは、「破綻国家」の問題を、空間上の境界のない「人間」の安全への脅威として位置づける。そのためその安全保障は、当該国家が優先的に担うものではない。「国際機関、地域機関、非政府機関(NGO)、市民社会など」の多様なアクター——すなわち「人間」——によって担われるものになる。先の引用文中の、「国家の安全から人々の安全、すなわち『人間の安全保障』に視点を移す必要がある」という一節は、その意味で、安全保障の客体に関する問い直しだけでなく、「人間」による安全保障という、主体の問い直しも含意する。この点で「人間の安全保障」論は、分権的な集団安全保障体制とは異なる。

「人間」による「人間」の安全保障という「人間の安全保障」論の構図は、「破綻国家」や「国民国家のあいだ」における「社会」の不在という、一九九〇年代の集団安全保障に見られた課題への回答であるとみなしうる。それは、「社会」、「個人」、そして「国家」の位置づけの次のような変化として整理できる。

まず「人間の安全保障」論は、安全保障の担い手として、非政府機関（NGO）や市民社会などを重視するが、これは「社会」の位置づけの変化とみなしうる。つまり、国民国家による安全保障やその延長線上にある集団安全保障が、諸個人がそれを媒介にして安全を保障し合うところの「社会」として想定してきたのは、「国民」であった。これに対し「人間の安全保障」論は、そうした従来的な諸「社会」を越えた「社会」、つまり個々の「国民」を越えた、トランスナショナルな「社会」のイメージを提示する。「人間の安全保障は、……一極や多極ではなく、極性のない（unpolar）世界への展望を提示している」（Commission on Human Security, 2003＝二〇〇三：二〇）といわれるとき、そこで思い浮かべられているのは、国民国家群の織りなす一極や多極の世界ではなく、それらをも包摂する、グローバルな「社会」の平面であろう。こうした「社会」の再想像を促す点で、「人間の安全保障」論は従来の安全保障にはない性格をもつ。

この「社会」像との関連において、諸「個人」の位置にも変化が生じる。すなわち、国民国家による安全保障や集団安全保障においては、諸「個人」は、まず特定の「国民」の一員として位置づけられる。それゆえ、ある「国民」に属している諸「個人」が、別の「国民」に属する諸「個人」の安全に、どのように関わるのかが問題となる。これに対して「人間の安全保障」論は、諸「個人」がそれを媒介にして安全を保障し合うところの「社会」として、グローバルな「社会」のイメージを提示する。その結果、個々の「国民」との関係において捉えられてきた諸「個人」は、個々の「国民」を越えたこのグローバルな「社会」との関係において捉え直される。そこに、グローバルな「社会」のもとにある諸「個人」の安全を、同じグローバルな「社会」に属する諸「個人」がどのように保障しあうか、という問題が設定される。

最後に、こうした「社会」と「個人」の位置づけの変化に伴い、「国家」の位置も変更される。「人間の安全保障」論は、グローバルな「社会」のもとにある「個人」というイメージを提示する。だがこのことは、「国家」の存在意義を低下ないし無効化させるわけではない。「国家」は、トランスナショナルな「社会」や「個人」との関係のもとで位置づけ直されることにより、機能や性質が変わるだけである。つまり、諸「個人」の係属する次元としてグローバルな「社会」が現われることにより、そうしたグローバルな「社会」のもとにある諸「個人」の安全の保障が、「国家」の新しい機能および正当性の源泉として現われてくる。この構図のもとで「国家」は、国際機関やNGOといった他の組織と連携しつつ、「国家」にしか担い得ない新しい機能を要請され始めるのかもしれない。

国民国家による安全保障と対比して「人間の安全保障」論は、「国家よりも個人や社会に焦点を当てていること」(Commission on Human Security, 2003 ＝二〇〇三：一二)に際立った特徴があるといわれる。そこで意味されているのが、こうした「社会」、「個人」、そして「国家」の位置づけ方の変化である。

「人間の安全保障」論のこうした特徴は、脅威の捉え方や安全保障の手段にも表れている。「人間の安全保障」論が想定する脅威は、軍事的脅威に限られない。「金融危機、暴力を伴う紛争、慢性化した貧困、テロ攻撃、ＨＩＶエイズ、保健サービスへの投資不足、水不足、遠隔地にある汚染源による環境破壊など」、さまざまな事象が対処すべき脅威として挙げられている。また安全保障の手段についても、暴力を伴う紛争の場面に限らず、健康や経済、貧困や飢餓、環境や水、人口や移動、教育といった場面での「保護(protection)」と「能力強化(empowerment)」が挙げられている。

脅威と安全保障がこのように幅広く捉えられているのは、それらすべてが諸「個人」の安全に関わるからである。あるいは軍事的脅威を中心に据えていえば、「破綻国家」の「内戦」も、単なる国家の管理的権力の問題ではなく、貧困や公衆衛生上の脅威といった諸要因の絡まり合いにより引き起こされると考えられるからである。加えて、こうした脅威と安全保障の捉え方は、グローバルな「社会」という観点を前提にしてはじめて成立する。つまり、あらゆる諸「個人」が属するグローバルな「社会」があるとして、そうしたグローバルな「社会」の安全を脅かすがゆえに、これら多種多様な事象は脅威として認知され安全保障の対象とされる。国民国家による安全保障とのアナロジーでいえば、それは対外的な安全保障よりも、対内的な安全保障に近い。諸「個人」の安全や特定地域の安全という観点だけでなく、グローバルな「社会の安全」＝「社会保障」という観点からセキュリティの問題にアプローチするのが、「人間の安全保障」論である(6)。

以上のように見るならば、「人間の生にとってかけがえのない中枢部分を守り、すべての人の自由と可能性を実現すること」という「人間の安全保障」の定義は、次のように言いかえられるかもしれない。すなわち、「人間の生にとってかけがえのない中枢部分」とは、「人間」がそれを媒介にして安全を保障し合うところの「社会」、あるいは、そうした「社会」を構築する能力であり、そうした「社会」や能力の安全を保障することにより、「すべての人の自由と可能性を実現すること」が、「人間の安全保障」論である、と。

4　諸国家（諸国民）の連帯による安全保障――九・一一事件以後――

現在、数多くの国際機関やＮＧＯ、研究機関や国家といったさまざまなアクターが、「人間の安全保障」論を、今後のセキュリティのあり方に関する一つの重要な指針とみなして、活動とネットワークの拡大を繰り広げつつある。「人間の安全保障」論は、単なる理念の段階を越え、さまざまな場所に居住する人々の実際のセキュリティの形に、すでになんらかの影響を与えつつある。「人間の安全保障は、国際関係の中心的な体系的原理となりつつあり、また、世界を牽引する外交のあり方についての新しいアプローチを見つけ出すうえで、主要な触媒となりつつある」(Annan et al., 2001: 10)。

とはいえ「人間の安全保障」論の描く新しいセキュリティの形は、むろん容易に実現を見るものではない。国民国家による安全保障、および、国民国家を基礎にした集団安全保障は、その限界を意識されたからといって、即座に正当性や実効性を失うわけではない。国民国家による安全保障と「人間の安全保障」論のあいだの緊張と収斂は、おそらく今後の「セキュリティ」論を方向づける一つの要素となる。

その一事例として、ここではアメリカ同時多発テロ事件(九・一一事件)以後の安全保障論の展開に触れておく。九・一一事件以後、アメリカ合衆国とヨーロッパ諸国、国連を中心に、安全保障をめぐる活発な議論が展開された。それらの議論は細部においては多様だが、一つの共通の方向性を持つ。それを「諸国家(諸国民)の連帯」による安全保障として概括すれば、次のようになる(図3)。

「諸国家(諸国民)の連帯」による安全保障の特徴は、先進国のセキュリティという観点から、「人間」の安全保障を唱えている点にある。すなわち、一九九〇年代の集団安全保障や「人間の安全保障」論が焦点を合わせていたのは、「破綻国家」のような地域における安全の問題であった。だが九・一一事件は、国民国家による安全保障を確立してきたはずの先進国においても、単独での安全保障には限界があることを示した。そこに九・一一事件は、アメリカ合衆国という特定国家の安全への脅威ではなく、国境を越えた「人間」の安全に対する脅威として位置づけられた。「二〇〇一年九月一一日に米国

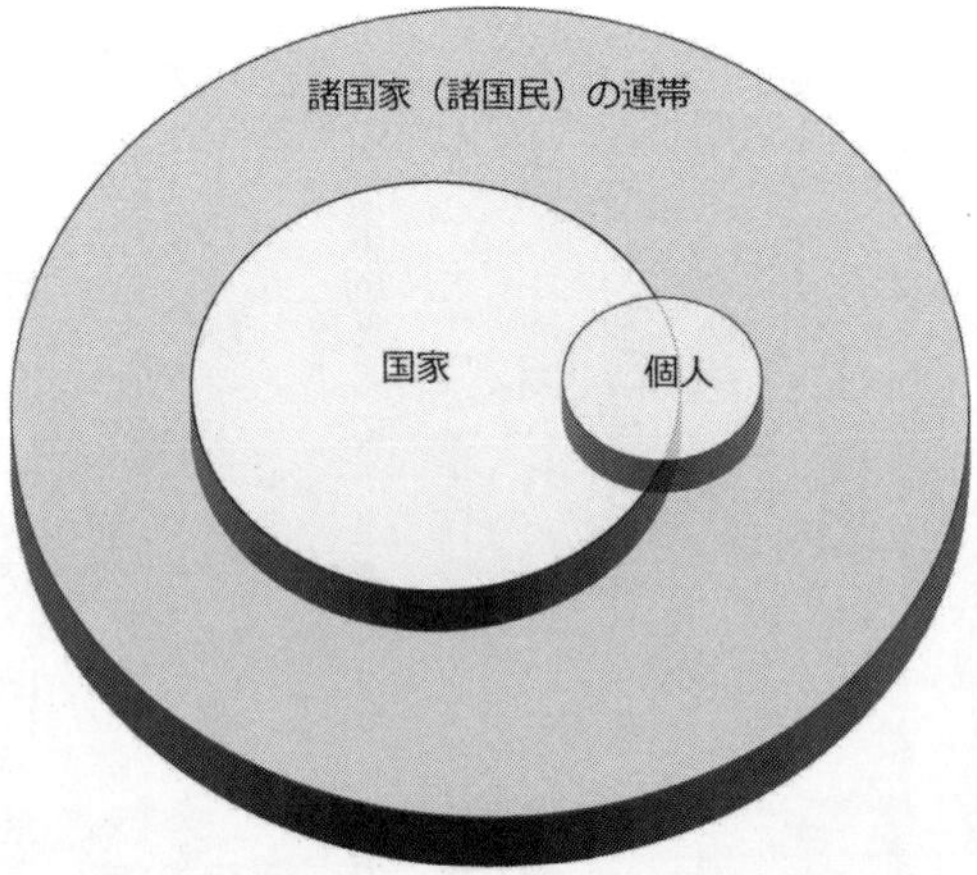

図３　諸国家（諸国民）の連帯による安全保障

を襲った同時多発テロ（九・一一テロ）は、安全保障概念の変容にさらなる一頁をつけ加えた。……国境を越えて活動するテロリスト集団が、唯一の超大国である米国に対してさえ甚大な規模の打撃を加え得ることが明らかになったことで、そうした非国家主体がもたらす脅威に国家や国際社会がいかに対処すべきかという問題が、さし迫った安全保障課題としてにわかに浮上したのである」（防衛大学校安全保障学研究会、二〇〇三：一八）。

以上のような脅威の捉え方は、「人間の安全保障」論に近い。それゆえ挙げられる安全保障の手段も、「人間の安全保障」論の手段と大幅に重複する。つまり、「諸国家（諸国民）の連帯」による安全保障は、軍事的な場面に加え、経済や教育、保健衛生といったさまざま場面での「連帯」を安全保障の手段として挙げる。「諸国家（諸国民）の連帯」による安全保障は、客体や手段、脅威の捉え方といった点で、国民国家による安全保障よりも「人間の安全保障」論と近い観点に立つ。

だが「諸国家（国民）の連帯」である限り、この安全保障において担い手となるのは、最終的にはそれぞれの「国民」である。グローバルな「社会」のもとにある諸「個人」の安全を、同じグローバルな「社会」に属する諸個人がどのように保障しあうか、ではなく、ある「国民」に属している諸個人が、別の「国民」に属する諸個人の安全に、どのように関わるのか、という構図を保持している。この点では、国民国家による安全保障やその系譜に連なる一九九〇年代の集団安全保障に近い。

先進国のセキュリティという観点から「人間」の安全保障を唱えつつも、「諸国家（諸国民）の連帯」というスタンスを保持する安全保障論。九・一一事件以後の安全保障論は、このように概括できる。

だがこの安全保障論の展開を考えるうえで、無視できない一つの変化がある。先進諸国における対内的な安全保障の変化である（Beck, 1986＝一九九八；Castel, 2003）。すでに見たように、第二次世界大戦後の先進諸国は、対内的なセキュリティのために「（広義の）社会保障」の充実を図ってきた。だが一九八七年のM・サッチャー元首相の言葉――「彼ら自身の問題を社会に転嫁してきたそんな時代は、もはや過去のことだと思います。社会とは誰のことでしょう？　そんなものはないのです」――が象徴的に示すように、一九七〇、八〇年代以降、そうした方針に少なからぬ変化が生じ始める。「国民」経済の生産性の低下に伴い、従来的な「（広義の）社会保障」体制の維持が難しくなる。代わって対内的な安全保障は、「国民」の一人一人自身が担わなければならないとされ始める。国家によって対内的な安全を保障される「国民」から、対内的な安全をめぐるリスクを引き受ける「個人」への変化である。あるいは対内的な安全を保障する手段として、「国民」とは異なる、よりローカルなレベルのさまざまな「社会」が注目され始める（NPOや地域コミュニティなど）(7)。

以上の変化を、「諸国家（諸国民）の連帯」による安全保障と組み合わせて考えれば、そこに浮かび上がるのは次のような諸「個人」である。対外的な安全保障に関しては、国境を越えたグローバルな「人間」の安全という掛け声のもと、「国民」の一員として他の「国民」との連帯を要求されながら、対内的な安全の保障では、多かれ少なかれ「個人化」されつつあるか、「国民」よりもローカルな次元での互酬的な安全保障を要請されつつある諸「個人」。ここにはグローバル／ナショナル／ローカルな諸「社会」の、いささか錯綜した関係が見てとれる。こうした諸「社会」の結びつきと対立が今後どのような経緯をたどるのか。それはまだ不透明である。

5 「国民」とは異なる社会

二〇世紀末以降の安全保障論の展開、とりわけ、国民国家における安全保障から「人間の安全保障」論への展開において、隠れた争点となっているのが「社会」である。「国民」＝「社会」に基づいた国民国家における安全保障の困難が、グローバルな「社会」に基づいた「人間の安全保障」論への展開を駆動している。

しかしグローバルな次元には、いまのところ、諸個人がそれを介して互いに安全を保障しあうところの「社会」が、十分な形では存在していない。「諸国家（諸国民）の連帯」による安全保障は、そのことを端的に示している。その意味で現在のグローバルな世界は、「社会」を欠いたまま、集団安全保障体制による「国家」の強化が唱えられた一九九〇年代の「破綻国家」に似ている。そしてそうである限り、「人間の安全保障」論が唱える、グローバルな次元での経済的な再分配や保健衛生の充実、暴力紛争の処理や平和構築といった課題は、特定の「国民」にカテゴライズされる諸個人や、「個人化」されつつある諸個人にとっては、取り組むに足るだけのインセンティブに乏しい課題であり続ける。また一部の人々によるそうした課題への取り組みも、「国民」を単位とした援助者と被援助者、ないし、「ドナーとパートナー」といった構図から簡単には抜け出せない(8)。

「人間の安全保障」が、国際機構や諸国家といった「政治的なもの」を中心に据えて推進されるのであれば、成果は容易には見込めない。グローバルな「社会」の構築を伴うか否か。そうしたグローバルな「社会」が、ナショナルな「社会」やローカルな諸「社会」とのあいだにどのような折り合いをつけることができるか。これが「人間の安全保障」の試金石となる(9)。

このように見るならば、「セキュリティ」をめぐる現代の諸問題は、社会学に対しても新たな課題を提示しているといえる。「国民」＝「社会」とは異なる「社会」の出現である。

すなわち、社会学はその生誕以来、諸個人がそれを介して安全を保障しあうところの「（狭義の）社会」を、研究の対象としてきた。二〇世紀の社会学がそうした「（狭義の）社会」として想定してきたのは、主として「国民」であった。つまり、自覚的であれ無自覚であれ、「国民」という「社会」との関連を念頭において、さまざまな事象にアプローチしてきたのが二〇世紀の社会学だったといえる。

だがいまや「国民」は、諸「個人」がそれを介して安全を保障しあうところの、唯一無二の「社会」ではない。グローバリゼーションのもとでの国民国家の変容にともない、「国民」に付与されてきた「（狭義の）社会」としての特権的な地位は、少なからず失われつつある。その結果、「国民」以外にも、諸個人が互いの安全保障のためにその維持や創出を試みている「諸社会」が、よりグローバルなレベルやよりローカルなレベルで明白に目につき始めている。二一世紀の社会学は、いかなる事象にアプローチする場合であれ、そうした「諸社会」のあいだの緊張や収斂に目を向ける必要があるだろう。二〇世紀の「セキュリティ」論の展開に倣っていえば、二〇世紀の社会学においていわばネガであり続けてきた「諸社会のあいだ」が、二一世紀の社会学においてはポジになる。

その取り組みにおいてつきまとうであろう問い、それはおそらく次のようなものである。「二一世紀の初めにあって、われわれ子孫が答えを見つけなければならない大問題は、……包摂／排除のゲームが人間の共同生活がおこなわれるべき唯一の方法なのかどうか、われわれの共有している世界に結果として具体化される——与えられる——唯一考えうる形式なのかどうかということである」(Bauman, 2004＝二〇〇七：二三二)。

注

(1) 若干の先行研究として、赤根谷ほか(二〇〇七)、Beck (1986＝一九九八、1997＝二〇〇三)、Giddens (1990＝一九九三)、Held and MacGrew (2007)、村上(一九九八)、土佐(二〇〇三)、山口(二〇〇二)などが挙げられる。なお本章では、「安全」と「安心」、「危険」と「リスク」といった概念の差異には立ち入らない。Beck (1986＝一九九八)や村上(一九九八)を参照。

(2) Holsti (1996) によれば、第二次世界大戦後の武力紛争の八割近くは「内戦」である。その限りで、冷戦終結後の「内戦」の問題とは、単なる頻度の高まりではない。冷戦終結を機に、それまでの集団安全保障が問い直され、その結果、「内戦」の位置づけ方が変化したという側面も持つ。この観点からすれば、ハーバード大学の「破綻国家プロジェクト」(Rotberg, 2003) や雑誌 Foreign Policy などによる「破綻国家指標」、さらには「破綻国家」論自体、「介入」の産物だといえる。

(3) 国際関係論の類推論に即していえば、「国際社会」を自然状態のアナロジーで捉える「アナーキカル・ソサエティ」論から、国民国家とのアナロジーで捉える「国内類推 (domestic analogy)」論への移行だともいえる (Bull, 1995＝二〇〇〇；Suganami, 1989＝一九九四)。

(4) 「人道的介入」における「介入の過剰」や「介入の過少」については、最上(二〇〇一)。

(5) 「人間の安全保障」論の歴史的展開については MacFalane and Khong (2006)、一九九四年の『人間開発報告書』については栗栖(一九九八)を参照。

(6) 「社会の安全」＝「社会保障」という議論は、国民国家による安全保障に関する Castel (2003) からの援用である。なお国民国家による「社会保障」と「人間の安全保障」の相違は、「能力強化」にある。「能力強化」が必要とされる理由はいくつかあるが、いずれにしても、現時点における「国民国家のあいだ」の「社会」の不在への認識が、その根底にある。

(7)社会学や隣接領域、社会政策などでの「ソーシャル・キャピタル」や「ネットワーク」、「社会的包摂／排除」概念への注目は、こうした変化に連動している。

(8)この問題についてはロイ(二〇〇四)や Sachs (1992 = 一九九六)を参照。

(9)グローバルな「社会」の指標の一つとして、「移動 (mobility)」(観光から難民まで)が挙げられる。ただし二〇世紀の社会学の焦点が国境内部の垂直移動にあったとすれば、ここで注目されるのは国境を越えた水平移動である。こうした観点からの議論に、Sassen (1996 = 一九九九)や Urry (2000 = 二〇〇六)がある。また『人間開発報告書』の「人間開発指標 (Human Development Index: HDI)」も、グローバルな「社会」を想起させるレトリックとしての意義を持つ。ただし HDI が、国民国家間の比較という意味での「国際比較」の形式を保持している点は興味深い。

文献

赤根谷達雄・落合浩太郎・中西寛・栗栖薫子・中沢力、二〇〇七年、『「新しい安全保障」論の視座――人間・環境・経済・情報』亜紀書房。

Anderson, B., 1983, *Imagined Communities: Reflections on the Origin and Spread of Nationalism*, Verso.(一九八七年、白石隆・白石さや訳『想像の共同体――ナショナリズムの流行と起源』リブロポート)

Annan, K., 2000, *We the Peoples: the Role of the United Nations in the 21st Century*, United Nations, Dept. of Public Information.

Annan, K., R. G. McRae, D. Hubert, L. Axworthy,2001, *Human Security and the New Diplomacy: Protecting People, Promoting Peace*, Mcgill Queens University Press.

Bauman, Z. 2004, *Wasted Lives: Modernity and its Outcasts*, Polity.（二〇〇七年、中島道男訳『廃棄された生——モダニティとその追放者』昭和堂）

Barker, E., 1950, Introduction, *Natural Law and the Theory of Society*, 1500 to 1800 / by Otto Gierke ;with a Lecture on The Ideas of Natural Law and Humanity by ErnstTroeltsch ; translated with an introduction by Ernest Barker,Cambridge : Cambridge University Press .（抄訳、一九八八年、『近代自然法をめぐる二つの概念——社会・政治理論におけるイギリス型とドイツ型』田中浩・津田晨吾・新井明訳、御茶の水書房）

Beck, U., 1986, *Risikogesellschaft auf dem Weg in eine andere Moderne*, Suhrkamp.（一九九八年、伊東美登里訳『危険社会——新しい近代への道』法政大学出版局）

Beck, U., 1997, *Weltrisikogesellschaft*, Weltoffentlichkeit und globale Subpolitik, Picus.（二〇〇三年、島村賢一訳『世界リスク社会論——テロ、戦争、自然破壊』平凡社）

防衛大学校安全保障学研究会編著、二〇〇三年、『安全保障学入門』亜紀書房。

Bull, H., 1995, *The Anarchical Society: a Study of Order in World Politics*, Macmillan Press.（二〇〇〇年、臼杵英一訳『国際社会論——アナーキカル・ソサイエティ』岩波書店）

Castel, R., 2003, *From Manual Workers to Wage Laborers: Transformation of the Social Question*, translated by Richard Boyd, Transaction Pub.

Commission on Human Security, 2003, *Human Security Now*, Commission on Human Security.（二〇〇三年、『安全保障の今日的課題——人間の安全保障委員会報告書』朝日新聞社）

Giddens, A., 1987, *The Nation-State and Violence*, Polity.（一九九九年、松尾精文・小幡正敏訳『国民国家と暴力』而立書房）

Giddens, A., 1990, *The Consequences of Modernity*, Polity.（一九九三年、松尾精文・小幡正敏訳『近代とはいかな

る時代か?——モダニティの帰結』而立書房)

Held, D. & A. McGrew, 2007, *Globalozation Theory: Approaches and Controversies*, Polity.

Holsti, K. J., 1996, *The State, War, and the State of War*, Cambridge University Press.

猪口孝・田中明彦・恒川恵市・薬師寺泰蔵・山内昌之編、二〇〇五年、『国際政治事典』弘文堂。

石田淳、二〇〇四年、「内政干渉の国際政治学」藤原帰一・李鍾元・古城佳子・石田淳編『国際政治講座四 国際秩序の変動』東京大学出版会。

栗栖薫子、一九九八年、「人間の安全保障」『国際政治』一一七号:八五—一〇二。

MacFarlane, N. and Y. F. Khong, 2006, *Human Security and the UN: A Critical History*, Indiana.

最上敏樹、二〇〇一年、『人道的介入——正義の武力行使はあるか』岩波書店。

村上陽一郎、一九九八年、『安全学』青土社。

Polanyi, K., 1957, *The Great Transformation: the Political and Economic Origins of Our Time*, Beacon Press.(一九七五年、吉沢英成訳『大転換——市場社会の形成と崩壊』東洋経済新報社)

Rotberg, R. I., ed., 2003, *When States Fail?: Causes and Consequences*, Princeton University Press.

ロイ・A、二〇〇四年、『誇りと抵抗——権力政治を葬る道のり』加藤洋子訳、集英社新書。

Sachs, W. ed., 1992, *The Development Dictionary: A Guide to Knowledge as Power*, Zed Books.(一九九六年、三浦清隆他訳『脱「開発」の時代——現代社会を解読するキイワード辞典』晶文社)

Sassen, S., 1996, *Losing Control?: Sovereignty in an Age of Gloibalization*, Columbia University Press.(一九九九年、伊豫谷登士翁訳『グローバリゼーションの時代——国家主権のゆくえ』平凡社)。

Suganami, H., 1989, *The Domestic Analogy and World Order Proposals*, Cambridge University Press.(一九九四年、臼杵英一訳『国際社会論——国内類推と世界秩序構想』信山社出版)

田中明彦・中西寛編、二〇〇四年、『新・国際政治経済の基礎知識』有斐閣。

土佐弘之、二〇〇三年、『安全保障という逆説』青土社。

UNDP, 1993, *Human Development Report 1993: People's Participation*, United Nations Publications.
UNDP, 1994, *Human Development Report 1994: New Dimensions of Human Security*, United Nations Publications. ＝一九九四年、『人間開発報告書 一九九四――人間の安全保障』国際協力出版会。
Urry, J., 2000, *Sociology beyond Societies: Mobilities for the Twenty-First Century*, Routledge.（二〇〇六年、吉原直樹・武田篤志訳『社会を越える社会学――移動・環境・シチズンシップ』法政大学出版局）
山口節郎、二〇〇二年、『現代社会のゆらぎとリスク』新曜社。

終章　グローバリゼーションと社会学の未来

厚東　洋輔

1　ポストモダン論からグローバリゼーション論へ

現代社会の特質を記述するキーワードは、一九九〇年代に入り大きく変わった。七〇年代末から現代はモダンを乗り越えたポスト・モダンであると見なす「ポストモダン論」が有力であったが、九〇年代以降は「グローバリゼーション論」がそれに取って代わった。

むろん、こうしたキーワードの変更は一夜にしておこったわけではない。議論の原型はアンドレ・ギュンター・フランクの名とともに名高い「従属理論」によって定礎されたと思われる。彼の基本的アイディアはエマヌエル・ウォーラスティンの「世界システム論」の中で彫琢され続け、その適用範囲が歴史的研究から現代社会論へと広げられたところにグローバリゼーション論は成立したといえよう。

モダン対ポストモダンという二項対立に依拠するポストモダン論は、資本主義対社会主義という東西対立に代わる世界解釈の図式として流行することになった。それに対して、グローバリゼーション論は、南北対立図式の最新版と位置づけることが可能だろう。ポストモダン論では、物事の変化は「モダンからポストモダンへ」といった時間の流れの中でとらえられていた。グローバリゼーション論では「中心と周縁の相互作用」といった空間上の位置取りの変化が基本枠組みをなしている。「東西問題」に由来し時間的趨勢を重視するポストモダン論に対して、グローバリゼーション論は「南北問題」に由来し空間的布置を重視する。両者はその意味で対極的なパラダイムといえよう。

しかし他方、東と西、南と北、という二つの二項対立を組み合わせて世界を解釈する様式は、二〇世紀を通底する図式ということも可能である。一九世紀中葉のカール・マルクスに淵源し、マックス・ヴェーバーらなどによって継承され、西欧の社会科学のメインストリームを形作る解釈図式ともいえる。その意味で、ポストモダン論とグローバリゼーション論は、二〇世紀が終わり、二一世紀が始まった時代の変曲点において現れた、相互補完的な二つの潮流と位置づけることも可能と思われる。両者の根はお互いに絡まり合い、共通の土壌に生育したものともいえる。(こうした論点については、厚東、二〇〇六、参照)

2　グローバリゼーションの5W1H

ではグローバリゼーションとはどんな傾向性を意味するのだろうか。この言葉は、一気に流行語になったこともあり、その意味内容は必ずしも明確ではない。若干の紙幅を割いて定義の試みをおこなうことにしよう。その際、手がかりになるのが5W1Hという六つの疑問副詞である。グローバリゼーションとはいったい何か（What）？　グローバリゼーションが見られるのはいったいどこでなのか（Where）？　グローバリゼーションを引き起こす原因はいったい何なのか（Why）？　グローバリゼーションの開始点はいったいいつなのか（When）？　グローバリゼーションに着目し研究したのはいったい誰なのか（Who）？　グローバリゼーションはいったいどのようにして進行するのか（How）？　各項目ごとに順次検討することにしよう。

What?

グローバリゼーション研究の牽引者の一人であるジョン・トムリンソンは、『グローバリゼーションと文化』の冒頭で、次のような定義を行っている。「グローバリゼーションが指示しているのは、近代世界を特徴づけている相互結合・相互依存のネットワークが急速に発展し、不断にその密度を増加しているということである」（Tomlinson,1999:2）。トムリンソンによれば、グローバリゼーションの中核にあるのは「複合的結合性 complex connectivity」である。人や物、シンボルなどの移動がきわめて活発になり、社会を構成している単位同士の相互作用が広範かつ深刻になった。mobility（移動）flows（流れ）networks（ネットワーク）interface（交錯）といった、近頃あちこちで見聞される言葉をひとまとめにしたのが「複合的結合性」という概念である。トムリンソンの定義は、複合性と結合性という二つの構成要素より成り立っている。

Where?

この問いに答えるのは最も容易です。globalization は「地球」を意味する globe から作り出された言葉であり、「地球」全体が活動の舞台をなす。「全世界規模の worldwide 相互結合性の広範化・深化・スピードアップ化」したところにグローバリゼーションが生成する（Held,D.et al.,1999:2）。

人々の日々の暮らしは、人々のつながりの中で初めて再生産可能である。人々の生活の再生産を保障する単位は、人類の歴史とともにだんだん大きくなったと考えられる。日本の歴史で言えば、戦国時代は郷村から領国へと再生産の単位が交代した時期であり、明治維新は藩（領国）から国民国家へと再生産の単位が移る変曲点に位置する。近代社会を特徴づける再生産の単位が「国民国家」である。近代では、生活の地平は国民規模 nation-wide で限られていたとすれば、現代は world-wide がそれにとって代わる。

グローバリゼーションは、逆から言えば、「国民国家の没落」を意味する。国民国家の内包する結びつきだけでは、人々の日々の生活の再生産が不可能になる。国民国家を越えた人やものやシンボルの移動が活発になる。国民国家の自給自足性は破綻し、それに代わって地球が自給自足の準位にある唯一の共同体となる。近代が国民化の時代とすれば、現代は地球化の時代といえよう。グローバリゼーションの中国語の訳語である「全球化」とは、言い得て妙である。

WhY?

これに対する答えは大きく言って二つにわけられる。一つは、経済の契機を強調する考え方で、世界経済システムの拡大と深化、もう一つは、インターネットを典型とするような、情報機器の高度化・情報処理の高速化・情報ネットワークの広域化といった契機を重視する考え方である。（これに付け加えて、核戦争の危機、地球温暖化などの環境問題の深刻化が強調される場合もある）。

生産、金融、情報といった要素は、グローバリゼーションを単独で引き起こす「原因」と言うより、グローバリゼーションを形作る典型的局面と捉えられる。アパデュレイの表現を借りれば、生産が作り出す「技術の風景」、貨幣の作り出す「金融の風景」、情報メディアが作り出す「メディアの風景」は、それぞれグローバリゼーションが私たちの目を撃つ典型的風景である（Appadurai,1996）。経済や文化は相互に結びついて、全体として一つの方向に向かう力が生み出されている。トムリンソンの「複合的結合性」という規定は、要因が独立にではなく、相互に連動しながら作用する点を押さえる点では便利ではあるが、全体として一定の方向性が生み出されるという点への着目は十分ではない。

私は、世界規模での相互結合性を生み出す原因として「モダニティの高度な移転可能性」を指摘したいと思う。かつてマックス・ヴェーバーはモダニティを「普遍的な意義と妥当性をもった発展傾向をとる文化的諸現象」と特徴づけた。ヴェーバーが何をもって「普遍妥当性」を測定したのか、分からない点も多いし、この言葉使いでは「正しい」とか「優れている」という含意から自由になることも難しい。モダニティの特性を「高度な移転可能性」すなわち「異なった社会的・文化的コンテクストに移し替えられても本来の活動水準がほとんど損なわれることなく作動する能力」に求めることにしたい。

かつてアルフレート・ヴェーバーは「文明」と「文化」の対比を用いて、「文明は様々な文化圏で移転可能であるが、文化は一定の文化圏に固有のものである」と定式化した。果たしてそうであろうか。アルフレート・ヴェーバーの言う文化の典型である「宗教」を例にとって考えてみよう。「卑弥呼の主宰する宗教」と「キリスト教」の二つをとれば、どちらが異文化圏に属する人々にとって信仰することが容易であるかを想像してみよう。キリスト教が「世界宗教」と呼ばれるのは、異文化圏の布教に成功したからである。宗教の本質に布教があるとすれば、宗教は決して一つの文化圏に閉じこもることを欲しているわけではない。問題は、布教に成功するのか失敗するのか、布教が容易であるのか困難であるのかである。「卑弥呼の宗教」も布教を望まなかったわけではなく、移転可能な能力が低位だったために、局地的で一時的な宗教で終わってしまっただけである。

たぐいまれな移転可能性を享受しているキリスト教も、「神が死んだ」以降の近代に固有な文化である「科学」に比べれば、大いに遜色がある。「科学」は異文化圏に移転されてもその固有の機能がいささかも失われないことを理想とする知といえよう。神学や哲学を追究するためのアカデミーにとって「グローバル・スタンダード」はそれほど魅力ある組織目標とはいえないだろう。しかし、科学的知の生産に特化した現代の大学にとって「グローバル・スタンダード」は抗いがたい規格となる。

「複合的結合性」の「複合的」とは、モダニティという複合体 complex によって媒介され・生み出された、という意味にとるべきであろう。機械による生産、市場経済、インターネット、高速な交通手段、核兵器、地球温暖化等々といった要因が一体となってグローバリゼーションを生み出すことができるのは、こうした要因がすべてモダニティの産物だからである。

広くて深い「結合性」は何故にもたらされるのか。グローバリゼーション特有の結合紐帯を提供するのがモダニティだからである。人と人、人ともの、人とシンボルを結びあわせるためにお互いに差し出される「手」、結合のための絆となるのがモダニティである。モダニティを共有することによって、人と人・人ともの・人とシンボルが、広範にしかも深い層で緊密に結びあわされるのである。「複合的結合性」とは端的に言えば「共有されたモダニティ shared modernity」のことである。「聖なるものの共有」によって成立するのが「教会」であるとすれば、「モダニティの共有」によって生成するのが「グローバライズド・ソサイエティー」である。「全世界規模の相互結合性の広範化・深化・スピードアップ化」を惹起したものこそ、モダニティのもつ高度な移転可能性に他ならない。

When?

J・A・ショルトによれば（Scholte,J.A., 2000,chap.3）、グローバリゼーションは三つの時期に分けられる。①一八世紀までのグローバルな想像力の生成期。②一八五〇年頃から一九五〇年頃までのグローバリゼーションの始動期。③一九六〇年代から現在までのグローバリゼーションの本格期。こうした時期区分は、一見常識的であるがなかなか意味深いものである。

グローバリゼーションの始点が一九世紀の半ばに求められるのは何故なのか。それはモダニティの規格化=標準化 standardization,formalization がこの時期に大幅に進展したからである。日本の近代化の始点である明治維新は一八六七年に始まった。ラテンアメリカの国民国家形成の動きは、それより五〇年前の一八一〇年代に始まっている。日本にとってモダニティの典型は「産業革命」であり、西欧を見習うとは「富国強兵」を立国の旗印とすることであった。それに対してラテンアメリカの諸国にとってモダニティの典型をなすのは「フランス革命」であり、西欧を見習うとはデモクラシーを建国の理想とすることであった。日本にとって移転すべき対象は「工場制機械工業」であるのに対して、ラテンアメリカ諸国では「デモクラシー」であった。

一九世紀の前半期の五〇年で、モダニティの移転可能性は飛躍的に増大した。一八世紀の末では、手工業的道具を用いる労働者の協業組織である「マニュファクチュア」（工場制手工業）が最新の生産様式であったが、一九世紀の後半になると、機械が生産の基礎に据えられ、機械のリズムと必要によって労働の組織が組み立てられるようになった。一八世紀末に工場を移転させようとした場合、道具を自在に操ることのできる熟練工の存在が致命的に重要であった。熟練工をはるばる西欧から連れてくることができないのなら、自国で養成するほかない。大量の熟練工を育て上げるには一世代以上の年月が必要であろう。それに対して、一九世紀後半では先ずは機械を輸入すればよい。確かに機械を動かすための人材がなければ、工場は操業することできない。機械の操作は若い労働力に短期間で教え込むことができる。機械のメカニズムに強い技術者は少数いれば十分である。「技術移転」もけっして平坦な道筋ではない。しかし「マニュファクチュア」の移転に比べればずっと容易といえるはずである。

デモクラシーといっても一八世紀末と一九世紀後半では、その内実は大きく異なる。フランス革命が求めていた政治体制は「直接民主制」である。一九世紀のイギリスにおいて二回の選挙法改正を通して徐々に作り上げられてきたのは、議会制民主制あるいは間接民主制である。立法行為に参画するのは個々の市民ではなく、市民を代表する代議士である。代議士がどのような形で選ばれるのか、選挙権が国民にどのように配分されるのかが、選挙法改正の最大の争点であった。ラテンアメリカ諸国が移転させようと試みたのは、市民が直接政治に参加するデモクラシーであるのに対して、日本が見習おうとしたのは、選挙権が国民の間で平等に配分されている状態を示す民主制であった。直接民主制は、ギリシャやローマといった都市国家（ポリス）の政治的伝統のない場所に移し替えることは難しい。事実ラテンアメリカ諸国では、民主革命から二〇〇年たった現在でもまだ安定的な政治体制が築けているとは言い難い。それに対して、選挙権の配分をデモクラシーの根幹と見なした日本では、成人男性の普通選挙権、女性の参政権などを比較的早い時期に制度化して、民主制の移植に成功することができたと自他共に認じている。

モダニティは、出現した当時では、生誕の地である西欧に固有な「文化」に色濃く染め上げられていた。モダニティが十全に作動するためには、西欧人に独特な思考・行動様式に支えられている必要があった。デモクラシーで言えばポリスの政治的伝統であり、マニュファクチュアで言えばプロテスタンティズムの倫理の育て上げる人間類型が支柱をなす。モダニティも一九世紀を経過する中で、西欧の文化的伝統への埋め込みが解除されるようになり、合理性という骨格のみから組み立てられるようになった。埋め込みが解除され、伝統による支えを必要としなくなると、モダニティは異なった文化圏に移し替えられても、容易に定着しうるようになる。埋め込み解除は高度な移転可能性の必要条件をなす。ラテンアメリカから遅れること半世紀経って始められた日本の近代化が、ともかくも成功することができたのは、モダニティの規格化と同時進行したからである。

二〇世紀の後半にグローバリゼーションがフルスケールで驀進するようになったのは一体何故なの

か。それはエレクトロニックなコミュニケーション・システムが出現したからである。

コミュニケーション・メディアという観点からグローバリゼーションの三つの時期を見直せば、グローバルな想像力の生成の時期は「文字」とともに出現し、グローバリゼーションの始動期は「印刷」による書物や雑誌の大量出版とともに成立した。日本における西洋の文物の輸入は、印刷物（本や雑誌）の緻密な読解を通じて行われた。グローバリゼーションの本格化にとって致命的に重要なのは、マルチ・メディアの発展、とりわけ映像によるコミュニケーションの大衆化という条件である。

全世界規模での人口爆発を抑止するために、開発途上国で家族計画を普及するプロジェクトを推進しようとする場合、民衆への啓発活動が重要となる。日本の場合、パンフレットや冊子の印刷物が民衆啓発の主要なメディアであったが、現代の開発途上国ではそういうわけには行かない。というのは、識字率は依然として六〇％前後であるし、とりわけ女性の識字率は著しく低位のままである。文字を読めない人が半分を超えている諸国は決して珍しくない。さらに、共通語の制度化がそれほど進んでいなくて、一つの国の中で、いろいろな言葉・文字が使用されている。植民地解放闘争によって独立した国々にあっては、共通語は依然として旧宗主国の言語であることが多い。英語やフランス語が部族間を越える唯一の言葉である事態は、国民国家形成が始められて四半世紀以上も経った現時点でも、依然として克服されないままであることも多い。こうした事情の中で民衆の啓発活動を行おうとすれば、映像を用いたコミュニケーション以外にはない。ビデオやアニメーション、コンピュータ・グラフィックスといった最新の情報機器や技術が駆使されることになる。

インターネットも電話回線が必要な場合は威力が半減するが、無線LANが用いられるようになれば、世界のどんな奥地にも入り込むことができる。開発途上国での援助活動の場合、移動手段としての自動車や飛行機への依存率は先進諸国の比ではなく、携帯電話、無線LANによるコンピュータは代替不能な通信手段をなす。活動の場が後進的であればあるほど、文明の利器に対する依存性は一層高まる。

印刷物を介してモダニティが移転する場合、印刷物を読解するには言語を習得しなければならず、外国語を習得するには多大な時間とエネルギーが必要であった。民衆の教育水準の向上は、モダニティの移転に伴う成果と言うよりそのための前提条件をなす。それに対して、高度な情報機器を介してのモダニティの移転は、きわめて短時間に、移転作業を完了することができる。情報機器が高度になり「利口」になればなるほど、それを利用する人々の知的能力は低位のままで構わなくなる。モダニティの移転はきわめてスピーディーに完遂される。モダニティの移転に牽引されたグローバリゼーションは、こうして一気に加速化されるのである。

How?

マックス・ヴェーバーの言うように「モダニティ（普遍的な意義と妥当性をもった発展傾向をとる文化的諸

現象）は、ほならぬ西欧という地盤において、またそこにおいてのみ姿を現すことになった」とすれば、モダニティの移転によって引き起こされるグローバリゼーションは、結局のところ「西欧化」に帰着されるのではないか。モダニティを西欧の文化・文明と同一視すれば、モダニティの急速で・広範で・深刻な世界規模での波及は、西欧の世界制覇を意味することになる。たとえばG・リッツアーの「マクドナルディゼーション」論はこうした議論の典型だろう（Ritzer,1993）。世界各地にマクドナルドのチェーン店があるように、世界の人々が好んでマクドナルドのハンバーガーを食べるように、今や世界の隅々までアメリカン・ウエイ・オブ・ライフが行き渡っている。近代化がヨーロッパ化だとすれば、グローバリゼーションはアメリカ化だというのである。ディズニーランド、コカコーラなどを象徴に用いて展開されたこの種の議論を、トムリンソンは「文化帝国主義」というラベルの元に一括して、その議論の妥当性の範囲を精密に測定している（Tomlinson, 1999）。

グローバリゼーションは、統一的な一つの世界文化・世界文明を生み出すどころか、文明の衝突を生み出す傾向を内包している。グローバリゼーションは「文明の衝突」の時代でもある（Huntigton,S.P.,1993）。ホブスボームによれば、「伝統」という包括的な観念それ自体が、近代を特徴づける「発明」の一つであるという。私見によれば、近代化が内発的に進展する場合、近代（モダニティ）と伝統という時間的対比が、そのダイナミズムを決定する。それに対して、モダニティの移転によって近代化が駆動される外発的なケースでは、西欧（モダニティ）と土着という空間的対比によって、人々の意識と行動が規定される傾向がある（厚東、二〇〇六）。

モダニティの移転とは、モダニティが生み出された場所から引き抜かれ（disembedding）、根本的に異なったコンテクストに置き直される（displace）と言うことである。モダニティが、こうした移転にも関わらず、円滑に作動し続けようとすれば、異なったコンテクストに「適応」することがどうしても必要になる。適応は変形を必然化する。モダニティの移転には必ずその変容が伴われる。

他方、モダニティという要素が新しく埋め込まれることによって、コンテクストのあり方も変容する。「土着」はその場所に古来からある不変のものではない。モダニティとのインターラクションによって、その内実は時々刻々と変化し続けている。ハイウエイからでこぼこ道に走行環境が移し替えられることによって、自動車の機能や形態の変容が余儀なくされたばかりではない。でこぼこ道を徒歩や馬車で移動する代わりに、自動車が走ることによって「道」が持つ意味は確実に変化した（道は道路となる。「奥の細道」は「奥羽地方の道路」となる）。それに応じて、でこぼこ道で連結された地域や集団もまた形態変容する。

こうしたモダニティとコンテクスト（土着）の相互作用は「ハイブリッド」という言葉で捕捉することも可能であろう。ニーダビーン・ピータースの言うように、まことに「グローバリゼーションとはハイブリディゼーションのことである」（Nederveen Pieterse,1995）。ハイブリッドとは「雑種」のことである。何と何が掛け合わされるかで生み出される「雑種」は多種多様である。「土着」が異なれば、同じモダニティが掛け合わされたとしても、そこから生成してくる社会・文化・制度は個々別々なものといえるだろう。モダニティは真空の中を駆けめぐるわけではない。それぞれ独特な雰囲気を持った大気の中に入り込むので、固有の屈折を蒙ることになる。

グローバリゼーションは画一的な文化・文明をもたらすわけではない。モダニティの平板さが飽きされて、代わりに、差異を生み出す源泉として、土着の文化・文明にスポットライトがあてられる傾向もある。ここにファンダメンタリズム＝原理主義が跳梁する根拠がある。

3　グローバリゼーションと社会学の変容

Ｗｈｏ？の問題が論じ残されている。グローバリゼーションに関する研究の歴史を包括的にフォローすることは本章の課題ではない。以下では「社会学」という専門に焦点を絞ることにしよう。グローバリゼーションにおけるＷｈｏという問いかけに対して、「グローバリゼーションの社会学」の歴史的展開を瞥見することによって答えることにしよう

前述したようにグローバリゼーションの展開過程は三つの時期に分けられる。一八世紀末までのグローバルな想像力の生成期、一八五〇年代から一九五〇年代までのグローバリゼーションの始動期、一九六〇年代以降のグローバリゼーションの本格期、以上の三つである。社会学は一つの思考のあり

方である。思索は、現実の動きから一歩遅れた形で発動される。まことにミネルバのフクロウは夕闇迫る頃にようやく飛び立つのである。社会学の歴史は、上述の時期を約半世紀遅らせることによって、次の三つの段階に分けることができるだろう。

①人類進化の社会学（一九世紀中葉まで）理論的モデルとしての全体社会。
②国民比較の社会学（一九世紀末から二〇世紀末まで）国民国家としての全体社会。
③諸社会の相互作用の社会学（二一世紀〜）グローバルな単位としての社会。マクロ社会間のインタラクション。

段階を分けるための基準を提供するのが、社会学において用いられている全体社会のイメージである。全体性を主張しうる社会としてどのようなものが観念されているかによって、社会学のあり方は根本的に規定されている。

順次特徴を概括的に述べていくことにしよう。

理論的モデルとしての全体社会（一九世紀中葉まで）

マルクスとエンゲルスは一八四八年刊行された『共産党宣言』において次のように述べている。「大工業は、すでにアメリカ発見によって準備されていた世界市場を作り上げた。……世界市場の発展はまた工業の伸張に反作用した。そして工業、商業、航海、鉄道が伸張する程度に応じて、ブルジョワ階級が発展し、その資本を増加させ、中世から受け継いだすべての階級を背後に押しやった。こうしてわれわれは、近代ブルジョワ階級自身が長い発展行程の産物であり、生産様式や交易様式における一系列の変革の産物であることを知る。」(Marx & Engels,1848, 訳 41 頁)

マルクスとエンゲルスが立ち会っていたのは、西欧を地盤に発生してきたモダニティが、西欧文化圏という保育器から出て、世界各地に移植されようとする直前であった。グローバリゼーションの黎明期のこの時期に、「蒸気と機械装置による工業生産」の行き着く先が「世界市場」であることが明確に見据えられている。近代ブルジョワの支配する近代という時代は、「全社会が、敵対する二大陣営、すなわちブルジョワ階級とプロレタリア階級とに、だんだん分かれているという特徴を持つ」。ブルジョワとプロレタリアからなる資本制社会という像は、発展傾向を未来に外挿することによって得られた理論像で、ドイツとかイギリスとか現実の社会から帰納的に抽出された概念ではない。近代における地球上のあらゆる社会に適用可能であるが、具体的な特定の社会のうちで、この概念にぴったりと当てはまるようなものは存在しない。たとえイギリスであってもブルジョワとプロレタリアのみからなる社会とは到底いえず、傾向性の極限値として、ようやくそういえるにすぎない。

近代の本質を明らかにする社会モデルを作り上げるのは、この時代の社会学者の共通な関心事であった。サン・シモン(「産業体制」)、コント(「実証主義政治に立脚した社会」)、スペンサー(「産業型社会」)の提示するのは、すべて近代社会の理論像である。ヨーロッパ諸国の中にも、こうした理論像に当てはまらない国々はけってして少なくない。西欧文化圏から一歩外へ出れば、たとえば「産業型社会」に合致するような社会は皆無である。理論像から逸脱した現実的ケースは、発展状態の不十分さの現れとして解釈された。現実の多様性は、発展行程にしめる段階の相違に帰着されたのである。アジアは遅れた西欧であり、ドイツはイギリスの一段階前の姿を示す。彼らは、進化を押し進める根本的な動力を競って発見しようと努めた。その結果進化は、経済あるいは知識といった一つの要因に帰因させられた。発展の全行程は、内生的な一変数によって、決定論的に説明されることになったのである。

国民国家としての全体社会(一九世紀末から二〇世紀末まで)

タルコット・パーソンズは『諸社会』の中で「社会」を次のように定義している。「社会とは社会システムの一つのタイプのことで、システムと環境との関係から見て、自給自足の最高の水準に到達した社会システムをさす」(Parsons,1966:9)。「社会 society」は、学会(アメリカ社会学会 American Sociological Society)やクラブ(ESS,English Speaking Society)も意味する場合がある。そうした用法を考慮すれば、自己充足性の域に達した society は「全体社会」と呼ぶのが妥当だろう。

パーソンズはこの全体社会を、歴史的には古代エジプト、ギリシアの都市国家、ローマ帝国などに適用しているが、近代では、アメリカなどの国民国家と同一視している。世紀の転換期の社会学者たち、たとえばデュルケームでは第三共和制下のフランスが、ヴェーバーではビスマルクの宰領する帝政ドイツが、全体社会ということで念頭に浮かべられていた実体であったことは疑いえない。帝国主義に始まり、東西問題、南北問題へと引き継がれる一連の歴史過程は、国民国家という制度的枠組みが地球上のあらゆる地域・民族へと移転されていった過程である。ギデンズの次の断言は、こうした歴史的コンテクストを背景にして、しかもこの時期の社会学における全体社会概念に限ることによって、首肯することが可能となる。「[社会学の研究対象をなす]社会とは端的に国民国家のことである」。(Giddens,1990:13)。

全体社会を国民国家に限ると、社会の現実形態の多様性が際だってくる。経験的多様性を処理するために「類型」概念が愛好される。また社会類型を構築するために、比較論的視座が強調される。比較というパースペクティブのもとで、諸社会間の差異が際だたされたり、あるいは類型を貫く共通性が探求されたりする。進化論に代わり比較論が社会学的研究の基本方針となる。

A社会とB社会が比較されるとき、社会はそれぞれ独自な内生的発展の産物ととらえられる。しかし国民国家が地球全体に普及したということは、モダニティの規格化がすすみ、モダニティの移転が少なくとも西欧から非西欧へという一方通行にしろ、かなり大規模に現実化しつつあることを意味している、つまり、一つ一つの社会が孤立した形で発展することがもはや不可能になった時代に突入しつつあるのである。この時期がグローバリゼーションの始動期と名付けられる所以である。

モダニティの移転は基本的にネガティブな評価の対象とされた。それは西欧の「模倣」「コピー」「外発的」「表面的」「似非」を作り出すだけである。西欧からの文化の移転は西欧による支配と表裏一体をなしている。モダニティの移転は、西欧への屈服・従属の異なった表現にすぎない。グローバリゼーションと西欧化の同一視は、その反動として、非西欧文化圏に国粋主義・原理主義を呼び起こす。土着への引きこもりこそが主体性を守る唯一の道と見なされる。西欧的社会学を拒絶して民族に固有な社会学の樹立が声高に叫ばれることも珍しくない。比較論的パースペクティブの採用は、非西欧圏の社会学をして、拝外と排外との両極端の間を揺れ動くことを余儀なくさせた。ハイブリッドなものをピュアーなものより下位に置く価値観が相対化されたのは、ようやくポストモダン論の隆盛を待ってであった。

比較によって発見された社会の多様性はどうしたら説明可能になるのか。従来の一元論に代わり多元論が前面に押し出される。経済的利害は歴史を動かすエネルギーかもしれない。このエネルギーに形を与え、歴史を一つの方向に牽引するのは世界像の役割である。経済／政治／宗教／思想／親族と言った様々な要因の間に、アプリオリに重要度のランキングがあるわけではない。地域や時期など、作動する歴史的コンテクストが変われば、おのおのの要因がもつ規定力は大きく変わる。どの要因がどの程度の規定力をもつかは、経験的事例に直接当たって個別的に探求すべき事柄である。理論的に、演繹的に決定することはできない。

4 グローバル単位としての社会と社会学の未来

マクロ・インタラクショニズムの社会学（二一世紀〜）

グローバリゼーションの本格期の到来とともに、全体社会を国民国家と同一視することがだんだん困難になる。自己充足性を主張しうる社会システムはいまや「地球」あるいは「世界」のみになるからである。社会学の中で「社会」がキー概念の地位を失うに連れ、それに入れ替わるように重要性を増してきたのが「文化」である。グローバリゼーションを概括的に論じるためにトムリンソンによって選ばれたタイトルが、『グローバリゼーションと文化』であって『グローバリゼーションと社会』でなかったのは象徴的である。グローバリゼーションを論じるために、社会に関するこれまでの概念装置は使いづらいことは確かである。モダニティの移転という決定的論点を敷衍するのに、「文化の移転」と語ることは容易だが「社会の移転」というのはきわめてイメージしにくい、という事情一つとってもこのことは首肯できるだろう。

こうした事情から、グローバリゼーションの時代は、しばしば、「社会以後の時期」(post-societal era) といわれることがある。こうした規定のもとでは、「社会」社会分析を行なう上でキーワードの地位を失うことになる。「社会」の全盛期がすぎさった時代、それが「ポスト」の意味することであろう。

「社会」がキー概念でなくなるのは、社会学としては形容矛盾であろう。社会学の興廃は社会の盛衰と軌を一にしている。社会学がグローバリゼーションを適切に論じられるようにするために、「社会」概念のリハビリテーションが必須不可欠である。その方向性を暗示的に示すために、矢野暢らが開発した「世界単位」論(矢野編、一九九四)を参考にしつつ、〈グローバル単位としての社会〉という観念を素描しておくことにしよう。

社会をグローバルな単位と見なすことは、社会に自己充足性を認めないということである。社会を、それ自身自足し・相対的に孤立した実体と取り扱うことをやめ、グローバルなシステムを構成する要素として分析せねばならない。社会を比較するといった場合、一つずつの社会はそれぞれ独自な自生的発展傾向を内包した、相対的に独立した個体として扱われるのが普通であった。グローバリゼーション下で重要になるのは、複数の社会同士の間でおこなわれる相互作用・インターラクションである。グローバリゼーションに組み込まれた社会は、他の社会の影響を受けることなしに、存続することはできない。相互作用・相互行為は、社会学を構成する基礎範疇である。ミクロ社会学においてあれ程強調されたのに、マクロ社会学のレベルの分析では、全く重要視されてこなかったのは理論的一貫性の欠如といわざるを得ない。

「社会」はグローバルに開かれた存在であるにしろ、しかし一つのまとまりをもった実体である。それ故、それは「単位」として取り扱われうる。

デヴィト・ヘルド等は、グローバリゼーションの他の概念には還元し得ない新しさを求めて、社会の脱領土化 deterritorialization of societies という特性を特筆大書している(Held,et al.,1999)。「脱領土化」は、国民国家という領土のもつ意義の低下と解せば妥当な概念であるが、社会生活にとって「地縁」という要素が意味を持たなくなったと解するなら、それは行き過ぎである。というのはトムリンソンもいうように「人間の生活世界は本質的にはローカルなもの」だからである。ギデンズの言い回しを借りれば、グローバリゼーションはその対極にローカリゼーションを招き寄せる。人間の日常生活におけるローカルなものの決定的意義は決して失われることはない。藩から国民国家へ生活の再生産の単位が移ったからといって、地縁という要素が消失したわけではない。地縁の形態が変わっただけである。人間の命が「身体」という形を取ってしか存在し得ない限り、人間の生活が「土地」を離れて可能になるわけではない。

ローカルといった場合、国民国家の領土を分割したより小さい単位が直ちに念頭に浮かべられるが、それと同時に、領土を越えるより広い地域的まとまりもまた想定されてしかるべきである。〈グローバルに開かれると同時にローカルに閉じられた単位〉というイメージが、グローバリゼーションの社会学のキーとなる社会像である。こうした社会像を理論的および経験的に彫琢することが二一世紀の社会学の重要な課題となるだろう。

文献

Albrow,M.,1996,*The Global Age*,Polity Press.（二〇〇〇年、会田彰・佐藤康行訳『グローバル時代の歴史社会論』日本経済評論社）

Appadurai, A.,1996, *Modernity at Large;Cultural Dimensions of Globalization*,University of Minnesota Press.（二〇〇四年、門田健一訳『さまよえる近代』平凡社）

Giddens, A.,1990,*The Consequences of Modernity*,PolityPr.（一九九三年、松尾精文・小幡正敏訳『近代とはいかなる時代か？』而立書房）

Held,D./McGrew, A./Goldblatt, D.&Perraton, J.（eds）,1999,*GlobalTransformation;Politics,Economics and Culture*,Stanford University Press.

Huntigton,S. P.,1993,The Clash of Civilization?,Foreign Affairs,June.（竹下興喜監訳「文明の衝突―再現した西欧と非西欧の対立構図」『中央公論』一九九三年八月号）

厚東洋輔、二〇〇六年、『モダニティの社会学：ポストモダンからグローバリゼーションへ』ミネルヴァ書房。

Marx, K.& Engels, F.,1848, *Manifest der Kommunistischen Partei.*（大内兵衛・向坂逸郎訳『共産党宣言』岩波文庫）

Nederveen Pieterse, J.,1995"Globalization as Hybridization",in Featherstone,M., et al.（eds）,*Global Modernities*,Sage.

Parsons,T.,1966,*Societies;Evolutionary and Comparative Perspectives*,Prentice-Hall. ＝一九七一年、矢沢修次郎訳、『社会類型：進化と比較』至誠堂。

Ritzer, G., 1993, *The McDonalization of Society*, Pine Forge Press.（一九九九年、正岡寛司監訳『マクドナルド化する社会』早稲田大学出版部）

Robertson,R.,1992,*Globalization;Social Theory and Glibal Culture*,Sage.（一九九七年、阿部美哉訳『グローバリゼーション』東京大学出版会）

Scholte,J.A., 2000,*Globalization;a Critical Introduction*,Macmillan.

Timmons R,J.& Hite,A. (eds) ,2000, *From Modernization to Globalization;Perspectives on Development and Social Change*,Blackwell

Tomlinson, J.,1999,*Globalization and Culture*,Polity Press.（二〇〇〇年、片岡信訳『グローバリゼーション』青土社）

矢野暢編、一九九四年、『世界単位論』（講座・現代の地域研究二）弘文堂。

ハ行

マ行

ヤ行

ラ行

タ行

ナ行

事項索引

ア行

カ行

サ行

ラ行

人名索引

室井　研二（むろい　けんじ）　香川大学教育学部准教授
1968年生まれ。九州大学大学院文学研究科博士後期課程単位取得退学。
【主要著作・論文】「A・ギデンズにおける『実践』」『社会学評論』第48巻第1号（1997年）、「階級・階層論の再検討」『社会分析』No. 29（2002年）、「混住地域の災害― 2003年7月九州豪雨災害を事例に―」『地域社会学会年報』第17集（2005年）。

梶田　孝道（かじた　たかみち）　元一橋大学大学院社会学研究科教授
1947年生まれ。東京大学大学院社会学研究科博士課程単位取得退学。2006年歿。
【主要著作・論文】『エスニシティと社会変動』（有信堂、1988年）、『国際社会学のパースペクティブ―越境する文化・回帰する文化』（東京大学出版会、1996年）、『講座社会変動（7）国際化とアイデンティティ』（編著、ミネルヴァ書房、2001年）、『新・国際社会学』（編著、名古屋大学出版会、2005年）

内海　博文（うつみ　ひろふみ）　関西学院大学ＣＯＥ専任研究員
1971年生まれ。大阪大学大学院人間学研究科博士課程修了。博士（人間科学）
【主要著作・論文】「エリアス社会学における「宮廷社会」論の位置」『大阪産業大学論集・社会科学編』（大阪産業大学、2002年）、「東京裁判から9.11へ――人間の安全保障のための予備的考察」『情況』第三期第七巻第六号（2006年）

執筆者紹介

※編者は奥付参照

馬場　靖雄（ばば　やすお）　大東文化大学経済学部教授
1957年生まれ。京都大学大学院文学研究科博士単位取得退学。
【主要著作・論文】『ルーマンの社会理論』（勁草書房、2001年）、「機能分化と『法の支配』」『東京大学社会科学研究所紀要』第56巻5・6合併号（2005年）、「バウマンとルーマンの〈モダニティ〉」『社会学史研究』第29号（2007年）

花野　裕康（はなの　ひろやす）　宇部フロンティア大学人間社会学部准教授
1966年生まれ。九州大学大学院文学研究科社会学専攻博士後期課程単位取得退学。
【主要著作・論文】「社会的世界の内部観測と精神疾患」『反＝理論のアクチュアリティー』（馬場靖雄編、ナカニシヤ出版、2001年）、「規則と正義：デリダ・ヴィトゲンシュタイン・ロールズ」『「公共性」をめぐる社会学理論の展開』（平成14-15年度科学研究費補助金成果報告書、2004年）、『はじめて学ぶ社会学』（共著）（土井文博・萩原修子・嵯峨一郎編、ミネルヴァ書房、2007年）

竹沢　尚一郎（たけざわ　しょういちろう）国立民族学博物館民族文化研究部教授
1951年生まれ。フランス社会科学高等研究院社会人類学科博士課程修了。博士（民族学）。
【主要著作・論文】『ニジェール河へ—「河の民」ボゾの漁と生のかたち』（仮題、印刷中、世界思想社）、『人類学的思考の歴史』（2007年、世界思想社）、『表象の植民地帝国』（2001年、世界思想社）

飯嶋　秀治（いいじま　しゅうじ）九州大学大学院人間環境学研究院共生社会学・准教授
1969年生まれ。九州大学大学院人間環境学研究科博士課程単修了。博士（人間環境学）
【主要著作・論文】「儀礼論再考——行為の遡及的編成とその様式」『宗教研究』第3輯74巻326号（2000年）、「生の可能性を共有する——オーストラリア中央砂漠地帯の先住民アランタ言語集団を中心に」（九州大学大学院人間環境学研究科博士論文、2005年）、Australian Aborginal Studies in Japan, 1892-2006, in *Japanese Review of Cultural Anthropology*, vol.7: 51-70.（2007）

今田　高俊（いまだ　たかとし）　東京工業大学大学院社会理工学研究科教授
1948年生まれ。東京大学大学院社会学研究科博士課程中退。学術博士。
【主要著作・論文】『自己組織性——社会理論の復活』（1986年、創文社）、『意味の文明学序説——その先の近代』（東京大学出版会、2001年）、『自己組織性と社会学』（東京大学出版会、2005年）

編者紹介

友枝　敏雄（ともえだ　としお）

大阪大学大学院人間科学研究科教授。

1951年生まれ。東京大学大学院社会学研究科博士課程中退。

【主要著作】

『モダンの終焉と秩序形成』有斐閣、1998年。
『現代高校生の規範意識』（共編著）九州大学出版会、2003年。
『社会学のエッセンス 新版』（共著）有斐閣、2007年。

厚東　洋輔（こうとう　ようすけ）

大阪大学大学院人間科学研究科教授。

1945年生まれ。東京大学大学院社会学研究科博士課程中退。博士（人間科学）。

【主要著作】

『社会認識と想像力』ハーベスト社、1991年。
『講座社会学1　理論と方法』（共編著）東京大学出版会、1998年。
『モダニティの社会学』ミネルヴァ書房、2006年。

The Sociological Arena

シリーズ社会学のアクチュアリティ：批判と創造3

社会学のアリーナへ――21世紀社会を読み解く

2007年11月30日　初版　第1刷発行　〔検印省略〕

＊定価はカバーに表示してあります

編者©友枝敏雄・厚東洋輔　発行者　下田勝司　印刷・製本　中央精版印刷

東京都文京区向丘1-20-6　郵便振替 00110-6-37828　発行所

〒113-0023　TEL 03-3818-5521(代)　FAX 03-3818-5514

E-Mail tk203444@fsinet.or.jp　URL: http://www.toshindo-pub.com/

Published by TOSHINDO PUBLISHING CO.,LTD.

1-20-6,Mukougaoka, Bunkyo-ku, Tokyo, 113-0023, Japan

ISBN978-4-88713-794-3　C3336　2007©T. TOMOEDA, Y.KOTO

刊行の辞

今日、社会学はかつての魅力を失いつつあるといわれる。19世紀の草創期以来、異端の学問であった社会学は徐々にその学問的地位を確立し、アカデミズムのなかに根を下ろし、多くの国で制度化された学となってきた。だがそうした制度的安定と研究の蓄積とは裏腹に、社会学は現代の内奥に、触れれば血のほとばしるようなアクチュアリティに迫れないでいるようにみえるのはなぜであろうか。

だが、ことは社会学にとどまるまい。9・11アメリカ同時多発テロで幕を開けた21世紀の世界は、人々の期待をよそに、南北問題をはじめ、民族・文化・宗教・資源・貿易等をめぐる対立と紛争が荒れ狂う場と化しつつある。グローバル化のなか政治も経済も、いや暴力もが国境を越え、従来の主権国家はすでに国民の安全を保障しえない。こうした世界の悲惨と、今日アカデミズムが醸《かも》し出しているそこはかとない「安定」の風景との間には、もはや見逃しがたい落差が広がりつつあるのは否めない。

われわれに現代社会が孕む対立と悲惨を解決する能力があると思い上がっているわけではない。しかしわれわれはこうした落差を強く意識することをバネに、現代最先端の課題に正面から立ち向かっていきたいと思っている。そのための武器は一にも二にも「批判《クリティーク》」、すなわち「自明とされているもの」を疑うことであろう。振り返れば、かつて後発の学であった社会学は、過去の既成の知を疑い批判することを身上として発展してきたのだ。過去に学びつつ過去と現在を批判的視点で見つめ直し、現代に即した「創造《クリエーション》」をめざすこと、それこそが本シリーズの目標である。その営みを通じて、われわれが現在いかなる岐路に立ち、そこで何をなすべきかを明らかにしたいと念願している。

2004年11月10日

シリーズ **社会学のアクチュアリティ：批判と創造**

企画フェロー一同

シリーズ 社会学のアクチュアリティ：批判と創造 全12巻＋２

企画フェロー：武川正吾　友枝敏雄　西原和久　藤田弘夫　山田昌弘　吉原直樹

西原和久・宇都宮京子編
既刊
第１巻 クリティークとしての社会学――現代を批判的に見る眼
［執筆者］ 西原和久、奥村隆、浅野智彦、小谷敏、宮原浩二郎、渋谷望、早川洋行、張江洋直、山嵜哲哉、宇都宮京子

池岡義孝・西原和久編
第２巻 戦後日本社会学のリアリティ――せめぎあうパラダイム
［執筆者］ 池岡義孝、吉野英岐、吉瀬雄一、丹邉宣彦、山下充、中西祐子、島薗進、佐藤健二、西原和久

友枝敏雄・厚東洋輔編
本書
第３巻 社会学のアリーナへ――21世紀社会を読み解く
［執筆者］ 友枝敏雄、馬場靖雄、花野裕康、竹沢尚一郎、飯嶋秀治、今田高俊、室井研二、梶田孝道、内海博文、厚東洋輔

吉原直樹・斉藤日出治編
第４巻 モダニティと空間の物語――社会学のフロンティア
［執筆者］ 吉原直樹、斎藤道子、和泉浩、安藤正雄、植木豊、大城直樹、酒井隆史、足立崇、斉藤日出治

佐藤俊樹・友枝敏雄編
既刊
第５巻 言説分析の可能性――社会学的方法の迷宮から
［執筆者］ 佐藤俊樹、遠藤知巳、北田暁大、坂本佳鶴恵、中河伸俊、橋本摂子、橋爪大三郎、鈴木譲、友枝敏雄

草柳千早・山田昌弘編
第６巻 日常世界を読み解く――相互行為・感情・社会
［執筆者］ 草柳千早、好井裕明、小林多寿子、阪本俊生、稲葉昭英、樫田美雄、苫米地伸三井さよ、山田昌弘

山田昌弘・宮坂靖子編
第７巻 絆の変容――家族・ジェンダー関係の現代的様相
［執筆者］ 山田昌弘、田中重人、加藤彰彦、大和礼子、樫村愛子、千田有紀、須長史生、関泰子、宮坂靖子

藤田弘夫・浦野正樹編
既刊
第８巻 都市社会とリスク――豊かな生活を求めて
［執筆者］ 藤田弘夫、鈴木秀一、中川清、橋本和孝、田中重好、堀川三郎、横田尚俊、麦倉哲、大矢根淳、浦野正樹

新津晃一・吉原直樹編
既刊
第９巻 グローバル化とアジア社会――ポストコロニアルの地平
［執筆者］ 新津晃一、成家克徳、倉沢愛子、新田目夏実、今野裕昭、青木秀男、ラファエラ・D．ドゥイアント、池田寛二、吉原直樹

松本三和夫・藤田弘夫編
第10巻 生命と環境の知識社会学――科学・技術の問いかけるもの
［執筆者］ 松本三和夫、額賀淑郎、綾野博之、定松淳、鬼頭秀一、鎌倉光宏、田村京子、澤井敦・小谷敏、藤田弘夫

武川正吾・三重野卓編
既刊
第11巻 公共政策の社会学――社会学的現実との格闘
［執筆者］ 武川正吾、神山英紀、三本松政之、岡田哲郎、秋元美世、鎮目真人、菊地英明、下夷美幸、三重野卓

市野川容孝・武川正吾編
第12巻 社会構想の可能性――差異の承認を求めて
［執筆者］ 市野川容孝、山脇直司、山田信行、金井淑子、金泰泳、石川准、風間孝、井口高志、広井良典、武川正吾

※未刊の副題は仮題を含む

東信堂

（シリーズ 社会学のアクチュアリティ：批判と創造 全12巻＋2）

クリティークとしての社会学—現代を批判的に見る眼　西原和久・宇都宮京子編　一八〇〇円
都市社会とリスク—豊かな生活をもとめて　藤田弘夫・浦野正樹編　二〇〇〇円
言説分析の可能性—社会学的方法の迷宮から　佐藤俊樹・友枝敏雄編　二〇〇〇円
グローバル化とアジア社会—ポストコロニアルの地平　新津晃一・吉原直樹編　二三〇〇円
公共政策の社会学—社会的現実との格闘　武川正吾・三重野卓編　二〇〇〇円
社会学のアリーナへ—21世紀社会を読み解く　友枝敏雄・厚東洋輔編　二一〇〇円

（地域社会学講座 全3巻）

地域社会学の視座と方法　似田貝香門監修　二五〇〇円
グローバリゼーション/ポスト・モダンと地域社会　古城利明監修　二五〇〇円
地域社会の政策とガバナンス　岩崎信彦・矢澤澄子監修　二七〇〇円

（シリーズ世界の社会学・日本の社会学）

タルコット・パーソンズ—最後の近代主義者　中野秀一郎　一八〇〇円
ゲオルグ・ジンメル—現代分化社会における個人と社会　居安正　一八〇〇円
ジョージ・H・ミード—社会的自我論の展開　船津衛　一八〇〇円
アラン・トゥーレーヌ—現代社会のゆくえと新しい社会運動　杉山光信　一八〇〇円
アルフレッド・シュッツ—主観的時間と社会的空間　森元孝　一八〇〇円
エミール・デュルケム—社会の道徳的再建と社会学　中島道男　一八〇〇円
レイモン・アロン—危機の時代の透徹した警世家　岩城完之　一八〇〇円
フェルディナンド・テンニエス—ゲマインシャフトとゲゼルシャフト　吉田浩　一八〇〇円
カール・マンハイム—時代を診断する亡命者　澤井敦　一八〇〇円
費孝通—民族自省の社会学　佐々木衛　一八〇〇円
奥井復太郎—都市社会学と生活論の創始者　藤田弘夫　一八〇〇円
新明正道—綜合社会学の探究　山本鎮雄　一八〇〇円
米田庄太郎—新総合社会学の先駆者　中久郎　一八〇〇円
高田保馬—理論と政策の無媒介的統一　北島滋　一八〇〇円
戸田貞三—家族研究・実証社会学の軌跡　川合隆男　一八〇〇円

〒113-0023 東京都文京区向丘 1-20-6　TEL 03-3818-5521　FAX03-3818-5514　振替 00110-6-37828
Email tk203444@fsinet.or.jp　URL:http://www.toshindo-pub.com/

※定価：表示価格（本体）＋税

〒113-0023　東京都文京区向丘1-20-6　TEL 03-3818-5521　FAX03-3818-5514　振替 00110-6-37828
Email tk203444@fsinet.or.jp　URL:http://www.toshindo-pub.com/

〒113-0023 東京都文京区向丘 1-20-6 TEL 03-3818-5521 FAX03-3818-5514 振替 00110-6-37828
Email tk203444@fsinet.or.jp URL:http://www.toshindo-pub.com/